কি করে বিশ্বের 1 নম্বর ধনী হলেন?

# অম্বানী এ্যাণ্ড অম্বানী

(30 বছরের অনুসন্ধানের পরে এক ইঞ্জিনিয়ার দ্বারা লিখিত অম্বানী পরিবারের জীবন-গাথা)



তরুণ ইঞ্জিনিয়ার

ডায়মণ্ড বুক্স

প্রকাশক ঃ ডায়মণ্ড বুক্স
X - 30, ওখলা ইণ্ডাস্ট্রিয়াল এরিয়া, ফেজ - II
নূতন দিল্লী - 110020
ফোন ঃ 011 - 40712200
ই-মেল ঃ sales@dpb.in
ওয়েবসাইট ঃ www.dpb.in
সংস্করণ ঃ 2011
বঙ্গানুবাদ ঃ সমীর দে
টাইপসেটিং ঃ ল্যাঙ্গুয়েজট্রন
মুদ্রক ঃ Repro (India)

---

Ambani & Ambani (Bengali)
*by : Tarun Engineer*

# সমর্পিত

ধীরুভাই অম্বানীকে

যিনি ভারতের নতুন অর্থশাস্ত্রের
রচনা করেছেন আরা দেশের লোকেদের
ব্যবসা করতে শিখিয়েছেন!

# দেশবাসীদের প্রতি
# ধীরুভাই অম্বানী-র বার্তা

**আ**মার দৃঢ় বিশ্বাস যে, রিলায়েন্সের সফলতার কৃতিত্ব কোন একজন বা সমূহের বিশেষত্ব আর উপলব্ধিকে দেওয়া যেতে পারে না... আর এই বিজয়কে এক প্রক্রিয়া বা এমন এক আত্মার রূপে দেখা উচিত... যেটা পুরো রিলায়েন্স পরিবারকে এক সূত্রে বাঁধে।

কিন্তু রিলায়েন্সের বৃদ্ধির কোন সীমা নেই। আমি আমার স্বপ্নের পুনরাবৃত্তি লাগাতার করে চলব... কারণ আপনারা যখন কিছু পাওয়ার স্বপ্ন দেখবেন... একমাত্র তখনই আপনারা সেটাকে পেতে পারবেন। কিন্তু বেশ কিছু শতাব্দী ধরে ভারতীয়দের অন্য ভারতীয়দের ওপরে অবিশ্বাস করতে শেখানো হয়েছে। এর ফলে রাষ্ট্রীয় শক্তিরই নাশ হয়েছে।

কারণ অবিশ্বাস লোকেদের ছল-চাতুরীর আশ্রয় গ্রহণ করতে বাধ্য করে তোলে... আর অন্য দিকে বিশ্বাস এবং পারদর্শিতা দ্বারা উদ্যমশীলতা উৎসাহিত হয়ে ওঠে।

এজন্য দেশের যুবা শিল্পপতিদের উদ্দেশ্যে আমার পরামর্শ হচ্ছে এটা যে, তাঁরা যেন কঠিন পরিস্থিতিতেও হার না মানেন। সম্পূর্ণ আশা, আত্মবিশ্বাস এবং দৃঢ় নিশ্চয়তার সাথে তাঁরা যেন নেতিবাচক শক্তির প্রতি চ্যালেঞ্জ ছুঁড়ে দেন!

আমার দৃঢ় বিশ্বাস যে, শেষ পর্যন্ত উচ্চাকাংখা আর বিশ্বাসেরই জয় হয় আর এই কথাটা 100% শতাংশ সত্য যে, দেশের যুবা শিল্পপতিদের সফলতাই নতুন শতাব্দীর ভারতের কায়াকল্পের চাবিকাঠি হয়ে উঠবে।

– *ধীরুভাই অম্বানী*

# লেখক পরিচয়

তরুণ ইঞ্জিনিয়ারের জন্ম বিজনৌরের এক ছোট্ট লোকালয় কিরতপুরের রাস্তোগী পরিবারে 1960 সালে হয়েছিল। তরুণ ইঞ্জিনিয়ারের পুরো নাম হচেছ তরুণ কুমার রাস্তোগী। উনি ছোটবেলা থেকেই লেখক প্রবৃত্তির ছিলেন।

উনি নিজের প্রারম্ভিক শিক্ষা নৈনিতালে প্রাপ্ত করেছিলেন আর ইঞ্জিনিয়ারিং-য়ের কোর্স শেষ করার পরে শখ হিসেবে লেখা শুরু করেন। এখনও পর্যন্ত ওনার প্রায় 25-টি উপন্যাস আর সাধারণ বিষয়ের ওপরে 7-টি পুস্তক প্রকাশিত হয়েছে।

"*কি করে বিশ্বের 1 নম্বর ধনী হলেন ঃ অম্বানী এ্যাণ্ড অম্বানী*" হচেছ ওনার একেবারে নবীনতম প্রস্তুতি... যেটা উনি নিজের 30 বছরের রিসার্চের পরে রচনা করেছেন। এটা হচেছ এমন এক পুস্তক, যাতে অম্বানী পরিবারের দুই প্রজন্মের জীবন-সংঘর্ষ বড়ই সুন্দর পদ্ধতিতে বয়ান করা হয়েছে।

পেশায় ইঞ্জিনিয়ার হওয়ার কারণে তরুণ ইঞ্জিনিয়ার নিজের এক্সপোর্ট-ইমপোর্টের ব্যবসাও সুন্দর ভাবে চালাচেছন। তরুণ ইঞ্জিনিয়ার হচেছন ভারতের প্রথম লেখক... যাঁকে দেশের প্রিন্ট মিডিয়া গত 04-ঠা আগস্ট, 2005 "*উপন্যাস গুরু*" উপাধি দ্বারা সম্মানিত করেছে।

আজ দেশের এমন একটাও সংবাদপত্র নেই, যাতে ওনার সাক্ষাৎকার ছাপা হয়নি। উনি সেটাই লেখেন, যেটা ওনার ভালো লাগে। উনি কখনো সিনেমার গান লিখতে লাগেন... কখনো সিনেমার চিত্রনাট্য... কখনো গজলের ওপরে এক পুরো বই "*শাম-এ-গজল*" লিখে ফেলেন... তো কখনো ইংরাজী উপন্যাস "*ড্রীম গার্ল*"! কিন্তু উনি যাই লিখুন না কেন... সেটা উনি যুবা প্রজন্মের পছন্দের কথাটাকে মাথায় রেখেই লেখেন। এজন্য ওনার লেখা পুস্তক খুব বিক্রী হয় আর সেজন্যই তো উনি নিজের দেশের সাথে-সাথে বিদেশেও লোকেদের আলোচনার বিষয়বস্তু হয়ে উঠেছেন।

আজকাল উনি এক সাথে চার-চারটি পুস্তক – "*ভালবাসার আলিঙ্গন ঃ সঞ্জয় দত্ত*", "বড় ভাবুন... সফল হোন! স্বপ্নকে সাকার করুন!", "*সম্ভোগ থেকে স্বর্গ পর্যন্ত*" এবং "*ভ্যালেন্টাইন ডে@আই লভ্ য়ু*" লেখায় ব্যস্ত রয়েছেন... যে পুস্তকগুলো সফলতার আকাশে ধ্রুবতারার মত চমকাতে নিশ্চিত রূপে ওনার সহায়ক হয়ে উঠবে।

– *প্রকাশক*

# ধীরুভাই অম্বানী
## মুকেশ অম্বানীর স্মৃতিচারণ

**আ**জ আমি যা কিছু হতে পেরেছি... নিজের বাবার জন্যই হতে পেরেছি। উনি আমার পিতা... শিক্ষক... পথ প্রদর্শক – সব কিছু ছিলেন। ওনার সম্বন্ধে কিছু লেখাটা ঠিক ততটাই মুশ্কিল, যতটা মুশ্কিল নিজের আত্মার ভেতরে উঁকি মারা।

উনি যখন ওনার পাশে এসে দাঁড়ানোর জন্য আমাকে স্ট্যানফোর্ড বিশ্ববিদ্যালয় থেকে ডেকে পাঠিয়েছিলেন... সেই সময় আমার সামনে এক নতুন পৃথিবীর দ্বার উন্মুক্ত হয়ে পড়েছিল।

আমি এমনটা অনুভব করেছিলাম যে, উনি নিজেই এক বিশ্ববিদ্যালয় ছিলেন।

এমন এক বিশ্ববিদ্যালয়, যেটা জীবনের ওঠা-নামার পরীক্ষায় উত্তীর্ণ হয় আর যেখানে চ্যালেঞ্জ আর মুশ্কিলের মোকাবিলা ধৈর্য্যের সঙ্গে করতে শেখানো হয়। ওনার বিশ্ববিদ্যালয়ে দূরগামী রণনীতি বুদ্ধিমত্তার কালিতে লেখা হত আর এমন লক্ষ্য প্রস্তুত করা হত... যেটাকে এর আগে কেউ কখনো প্রাপ্ত করেনি। আর যেটাকে প্রাপ্ত করার জন্য লাগাতার চ্যালেঞ্জের মুখোমুখি হতে হয়। ওনার কাছে জীবনের অর্থ ছিল – স্থাপিত সীমার আগে এগিয়ে যাওয়া।

উনি আমাদের স্থাপিত মূল্যগুলোকে পুনরায় স্থাপিত করতে শিখিয়েছিলেন। উনি ছিলেন কড়া পরিশ্রম করা শিক্ষক... উনি ভালোও বাসতেন আর উৎসাহও প্রদান করতেন... কিন্তু উনি এমন এক নেতা ছিলেন, যিনি আলস্য বা ফাঁকিবাজী একেবারেই বরদাস্ত করতে পারতেন না।

উনি সব কাজ সময় মত শেষ হওয়া দেখতে চাইতেন। অধীরতা ছিল ওনার পরিচয়। বাইরে থেকে ওনার ব্যক্তিত্ব অত্যন্ত কঠোর দেখতে লাগত... কিন্তু ভেতর থেকে ওনার হৃদয় অত্যন্ত কোমল আর আত্মীয়তায় পরিপূর্ণ ছিল। প্রতি দিন আমি দেখতাম যে, প্রচুর লোক ওনার কাছে বিভিন্ন প্রকারের নিবেদন নিয়ে আসত, যেমন – মেয়ের বিয়ের জন্য আশীর্বাদ চাইতে... নিজের ছেলের কৃতিত্বের আনন্দ ভাগ করে নিতে... ক্ষুদ্র শিল্প স্থাপন করার ভূমি পূজনে আমন্ত্রিত করার জন্য বা ওনাকে গর্বের সঙ্গে এটা মনে করিয়ে দিতে যে, আগন্তুক অতিথি রিলায়েন্সের শুরুর দিকের শেয়ার ধারকদের অন্যতম! সকলেই এটা দেখে খুশী মনে ফিরে যেত যে, যে ধীরুভাই-য়ের সম্বন্ধে এত কিছু শুনেছি... উনি অপূর্ব ব্যক্তিত্বের এক অত্যন্ত সহৃদয় পুরুষ!

প্রতিটি ব্যক্তির সঙ্গেই উনি এক বন্ধু আর শুভাকাংখীর সম্পর্ক স্থাপন করে নিতেন। উনি অত্যন্ত সরল হৃদয়ের ব্যক্তি ছিলেন এবং মানবিক গুণ ওনার ভেতরে কণায়-কণায় ভরা ছিল। উনি ধার্মিক হওয়ার মিথ্যে প্রদর্শন করতেন না... কিন্তু ধর্মের প্রতি ওনার গভীর আস্থা ছিল। কিন্তু কাজই ওনার কাছে সত্যিকারের পূজা ছিল। উনি সর্বদা এই ব্যাপারে উৎসাহিত হয়ে থাকতেন যে, এমন কিছু করা যাক... যার ফলে এক নতুন পথ উন্মুক্ত হয়ে পড়ে। উনি আমাদের সর্বদাই অসম্ভবকে সম্ভব করে তোলার জন্য সাহস জোগাতেন আর সেটাকে সাকার করে তোলার জন্য প্রেরিতও করতেন।

ওনার মধ্যে এক জাদু ছিল... যেটা আমাদের নিজেদের সমস্ত সম্ভাবনা আর লুকিয়ে থাকা শক্তিকে বাইরে বার করে আনার জন্য উৎসাহিত করত। ওনার থেকেই আমি নেতৃত্বের সত্যিকারের অর্থ শিখেছিলাম – সর্বদা সামনে থেকে দায়িত্ব নাও! সংকটের সময় সুরক্ষা-বর্ম হয়ে ওঠো আর সফলতার কৃতিত্ব নিজের টীমের সদস্যদের প্রদান করো!

আমি অনেকবার এমনটা চিন্তা করি যে, বাবার পুরো জীবনকে মাত্র কয়েকটা শব্দে কি করে বর্ণনা করব! ওনার জীবনের ওপরে লিখতে থাকা ব্যক্তিরা ওনার জন্য বেশ কিছু বিশেষণের প্রয়োগ করেন, যেমন – ভবিষ্যদ্রষ্টা... মধ্যবিত্ত লোকেদের মধ্যে পুঁজি নিবেশ পরম্পার

জনক... এমন এক ব্যক্তি, যিনি সফলতাপূর্বক লাইসেন্স রাজের সমস্যার মোকাবিলা করেছেন ইত্যাদি-ইত্যাদি! এই সব কিছুই সত্য হতে পারে... কিন্তু এই সব বিশেষণ বাবার ব্যক্তিত্বের ওপরে পূর্ণ আলোকপাত করে না। ওনার জীবন ওনার অনেক সফলতার কেবলমাত্র যোগফল ছিল না।

এজন্য উনি দ্রুত পরিবর্তনশীল পরিবেশেও আত্মবিশ্বাস আর স্থির চিত্তের সাথে এগিয়ে চলতে এতটা সফল হয়েছিলেন।

সফলতার উচ্চ শিখরে সফলতাপূর্বক আরোহণ করা সত্ত্বেও ওনার শেকড় মাটির গভীরে পোঁতা ছিল। নিজের অসাধারণ জীবনের যোগসূত্র উনি নিজের মত করে বুনেছিলেন। নিজের জীবনের এই যোগসূত্রকে উনি সর্বদা শক্ত হাতে ধরে রেখেছিলেন আর এজন্যই উনি অন্যান্য আর সব ধনপতিদের ভীড়ে নিজের এক আলাদা পরিচিতি তৈরী করেছিলেন। আসলে উনি এক সাধারণ ভারতবাসীর স্বপ্ন, আকাংখা আর সম্ভাবনার অসাধারণ প্রতীকের রূপে ফুটে উঠেছিলেন।

উনি ঠিক কি করতে চাইতেন? উনি সেটার ব্যাপারে কখনোই আগে থেকে বিগ্‌ল বাজাতেন না। উনি প্রথমে সফলতার একটা শিখরে পৌঁছে বিজয় প্রাপ্ত করতেন আর তারপর পরবর্তী... আরও উঁচু শিখরের দিকে এগিয়ে চলতেন। এই সময় উনি পথে আসা সকল চ্যালেঞ্জের মোকাবিলা করার জন্য সর্বদাই প্রস্তুত হয়ে থাকতেন। উনি যে দুঃখ-কষ্ট আর যন্ত্রণার সঙ্গে একেবারে অপরিচিত ছিলেন, এমনটা মোটেই নয়... কিন্তু উনি সেটার কোন চিহ্ন নিজের মুখে-চোখে আসতে দিতেন না। উনি ছিলেন এক বিরাট বড় বটবৃক্ষের মত!

কিন্তু এক পিতার রূপে ওনার মহানতা এই জিনিষটার থেকে প্রকাশিত হয় যে, উনি কখনোই আমার ওপরে চাপের সৃষ্টি করেননি... উনি আমার মধ্যে নিজের পূর্ণ বিশ্বাস প্রকট করেছিলেন। এর থেকে আমি এই জিনিষটা শিখেছিলাম আর বুঝেছিলাম যে, বিশ্বাস হচ্ছে প্রেরণার সব থেকে গুরুত্বপূর্ণ উৎস!

উনি আমার যোগ্যতার ওপরে পূর্ণ বিশ্বাস রেখেছিলেন আর আমি এটা শিখেছিলাম যে, যদি কোন ব্যক্তির ওপরে বিশ্বাস করা যায়... তাহলে সেই ব্যক্তি বড়-বড় চ্যালেঞ্জের মোকাবিলা করার জন্য প্রস্তুত

হয়ে ওঠে।

উনি আমার ভেতরে এক অদ্ভূত আত্মবিশ্বাস ভরে দিয়েছিলেন আর সেটাই আমাকে এই শক্তি প্রদান করেছিল যে, আমি সকল প্রকারের কঠিন পরিস্থিতিকে পার করে যেতে পারব। উনি প্রতিটি ব্যক্তির মনের অবস্থাকে এক সাধারণ প্রশ্ন দ্বারা মাপতেন।

উনি সকলকেই একটাই প্রশ্ন করতেন – *"তুমি কি এই কাজটা করে আনন্দ পাচ্ছ ?"*

ওনার পুরো জীবনের এটাই আদর্শ ছিল যে, যে কাজ আপনার কাছে বোঝা বলে মনে হয়... সেই কাজ আপনার করাই উচিত নয়। উনি মুশ্কিল কাজকেও মনোরঞ্জন আর আনন্দে পরিবর্তিত করে ফেলতেন।

প্রতি মুহূর্তে উনি এটাই চিন্তা করতে থাকতেন যে, রিলায়েন্সকে কি করে এগিয়ে নিয়ে চলা যায় ? ওনার কাছে রিলায়েন্সের সাধারণ কর্মী, ইঞ্জিনিয়ার, ম্যানেজার, ডীলার্স, শেয়ার ধারক আর শুভ চিন্তক – সবাই রিলায়েন্সেরই বিরাট পরিবারের অংশ ছিল।

উনি ভারতকে উন্নতির শীর্ষে দেখতে চাইতেন। তার জন্য উনি সর্বদাই সংঘর্ষ করে গেছেন আর কাজ করে চলেছেন।

সাধারণ লোকেদের জীবনে খুশী আনতে পারার মাধ্যমেই উনি অপার সন্তুষ্টি প্রাপ্ত করতেন। ওনার ভেতরে এক বাচ্চার মত নিপুণতা আর অভিজ্ঞতা ছিল।

উনি এক অদ্ভূত ব্যক্তি ছিলেন। আমি ওনার পুত্র হিসেবে নিজেকে গর্বিত অনুভব করি। ওনার মত অপূর্ব ব্যক্তির 75-তম জন্মদিন উপলক্ষে আমার বারংবার এই অনুভূতি হচ্ছে যে, আমি কত সৌভাগ্যশালী যে, উনি আমার পিতা ছিলেন!

– ***মুকেশ অম্বানী***

(28-শে ডিসেম্বর, 2007-য়ের "দৈনিক জাগরণ" সংবাদপত্রে প্রকাশিত রচনার ওপরে আধারিত)

# আমি আপনাদের বলতে চাই যে...

**আ**জ প্রতিটি ব্যক্তি সফলতার শিখরকে স্পর্শ করতে লেগেছেন। কিন্তু এটা অত্যন্ত কটু সত্য যে, সফলতা কেউই পুরস্কারের রূপে প্রাপ্ত করেননি। এই জিনিষটা কড়া মেহনত আর ধৈর্য্য দ্বারাই পাওয়া যায়।

ধীরুভাই অম্বানীর জীবনের সফরও সেই কন্টকিত পথেই শুরু হয়েছিল... যে পথে পা রাখামাত্র সাধারণ লোকেদের মুখ থেকে আর্তনাদ বেরিয়ে আসে। কিন্তু ধীরুভাই নিজের সেই সফরকে বড়ই ধৈর্য্য আর নিষ্ঠার সঙ্গে পূর্ণ করেছিলেন আর মাত্র কয়েক বছরের মধ্যে রিলায়েন্স ইণ্ডাস্ট্রিজের এম্পায়ার গড়ে তুলেছিলেন।

তারপর যখন রিলায়েন্স ইণ্ডাস্ট্রিজ ধীরুভাই-য়ের কুশল নেতৃত্বে ভারতের শিল্প জগতের মানচিত্রে অত্যন্ত দ্রুত নিজের জায়গা করে নিতে লাগল... তখন শিল্প জগতের ওনার বেশ কিছু প্রতিযোগী এমনটা বিশ্বাস করেছিলেন যে, এই কোম্পানী খুব শীঘ্রই দেউলিয়া হয়ে পড়বে।

কিন্তু ধীরুভাই স্বর্গবাসী হয়ে পড়ার পরে আর অম্বানী পরিবার ভাগ হয়ে পড়া সত্ত্বেও মুকেশ অম্বানীর নেতৃত্ব যুক্ত রিলায়েন্স আজ পুঁজি নির্মাণের ক্ষেত্রে শীর্ষেই রয়েছে।

মুকেশের মোট নিবেশের মূল্য 60 হাজার মিলিয়ন ডলারেরও ওপরে পৌঁছে গেছে। যদি বাজারের পুঁজিকরণকে ধন-সম্পত্তির মাপদণ্ড হিসেবে মনে করা হয়... তাহলে মুকেশ দুনিয়ার সব থেকে ধনী ব্যক্তি হওয়ার থেকে মাত্র কয়েক পা দূরত্বে দাঁড়িয়ে রয়েছেন। আর মাত্র কয়েক সপ্তাহের ভেতরেই উনি '*বিল গেটস্*' আর '*কার্লোস স্লিম*'-দের – যাঁদের মোট সম্পত্তি 63 হাজার মিলিয়ন ডলার – পেছনে ফেলে দিতে পারেন।

কিন্তু 1977 সালে যখন মুকেশ রিলায়েন্সের ডায়রেক্টর হয়েছিলেন, তখন কোম্পানীর ব্যবসা কেবলমাত্র 70 কোটি টাকার ছিল... কিন্তু এখন

সেই কোম্পানীই প্রতি ঘণ্টায় 14 কোটি টাকা উপার্জন করছে।

এই বছরে এই কোম্পানীর ব্যবসা 1,28,000 কোটি টাকার আশপাশে ছিল আর নেট প্রফিট ছিল 15,000 কোটি টাকার আশপাশে। এজন্য আজ 50 বছরের মুকেশ অম্বানী দেশের কাছে পয়সা কামানোর এক মেশিন হয়ে উঠেছেন।

উনি ভারতের বিকাশের কাহিনীরও প্রতীক... ওনার উচ্চাকাংখার মাপদণ্ড অসাধারণ। ধীরুভাই বলতেন – *"যদি আপনি স্বপ্ন দেখতে পারেন... তাহলে আপনি সেই স্বপ্নকে পূরণও করতে পারেন।"*

রিলায়েন্সে... এমনটা মনে হয়, যেন উনি সর্বদাই স্বপ্ন দেখেন আর সেই সব স্বপ্নকে পূরণও করেন। যে কোন শিল্পপতির পক্ষে কোন একটা ইণ্ডাস্ট্রিই সফলতার সঙ্গে চালানো জীবনের এক বিরাট বড় উপলব্ধি হয়... কিন্তু মুকেশ অন্য রিফাইনারীও লাগাচ্ছেন।

উনি চারটি বড় বিশেষ আর্থিক ক্ষেত্র বিকশিত করছেন। উনি 1,500-টি শহরে খুচরো দোকানের যোজনা তৈরী করছেন আর ভারতের সব থেকে বড় তেল আর গ্যাস বিকল্পের ওপরেও কাজ করছেন।

আজ মুকেশ অম্বানী দেশের সব থেকে শক্তিশালী সি.ই.ও. হয়ে উঠেছেন। লোকেরা এমনটা বলে যে, অপার দৌলতের মালিক হলে সমাজে ব্যক্তির মর্যাদা বেড়ে ওঠে।

কিন্তু যদি কোন ব্যক্তি এমন কোন কোম্পানীর মালিক হন, যে কোম্পানীর কর্মচারীদের সংখ্যা কয়েক লাখ আর যাঁর ওপরে কোম্পানীর শেয়ার ধারকেরা ভরসা করেন... তাহলে সেই ব্যক্তির প্রতিষ্ঠা আরও বেড়ে ওঠে।

দেশের সব থেকে প্রতিষ্ঠিত ইণ্ডাস্ট্রি সমূহ রিলায়েন্স ইণ্ডাস্ট্রিজের প্রমুখ মুকেশ অম্বানীই হচ্ছেন এমন এক ব্যক্তি... যিনি নিজের দৌলতের কারণে এই বছর দেশের সব থেকে শক্তিশালী সি.ই.ও.-দের সূচীতে প্রথম সোপানে পৌঁছেছেন।

ওনাকে ইকোনোমিক টাইমস-কর্পোরেট ডোজিয়রের বার্ষিক সর্বেক্ষণে দেশের সব থেকে শক্তিশালী সি.ই.ও.-র আখ্যা দেওয়া হয়েছে।

গত চার বছর ধরে আই.এম.আর.বি. দেশের সব থেকে শক্তিশালী সি.ই.ও.-দের সূচী প্রস্তুত করে আসছে আর এই সর্বেক্ষণে দেশের পাঁচটি শহরকে শামিল করা হয়।

বিগত তিন বছর ধরে এই সূচীর প্রথম সোপানে ইন্‌ফোসিস-য়ের সি.ই.ও. এন. নারায়ণমূর্তি ছিলেন।

কিন্তু আজ মুকেশ অম্বানী রিলায়েন্স ইণ্ডাস্ট্রিজ লিমিটেড *(আর.আই.এল.)*-কে পয়সা বানানোর মেশিনে পরিবর্তিত করে তুলেছেন। কারণ ওনার ব্যবসা দ্বারা 2008 সাল শেষ হতে-হতে 60,000 কোটি টাকারও বেশী নগদ পুঁজির সৃষ্টি হবে আর এই অর্থ এই বছরে সকল সার্বজনিক উপক্রমের থেকে প্রাপ্ত লাভাংশের দ্বিগুণ!

মুকেশ অম্বানী নিজের রাজনৈতিক সূত্র আর যোগাযোগের মাধ্যমে নিজের ব্যবসাকে বাড়াতে ভালোমতনই জানেন। তা সেটা খুচরো বিক্রীর নিজের পরিকল্পনার বিরোধিতা করতে থাকা ব্যক্তিদের মোকাবিলা করাই হোক্ বা গ্যাসের মূল্যের ব্যাপারে নিজের ভাইয়ের সঙ্গে মোকাবিলা করা হোক্।

উনি গত এক বছরে নিজের ব্যবসায়িক সমূহের বাজার পুঁজি 53 হাজার মিলিয়ন ডলার থেকে বাড়িয়ে তুলে 106 হাজার মিলিয়ন ডলার করে তুলেছেন। এখন ওনার সমূহের ব্যবসা 27 হাজার মিলিয়ন ডলার থেকে 34 হাজার মিলিয়ন ডলারের। এই কারণে উনি নিজের সম্পত্তির দৌলতে পৃথিবীর সব থেকে ধনী ব্যক্তিদের সূচীতে শামিল হয়ে গেছেন আর 2009 সালের শেষ নাগাদ 1200 হাজার মিলিয়ন টাকার নগদ ভাণ্ডারের সাথে রিলায়েন্স দেশের সব থেকে বড় গ্যাস উৎপাদকদের অন্যতম হয়ে উঠেছে!

ওনার নতুন ব্যবসাগুলো এত বেশী অর্থ প্রদান করবে যে, উনি 2012 সাল নাগাদ সব থেকে বেশী নগদ অর্থের ব্যবসায়ী হয়ে উঠবেন আর 66 হাজার মিলিয়ন ডলার উনি নিজের অন্য ব্যবসাগুলোয় খরচ করতে পারবেন।

উনি নিজের বন্ধু আনন্দ জৈনের সঙ্গে মিলে চারটি বিশেষ আর্থিক ক্ষেত্র *'সেজ'*-য়ের স্থাপনা করছেন।

দুনিয়ার মুষ্টিমেয় কিছু সব থেকে ধনী ব্যক্তিদের মধ্যে শামিল রিলায়েন্স ইণ্ডাস্ট্রিজের অধ্যক্ষ মুকেশ অম্বানী নিজের পরিবারের জন্য প্রায় 80 হাজার মিলিয়ন কোটি টাকা দিয়ে এক শীশমহল বানাচ্ছেন। এতে উনি নিজের পত্নী নীতা অম্বানী আর নিজের তিন সন্তানের সঙ্গে থাকবেন।

"*অন্টিলা*" নামক ওনার এই শীশমহল মুম্বাই-য়ের মালাবার হিলের আল্টামাউন্ট রোডে অবস্থিত এবং সেটা আগামী জানুয়ারী মাস নাগাদ শেষ হয়ে পড়ার কথা।

চার লক্ষ বর্গ ফীট ক্ষেত্রফল জুড়ে বিস্তৃত 27 তলা এই দারুণ বিল্ডিং-য়ের উচ্চতা হচেছ 550 ফুট।

মুকেশ অম্বানীর এই শীশমহল পৃথিবীর বিলাসবহুল ভবনগুলোর অন্যতম হবে। "*অন্টিলা*"-র ডিজাইন আন্তর্জার্তিক স্তরের আর্কিটেক্টরা বাস্তুশাস্ত্রকে মাথায় রেখে তৈরী করেছেন।

এই বিল্ডিং-য়ের বিশেষত্ব হচেছ এটা যে, সব থেকে ওপরের তলায় হেলিপ্যাড থাকবে... নীচে লিভিং কোয়ার্টার্স থাকবে আর লবিতে আসার জন্য নয়টি এলিভেটর রয়েছে।

43 হাজার মিলিয়ন ডলারের মালিক মুকেশ অম্বানীর "*অন্টিলা*"-র প্রতিটি তলাই আলাদা আর এই বিল্ডিং-য়ের কোন তলাই এক রকমের বানানো হয়নি। এতে একটা হল রয়েছে... যেটার ছাদের 80 শতাংশ অংশ হীরা-জহরত দিয়ে তৈরী ঝাড়বাতি দিয়ে সাজানো থাকবে। দুটো তলার সিঁড়ি রূপো দিয়ে তৈরী করা হচেছ। ওপরের একটা তলাকে মনোরঞ্জনের উদ্দেশ্যে রাখা হয়েছে... যেখানে মুকেশ অম্বানী কখনো-কখনো নিজের অতিথিদের সঙ্গে ব্যবসায়িক আলোচনা করবেন।

সেখান থেকে উনি আরব সাগরের দৃশ্যের আনন্দও উপভোগ করবেন। চতুর্থ তলে খোলা গার্ডেন থাকবে এবং ষষ্ঠ তলকে পার্কিং-য়ের জন্য সুরক্ষিত রাখা হয়েছে। এমনটা শোনা যাচেছ যে, নীতা অম্বানীর ইচছানুসারে নবম তলের ডিজাইন করা হয়েছে এবং সেখানে কাঠ, ধাতু আর ক্রিস্টাল লাগানো হয়েছে।

কিন্তু খুব কম লোকেরাই এটা জানেন যে, ওনার পত্নী ওনার 50-তম জন্মদিনে ওনাকে তিরুপতিতে এক কটেজ উপহার দিয়েছেন। কিন্তু উনি নিজের ছুটী নিজের বাচ্চাদের সঙ্গেই কাটান। নিজের ছোট ছেলে 13 বছরের অনন্তকে গণিত পড়ান আর 16 বছরের মেয়ে ঈশার পরীক্ষার প্রস্তুতিতে তাকে সহায়তা করেন।

ওনার পরবর্তী বড় যোজনা হচেছ দেশের গ্রামগুলোর ওপরে দৃষ্টি দেওয়া আর গ্রামগুলোয় উপার্জনের সম্ভাবনাকে বাড়িয়ে তোলার জন্য ঋণ আর প্রযুক্তির ব্যবস্থা করা। ওনার কাছে খুচরো বিক্রয়ের মন্ত্র হচেছ

– "আমরা 0 থেকে 500 পর্যন্ত পৌঁছেছি... 500 থেকে 5,000 দোকান মাত্র 10 গুণই বেশী!" ওনার 6-টি বিমানের মধ্যে একটি এয়ারবেস কর্পোরেট জেট আর একটা গ্লোবাল এক্সপ্রেস এক্স.আর.এস. শামিল রয়েছে।

মুকেশ অম্বানী এখন নিজের আর নিজের কোম্পানীর হাজার-হাজার শেয়ার ধারকদের জন্যও সম্পত্তি তৈরী করছেন। যে কারণে লোকেরা ওনার উপাসক হয়ে উঠেছেন। রিলায়েন্স ইণ্ডাস্ট্রিজ লিমিটেড *(আর.আই.এল.)*-য়ের টেক্সটাইল ব্রাণ্ড *'বিমল'* এখন মহিলা পোশাক বাজারে আবার একবার প্রবেশ করার সম্ভাবনার সন্ধান করছে।

কোম্পানী আজ থেকে কয়েক বছর আগে মহিলা পোশাক বাজার থেকে বেরিয়ে এসেছিল... যেটাকে রিলায়েন্স ইণ্ডাস্ট্রিজ লিমিটেড সেই সময় সময়ের দাবী আখ্যা দিয়েছিল। আর.আই.এল.-য়ের সি.ই.ও. *(নতুন উৎপাদন এবং পরিধান বিভাগ)* এস. পদ্মনাভন বলেছেন – *"এখন আমরা বাজারের মূল্যাংকন করার কাজে ব্যস্ত হয়ে রয়েছি এবং আমরা ভবিষ্যতে আবার একবার মহিলা বস্ত্র বাজারে নিজেদের উপস্থিতি প্রকট করাতে পারি! যদিও মহিলা বস্ত্র বাজারের ব্যাপারে যে কোন অনুমানই ভুল প্রমাণিত হতে পারে!"*

কোম্পানীর সিনীয়র অফিসারদের বক্তব্য হচ্ছে – *"এই ক্ষেত্রে নিজেদের উপস্থিতি প্রকট করার জন্য সারা দেশ জুড়ে আমরা আকর্ষক আউটলেট খুলব আর মহিলাদের পোশাকের বিবিধতা পেশ করব।"*

শ্রী পদ্মনাভন আরও জানিয়েছেন – *"মহিলা পোশাকের ক্ষেত্রে আগেও আমাদের নাম ছিল আর এবার আমরা আরও ভালো করার চেষ্টা করব।"*

ভারতে মহিলাদের পোশাকের সংগঠিত ব্যবসা প্রায় 5,000 কোটি টাকার। কোম্পানীর এক অফিসার জানিয়েছেন – *"এই আর্থিক বছরে গোটা দেশ জুড়ে ছড়িয়ে থাকা বিমল আউটলেটসের সংখ্যা বাড়িয়ে 24 করে দেওয়া হবে। রিলায়েন্স কয়েক মাস আগেই বিমল ব্রাণ্ডকে নতুন লোগো আর নতুন ক্যাম্পেনের সাথে 'ওন্‌লী বিমল' নামে বাজারে নিয়ে এসেছে।"*

শ্রী পদ্মনাভন বলেছেন – *"আমরা ভারতের প্রতিটি রাজ্যে নিজের উপস্থিতি প্রকট করতে চাই। এছাড়া কোম্পানী পুরুষদের পোশাকের*

*ক্ষেত্রেও নতুন আর বিবিধতাপূর্ণ উৎপাদন বাজারে নিয়ে আসার প্রস্তুতি নিচেছ এবং বিমল আগামী 2 - 3 বছরের মধ্যে 1,000 কোটি টাকার ব্রাণ্ড হয়ে ওঠার প্রস্তুতি নিচেছ।"*

*"আমাদের দৃঢ় বিশ্বাস যে, এই আর্থিক বছরে আমাদের ব্যবসাতে 45 শতাংশের বৃদ্ধি পরিলক্ষিত হবে। 25 - 35 বছরের যুবক-যুবতীরা হচেছন আমাদের প্রমুখ ক্রেতা। এই সময় পুরুষদের পোশাকের সংগঠিত ব্যবসা হচেছ 13,000 কোটি টাকার... যাতে রেডিমেড গারমেন্টসের অংশ হচেছ প্রায় 4,000 কোটি টাকার।"*

2008 সালের জানুয়ারী মাসের ফোর্ব্স-য়ের বিলিয়নার্স ব্যক্তিদের সূচীতে এবার জোরদার বৃদ্ধি হয়েছে। গত বছর এই সূচীতে 179-জন ব্যক্তি ছিলেন... যখন কি এবার রয়েছেন 1,125-জন ব্যক্তি। এই বছরের সূচীতে ভীড় বেড়ে ওঠার ওপরে মন্তব্য করতে গিয়ে ফোর্ব্স ম্যাগাজিনের সি.ই.ও. স্টীভ ফোর্ব্স বলেছেন – *"ধনী ব্যক্তিদের সংখ্যায় বৃদ্ধির প্রমুখ কারণ হচেছ গোটা বিশ্ব জুড়ে চলতে থাকা উন্নতির ধারা। ইতিহাসে এর আগে আর কখনো পৃথিবীর আলাদা-আলাদা অংশে এক সাথে এত বেশী লোক উন্নতি করেননি।"*

এই সূচীতে 50-জন ব্যক্তি এমন আছেন... যাঁদের বয়স 40 বছরেরও কম আর প্রায় দুই-তৃতীয়াংশ ব্যক্তি সেল্ফমেড মানি-মেশিন হয়ে উঠেছেন। এই সূচীতে শিল্পপতি লক্ষ্মী মিত্তল থেকে শুরু করে টি.ভি. পার্সোনালিটি ওপ্‌রা উইনফ্রে আর লেখক জে. কে. রোলিং পর্যন্ত শামিল রয়েছেন। এই বছরে নতুন কিছু দৃশ্যও দেখতে পাওয়া যাচেছ। এই প্রথম বার কোন কৃষ্ণাঙ্গ... দক্ষিণ আফ্রিকার প্যাট্রিক মোটসপে 2.4 হাজার মিলিয়ন ডলারের সূচীতে স্হান করে নিয়েছেন। তিন ভারতীয় মহিলাও এই সূচীতে স্হান পেয়েছেন। এমনটা এই প্রথম বার হয়েছে যে, ফোর্ব্স ম্যাগাজিনের বিলিয়নার্সদের সূচীতে প্রথম দশ জনের মধ্যে চার জন ভারতীয় স্হান করে নিয়েছেন!

প্রথম দশ জনে সব থেকে বেশী ভারতীয় আর এক বছরে সব থেকে বেশী সম্পত্তিও ভারতের অনিল অম্বানী বানিয়েছেন।

মুকেশ অম্বানী নিজের এম.বি.এ. পড়া মাঝ পথেই ছেড়ে 1981 সালে পিতা ধীরুভাই অম্বানীর ব্যবসার সঙ্গে যুক্ত হয়ে পড়েছিলেন। রিলায়েন্সকে টেক্সটাইল থেকে পোলিমারের দিকে নিয়ে যাওয়ার কৃতিত্ব

মুকেশ অম্বানীরই প্রাপ্য। এর পরে উনি গুজরাটের জামনগরে দুনিয়ার সব থেকে বড় অয়েল রিফাইনারীর নির্মাণ করেন।

পিতার মৃত্যুর পরে ভাই অনিলের সাথে সম্পত্তি ভাগাভাগিকে কেন্দ্র করে মুকেশ অম্বানী খবরের শিরোনামে আসেন।

ফোর্ব্স ম্যাগাজিনের মতানুসারে – *"গত বছরে মুকেশের সম্পত্তিতে 35 হাজার মিলিয়ন ডলারের ওঠা-নামা দেখা গেছে।"*

এর বিপরীত এক বছরে নিজের মোট সম্পত্তিকে তিন গুণ বাড়িয়ে নেওয়া অনিল অম্বানীকে ফোর্ব্স এই বছরে সব থেকে বড় লাফ লাগানো ব্যক্তি্র আখ্যা দিয়েছে। অনিল অম্বানী রিলায়েন্স টেলিকম্যুনিকেশন সমেত চারটি বড় কোম্পানীর মালিক।

মুম্বাই থেকে বিজ্ঞানে স্নাতক হওয়ার পরে উনি লণ্ডনের বিখ্যাত *"ভর্টন স্কুল"* থেকে এম.বি.এ. করেন। 1983 সালে রিলায়েন্স গ্রুপে যোগ দেওয়া অনিল আন্তজার্তিক বাজার থেকে পয়সা কামানোর জন্য সুপরিচিত।

অভিনেতা অমিতাভ বচ্চন এবং রাজনৈতিক নেতা অমর সিং-য়ের সঙ্গে প্রায়ই এক সঙ্গে দেখতে পাওয়া অনিল অম্বানী সম্প্রতি বিরাট দর হেঁকে ফিল্ম নির্মাণ কোম্পানী *'এ্যাডল্যাব'*-য়ের মালিক হয়ে উঠেছেন। সমাজবাদী পার্টির সহযোগে রাজ্যসভায় পৌঁছনো অনিল অম্বানী কার্যকাল শেষ হওয়ার আগেই নিজের পদ থেকে ইস্তফা দিয়ে দিয়েছিলেন।

আজ দেশের তিনটি সব থেকে বড় বিদ্যুত প্রকল্পের মধ্যে দুটো ছাড়া উনি মুম্বাই ট্রান্সহার্বার লিংক আর দিল্লী এয়ারপোর্ট মেট্রো এক্সপ্রেসেরও কর্তাব্যক্তি। এই প্রকার উনি বুনিয়াদী সুবিধার ক্ষেত্রে এক গুরুত্বপূর্ণ খেলোয়াড়ের রূপে আত্মপ্রকাশ করছেন।

অনিল অম্বানী আবার একবার এটা প্রমাণ করে দিয়েছেন যে, উনি কখনোই হার মানার ব্যক্তি নন। উনি ইতিমধ্যেই 11,600 কোটি টাকার ব্যবসা করে নিয়েছেন আর ওনার কোম্পানী রিলায়েন্স পাওয়ারের শেয়ার কেনার জন্য 73 গুণ বেশী নিবেশকরা আবেদন করেছিলেন।

কিন্তু যখন বাজারে মন্দা এল, তখন উনি পরিস্থিতিকে দোষারোপ করেননি... বরং শেয়ার ধারকদের কাল্পনিক লোকসানের পূর্তি করার জন্য নিজের অংশ থেকে 5 শতাংশ দিয়ে দিয়েছিলন। উনি নিজের সমূহের বাজার পুঁজিকে 85 হাজার মিলিয়ন ডলার পর্যন্ত পৌঁছে দিয়েছেন

আর রিলায়েন্স কম্যুনিকেশন্সের ক্রেতাদের ভিত্তিকে এক বছরের ভেতরে 3 কোটিরও বেশী করে তুলেছেন।

এখন উনি হচেছন আর্থিক ক্ষেত্রের সব থেকে বড় খেলোয়াড়! ওনার কোম্পানী 80,000 কোটি টাকারও বেশী সম্পত্তির ব্যবস্থাপনা করছে।

উনি হচেছন দেশের সব থেকে বড় এফ.এম. প্লেয়ার। মনোরঞ্জনের ক্ষেত্রের এ্যাডল্যাব থেকে শুরু করে এন. ডি. স্টুডিয়োজ আর সিনর্জী এ্যাডল্যাব্স-য়ের মত নামী কোম্পানীগুলোয় ওনার মোটা নিবেশকে খুচরো নিবেশ বলে মনে করা হয়।

জর্জ সোরোসের 3 শতাংশ অংশীদারী নেওয়ায় রিলায়েন্স এন্টারটেনমেন্টের মূল্য 3 হাজার মিলিয়ন ডলারেরও বেশী হয়ে পড়েছে।

অনিল অম্বানী নিজের জীবনের 7-টি মন্ত্র বানিয়ে রেখেছেন... যেগুলোর পালন উনি সর্বদা করে থাকেন –

* টাকা-পয়সা ব্যক্তি তৈরী করে না... বরং ব্যক্তি টাকা-পয়সা তৈরী করে।
* আপনি নিজে যতটা সাধারণ... ততটাই সাধারণ জীবন কাটান।
* ক্রেডিট কার্ডের থেকে দূরে থাকুন আর নিজের ওপরে নিবেশ করুন।
* অন্যরা যা করে, সেটা করবেন না... সবার কথা শুনুন আর যেটা ভালো লাগে, সেটাই করুন।
* ব্র্যাণ্ডের চক্করে পড়বেন না... সেটাই পরুন, যেটা আরামদায়ক হবে।
* ফালতু জিনিষের ওপরে টাকা-পয়সা বর্বাদ করবেন না... সেটাই কিনুন, যেটা জরুরী।
* এটা হচেছ আপনার নিজস্ব জীবন... অন্যদের এর ওপরে রাজত্ব করতে দেবেন না।

এই মন্ত্রগুলোকে গ্রহণ করে অনিল অম্বানী বিগত এক দশকে এমন অভূতপূর্ব সফলতা হাসিল করেছেন... যার ফলে লোকেরা ওনার গুণমুগ্ধ হয়ে উঠেছেন।

অনিল অম্বানীর সরল-সাধাসিধে সিদ্ধান্ত হচেছ – "*বাজারের ঝোঁক চিনে নিন... সুযোগের অধ্যয়ণ করুন... উঁচু ভাবুন... জরুরী মাপদণ্ড*

*তৈরী করুন, খরচ কমান... প্রতিযোগিতা শেষ করে দিন আর এগিয়ে চলুন!"*

অনিল অম্বানী আফ্রিকার উগাণ্ডায় অবস্থিত কোম্পানী *"অনুপম গ্লোবাল সোফ্‌ট"* কিনে নিয়েছেন।

অনিল অম্বানীর এই পদক্ষেপকে রিলায়েন্স কম্যুনিকেশন্স *(আর. কম্)*-য়ের দেশের বাইরে বাড়ানো পদক্ষেপ হিসেবে মানা হচ্ছে। শিল্প জগতের সঙ্গে যুক্ত বিশেষজ্ঞদের বক্তব্য হচ্ছে এই যে, অনিলের কোম্পানী আগামী পাঁচ বছরে উগাণ্ডার দূরসঞ্চার প্রণালীকে সুচারু আর মজবুত করে তোলার জন্য দু হাজার কোটি টাকা খরচ করবে।

আর. কম্. উগাণ্ডাতে ওয়াই ম্যাক্স্‌ আর হাই-ফাই পরিষেবা ছাড়াও মোবাইল... ফিক্সড্ লাইন... ইন্টারনেট... রাষ্ট্রীয় এবং আন্তর্জার্তিক দূরত্বের সেবাও শুরু করবে। কোম্পানী মীডিয়াতে দেওয়া এক বয়ানে জানিয়েছে – *"আমাদের বিশ্বের সব থেকে বড় একীকৃত টেলিকম্ নেটওয়ার্কের ব্যবস্থাপনার অভিজ্ঞতা রয়েছে। এজন্য উগাণ্ডাতে নিজেদের পরিষেবার বিস্তার করতে আমাদের কোন সমস্যাই হবে না।"*

কোম্পানী উগাণ্ডাতে স্পেকট্রাম প্রাপ্ত করে নিয়েছে আর কোম্পানী চলতি আর্থিক বছরের শেষ নাগাদ মোবাইল পরিষেবা শুরু করে দিতে চায়। কোম্পানী এই পুরো প্রকল্পের ওপরে 50 কোটি ডলার বা ভারতীয় মুদ্রায় 2 হাজার কোটি টাকা নিবেশ করতে চলেছে।

কোম্পানীর অপ্রত্যক্ষ উদ্দেশ্য আফ্রিকার বাজারের ওপরে নিজের নিয়ন্ত্রণ প্রাপ্ত করাও বটে। এর আগে রিলায়েন্স কম্যুনিকেশন 2003 সালে *'ব্যাগ'* আর 2005 সালে *'বিপ্স'*-য়ের অধিগ্রহণ করেছিল। এটা হচ্ছে কোম্পানী দ্বারা করা তৃতীয় অধিগ্রহণ।

কিছুদিন আগে লণ্ডনে এই অধিগ্রহণ চুক্তি সম্মতি প্রাপ্ত করেছে। এই অধিগ্রহণ এর আগের দুটি অধিগ্রহণের তুলনায় যথেস্ট বড়ও বটে। রিলায়েন্স দেশে এর আগে থেকেই সি.ডি.এম.এ. ভিত্তিক মোবাইল পরিষেবা কোম্পানী চালাচেছ আর এবার কোম্পানী জি.এস.এম. পরিষেবা শুরু করার মঞ্জুরীও পেয়ে গেছে।

রিলায়েন্স গ্লোবাল কম্.-য়ের গঠন হওয়ার পরেই এই অধিগ্রহণ হয়েছে আর এখন কোম্পানী নিজের বিদেশী ইউনিট আর.কম্.-য়ের অন্তর্গত নিজের কাজ করবে। বিশেযজ্ঞদের বক্তব্য হচেছ যে, উগাণ্ডায় বিস্তারের ফলে

আর.কম্. আন্তর্জাতিক পরিচিতি প্রাপ্ত করবে।

কিন্তু খুব কম লোকই এটা জানেন যে, যখন উনি 105 কিলোর ছিলেন... তখন উনি ট্রেডমিলে এক কিলোমিটারও চলতে পারতেন না। ওনারা এই ব্যাপারে গর্বিত অনুভব করেন যে, ওনাদের সমূহের ক্রেতাদের সংখ্যা এখন 10 কোটিরও বেশী হয়ে পড়েছে। বিভিন্ন ক্ষেত্রে এখনও পর্যন্ত এটাই হচ্ছে সব থেকে বড় গ্রাহক সংখ্যা!

ওনার পছন্দ হচ্ছে মশলাদার... ঝাল... চোখ থেকে জল বার করা ভোজন! কিন্তু উনি প্রতি দিন সকালে বাড়ী থেকে বার হওয়ার আগে মা কোকিলা বেনের চরণ স্পর্শ করতে কখনো ভোলেন না।

ওনার মোবাইল ফোনের স্ক্রীণে সর্বদাই ওনার স্বর্গীয় পিতা ধীরুভাই অম্বানীর ছবি থাকে। ওনার প্রিয় বিমান হচ্ছে ফাল্কন 2000 এবং প্রিয় গাড়ী হচ্ছে ওনার আবশ্যকতা অনুসারে প্রস্তুত মার্সিডিজ।

উনি অতিথিদের নিজের আল্ট্রা মাউন্ট রোডের বাড়ীতে আপ্যায়ন করেন। পত্নী টিনার 50-তম জন্মদিনে উনি নিরামিশাষী ইটালীয়ান ভোজনের সাথে প্রীমিয়ার বোর্দয়্যু ওয়াইন শ্যাট্যু মার্গো পরিবেশন করেছিলেন।

মনোরঞ্জন ব্যবসাতে *"অনিল ধীরুভাই অম্বানী গ্রুপ"* *(এ.ডি.এ.জি.)* ইডিয়ট বক্স অর্থাৎ ছোট পর্দা *(টি.ভি.)*-র মনোরঞ্জন বাজারেও নিজেদের প্রতিপত্তি কায়েম করার উচ্চাকাংখা প্রস্তুত করেছে। এ্যাডল্যাব্স ফিল্মসের মাধ্যমে বড় পর্দায় মনোরঞ্জন পরিবেশন করতে থাকা এ.ডি.এ.জি. গ্রুপ 20-টি টেলিভিশন চ্যানেল শুরু করার প্রস্তুতি নিচ্ছে।

যদিও গ্রুপের তরফ থেকে টি.ভি. চ্যানেল লঞ্চ করার কোন নির্দিষ্ট তারিখ এখনও পর্যন্ত জানানো হয়নি... কিন্তু বিশ্বস্ত সূত্রের বক্তব্য হচ্ছে যে, এ.ডি.এ.জি. গ্রুপের মনোরঞ্জন চ্যানেলগুলোর সাথে-সাথে নিউজ চ্যানেল শুরু করার ওপরেও দৃষ্টি রয়েছে।

এ.ডি.এ.জি. গ্রুপ ছোট পর্দার মনোরঞ্জন ব্যবসা সামলানোর জন্য কোম্পানীর গঠন আগে থেকেই করে রেখেছে। আগামী আর্থিক বছরে অনিল অম্বানীর পক্ষ থেকে একটার-পর-একটা চ্যানেলের লঞ্চিং করা হবে। রিলায়েন্স এন্টারটেনমেন্টের পক্ষ থেকে এর জন্য দুটো কোম্পানীর গঠনও করা হয়েছে। এগুলোর মধ্যে *'রিলায়েন্স বিগ টি.ভি. এন্টারটেনমেন্ট'* মনোরঞ্জন চ্যানেলগুলো সামলাবে আর *'রিলায়েন্স বিগ টি.ভি. ন্যুজ'* খবরের দুনিয়ায় হৈ-চৈ ফেলবে।

এমনিতে এ.ডি.এ.জি. গ্রুপের পক্ষ থেকে এখনও পর্যন্ত মনোরঞ্জন আর মীডিয়া চ্যানেলগুলোর ব্যাপারে কিছুই জানানো হয়নি।

কিন্তু এটা নিশ্চিত যে, মনোরঞ্জন চ্যানেলগুলোয় কম পক্ষে একটা হিন্দী চ্যানেলের সাথে একটা ফিল্মী চ্যানেলও থাকবে।

এর সাথে-সাথে বাচ্চাদের দাবী পূরণ করার জন্য কোম্পানীর পক্ষ থেকে একটা কার্টুন চ্যানেলও শুরু করা হবে। খবরের জন্য ইংরাজীর সাথে-সাথে একটা হিন্দী চ্যানেল শুরু করারও আশা রয়েছে। তার সাথে ব্যবসায়িক দুনিয়ার জন্যও হিন্দী আর ইংরাজীতে নিউজ চ্যানেল শুরু করা হবে।

এমনটা মানা হচ্ছে যে, নিউজের জন্য এ.ডি.এ.জি. গ্রুপ হিন্দী-ইংরাজী মিলিয়ে কম পক্ষে চারটি চ্যানেল লঞ্চ করবে।

যদি সব কিছু ঠিকঠাক চলে, তাহলে আগামী আর্থিক বছরে রিলায়েন্স এন্টারটেনমেন্টের পক্ষ থেকে চ্যানেল শুরু করে দেওয়া হবে। কেন্দ্রীয় তথ্য এবং সম্প্রসারণ মন্ত্রালয়ের অনুমতি পেলে 2009 সালের জুলাই-আগস্ট মাসে গ্রুপের পক্ষ থেকে চ্যানেল শুরু করা যেতে পারে! এর জন্য কোম্পানীর পক্ষ থেকে কেন্দ্রীয় তথ্য এবং সম্প্রসারণ মন্ত্রালয়ের কাছে আবেদনও করা হয়েছে।

ইন্টারনেট... ফিল্ম নির্মাণ আর ডিস্ট্রিবুশনের সাথে-সাথেই টেলিভিশন ধারাবাহিক নির্মাণকে মিলিয়ে রিলায়েন্স এন্টারটেনমেন্টের ব্যবসা 13,000 কোটি টাকার হয়ে পড়বে।

বিগ 92.7 এফ.এম. নামে গ্রুপ 12-টি এফ.এম. রেডিয়ো স্টেশন ইতিমধ্যেই শুরু করে দিয়েছে... যখন কি এমন 45-টি রেডিয়ো স্টেশনের জন্য লাইসেন্স কেন্দ্রীয় সরকারের পক্ষ থেকে পাওয়া গেছে। বাকী এফ.এম. রেডিয়ো স্টেশনগুলোও খুব শীঘ্রই শুরু হওয়ার আশা রয়েছে।

বিগ ম্যুজিক আর বিগ প্লাসের নামে গানের ক্যাসেট আর ফিল্ম ডিস্ট্রিব্যুশন কোম্পানী আগে থেকেই করছে।

মনোরঞ্জন শিল্পের প্রতি এ.ডি.এ.জি. গ্রুপের প্রমুখ অনিল অম্বানীর আকর্ষণ অনেক পুরোন। বলিউডের বচ্চন পরিবারের সাথে তো ওনার পারিবারিক সম্পর্ক রয়েছেই... গ্ল্যামারের দুনিয়ার বেশ কিছু তারকার সঙ্গেও ওনার ভালো সম্পর্ক রয়েছে। এ.ডি.এ.জি. গ্রুপের মজবুত আর্থিক ভিত্তিকে দেখে এমনটা মানা হচ্ছে যে, অনিল অম্বানীর চ্যানেল শুধু যে ভালো মনোরঞ্জন বিকল্প পেশ করবে, তাই

নয়... বরং নিউজ চ্যানেলের মাধ্যমে খবরের দুয়িনাতেও নিজের জোরদার উপস্হিতি প্রকট করবে।

শ্রীলঙ্কার ফার্ম *"ইলেক্ট্রোটেক্স"*-য়ের সাথে সংযুক্ত উদ্যোগ তৈরী করার জন্য রিলায়েন্স কম্যুনিকেশন এক বিশেষ ইউনিটের গঠন করেছে। এই সংযুক্ত উদ্যোগে রিলায়েন্স কম্যুনিকেশন্সের অংশীদারী হবে 74 শতাংশ।

শ্রীলঙ্কা টেলিকম্ বাজারে কোন বিদেশী কোম্পানী এর থেকে বেশী অংশীদারীর মালিকানা পেতে পারে না। *"ইলেক্ট্রোটেক্স"*-য়ের সংস্হাপক এবং সি.ই.ও. বি. এ. সি. অবয়বর্ধনার কাছে সংযুক্ত উদ্যোগের বাকী অংশীদারী থাকবে এবং রিলায়েন্স কম্যুনিকেশন্সের সংযুক্ত উদ্যোগ রিলায়েন্স মোবাইল লঙ্কা প্রাইভেট লিমিটেড শ্রীলঙ্কান অফিসারদের অনুমতি প্রাপ্ত করে নিয়েছে।

এছাড়া রিলায়েন্স কম্যুনিকেশন্স জি.এস.এম. লাইনের জন্য বৈশ্বিক ভেণ্ডারও আমন্ত্রিত করেছে।

এই নতুন উদ্যোগ এক নেটওয়ার্কের স্হাপনা করবে... যার ক্ষমতা 50 লাখ লাইনের হবে। শ্রীলঙ্কার জনসংখ্যা হচেছ প্রায় 2 কোটি আর তাঁদের মধ্যে প্রায় 40 শতাংশ লোক টেলিকম্ পরিষেবার প্রয়োগ করেন।

রিলায়েন্স কম্যুনিকেশন্স এক আলাদা টেলিকম্ ইন্ফ্রাস্ট্রাকচার বিকশিত করার ওপরে ভাবনা-চিন্তা করবে। এতে প্যাসিভ ইন্ফ্রাস্ট্রাকচার সুবিধার বিকাশের ওপরে দৃষ্টি দেওয়া হবে এবং আর.কম্. শ্রীলঙ্কায় *'ওয়ান নেশন ওয়ান এ্যাকাউন্ট'* শুরু করতে পারে!

এর অন্তর্গত গ্রাহকেরা হার্ডওয়ার অনুসারে রিলায়েন্স কম্যুনিকেশন্সের সকল পরিষেবার প্রয়োগ করতে পারবেন।

এর অর্থ হচেছ এই যে, মোবাইল ফোন... ল্যাণ্ডলাইন... ইন্টারনেট... ওয়াইমেংক্স আর ডি.টি.এইচ. পরিষেবার প্রয়োগ করতে থাকা গ্রাহকেরা সেন্ট্রাল সার্ভার দ্বারা লগ অন্ হতে পারবেন আর নিজেদের এ্যাকাউন্টের প্রয়োগ করে ওনারা রিলায়েন্স কম্যুনিকেশন্স দ্বারা প্রদান করা যে কোন পরিষেবা পর্যন্ত পৌঁছতে পারবেন এবং রিলায়েন্স কম্যুনিকেশন্সের অফিসাররা শ্রীলঙ্কায় এক পূর্ণ একীকৃত নেটওয়ার্ক স্হাপনা করার ওপরে মনোনিবেশ করছেন।

এই একীকৃত নেটওয়ার্কে মোবাইল টাওয়ার অপ্টিক ফাইভারের দ্বারা যুক্ত হয়ে থাকবে আর জি.এস.এম. মোবাইল নেটওয়ার্কের সঞ্চালন কেন্দ্র

শ্রীলঙ্কার রাজধানী কলম্বোতে হবে।

2009 আর্থিক বছরে রিলায়েন্স কম্যুনিকেশনের কর্মচারীদের সংখ্যা 400-র আশপাশে হওয়ার আশা রয়েছে।

অনিল ধীরুভাই অম্বানী গ্রুপ কমোডিটি এক্সচেঞ্জ শুরু করারও পরিকল্পনা তৈরী করেছে। কোটক গ্রুপও কমোডিটি এক্সচেঞ্জের ক্ষেত্রে পা রাখতে চলেছে। এই ব্যবসায় সম্ভাবনা দেখতে পেয়ে এই ক্ষেত্রে শিল্প সমূহের আগ্রহ বৃদ্ধি পেয়েছে আর কোটক গ্রুপ কমোডিটি এক্সচেঞ্জের ক্ষেত্রে নামার জন্য ক্ষেত্রীয় এক্সচেঞ্জগুলোকে অধিগ্রহণ করার পরিকল্পনা তৈরী করেছে।

এ.ডি.এ.জি.-র কোম্পানী রিলায়েন্স গ্রুপ ক্যাপিটালের ব্রোকারেজ আর আর্থিক উৎপাদনগুলোর বিপণন করতে থাকা সহায়ক কোম্পানী রিলায়েন্স মানি-র সি.ই.ও. সুদীপ বন্দোপাধ্যায়কে এই ব্যাপারে প্রশ্ন করা হলে উনি উত্তর দেন – "*আমরা সর্বদা ভবিষ্যতের প্রতিটি সুযোগের লাভ ওঠানোর জন্য প্রস্তুত হয়ে থাকি।*" কিন্তু উনি কমোডিটি এক্সচেঞ্জ শুরু করার পরিকল্পনার ব্যাপারে কিছু বলতে অস্বীকার করে দেন।

এ.ডি.এ.জি. নিজের কোম্পানী রিলায়েন্স মানি-র মাধ্যমে কমোডিটি ব্রোকারেজের ক্ষেত্রে আগে থেকেই মজুদ রয়েছে। পারস্পরিক সুবিধাগুলোর জন্য এ.ডি.এ.জি. কোন মজুদ কমোডিটি এক্সচেঞ্জের অধিগ্রহণের পরিকল্পনা তৈরী করতে পারে।

ফায়নান্সিয়াল সেক্টরের সঙ্গে যুক্ত গ্রুপ ইণ্ডিয়াবুলস্ কমোডিটি এক্সচেঞ্জ শুরু করার জন্য আগে থেকেই এম.এম.টি.সি.-র সঙ্গে সমঝোতা করে রেখেছে। সরকারের তরফ থেকে মঞ্জুরী পাওয়া গেলেই ইণ্ডিয়াবুলস্ আর এম.এম.টি.সি কমোডিটি এক্সচেঞ্জ শুরু করে দেবে।

কমোডিটি বাজারে ভালো সম্ভাবনা মজুদ রয়েছে। এই বাজার বর্তমানে এক লাখ ডলারের স্তর পর্যন্ত পৌঁছে গেছে আর আগত ভবিষ্যতে এর আকার আরও দ্রুত বেড়ে ওঠার যথেষ্ট সম্ভাবনা রয়েছে।

গত 5 - 7 বছরে গোটা দুনিয়ায় কমোডিটি মার্কেটের বিস্তার অত্যন্ত দ্রুত গতিতে হয়েছে আর আগামী 10 বছর পর্যন্ত এই ক্ষেত্রের বিকাশের গতি এই রকমই দ্রুত থাকবে। অনিল অম্বানী এই ক্ষেত্রে পা রাখলে কমোডিটি কারবার আগের থেকে অনেক বেশী সংগঠিত হবে আর দেশের অর্থব্যবস্থায় উন্নতি আসবে।

যদি মুকেশ অম্বানী আর অনিল অম্বানীর মোট সম্পত্তিকে এক সঙ্গে জুড়ে দেওয়া হয়... তাহলে ওনারা দুজন দুনিয়ার সব থেকে ধনী ব্যক্তি হয়ে উঠবেন। সাণ্ডে টাইমস্ অনুসারে অম্বানী ভাইদের মোট সম্পত্তি 43

হাজার মিলিয়ন পাউণ্ড হিসেবে মূল্যাংকন করা হয়েছে।

সংবাদপত্রের সব থেকে ধনী ব্যক্তিদের সূচীতে ভারতীয় মূলের *'ইস্পাত কিং'* লক্ষ্মী মিত্তল ইউরোপের সব থেকে ধনী ব্যক্তি আর ওনার সম্পত্তির মূল্যাংকন করা হয়েছে 27.7 হাজার মিলিয়ন পাউণ্ড।

প্রতি বছর নিজের সম্পত্তিতে সাড়ে আট হাজার মিলিয়ন পাউণ্ড বাড়িয়ে চলা লক্ষ্মী মিত্তল হচেছন দুনিয়ার যষ্ঠ সব থেকে ধনী ব্যক্তি আর ওনার কোম্পানী আর্সেলর মিত্তলের মূল্য হচেছ 57.2 হাজার মিলিয়ন পাউণ্ড... যাতে মিত্তল পরিবারের অংশীদারী হচেছ 43 শতাংশ।

সূচী অনুসারে যদি মুকেশ আর অনিল অম্বানীর সম্পত্তিকে এক করে দেওয়া হয়, তাহলে 43 হাজার মিলিয়ন পাউণ্ডের সাথে অম্বানী ভাইয়েরা আমেরিকার বাল্টন পরিবার *(38.4 হাজার মিলিয়ন পাউণ্ড)* আর মাইক্রোসোফ্‌ট প্রমুখ বিল গেটস্ *(29 হাজার মিলিয়ন পাউণ্ড)*-দের পেছনে ফেলে দেবেন।

সাণ্ডে টাইমসের 2008 সালে প্রকাশিত পৃথিবীর 50-জন সব থেকে ধনী ব্যক্তিদের মধ্যে 15 হাজার মিলিয়ন পাউণ্ডের সাথে কে. পি. সিং আর 7.5 হাজার মিলিয়ন পাউণ্ডের সাথে শশী রুইয়া এবং রবি রুইয়া শামিল রয়েছেন। এই ফাঁকে হিন্দুজা ভাইয়েরা – এস. পি. হিন্দুজা আর জি. পি. হিন্দুজা 6.2 হাজার মিলিয়ন পাউণ্ডের সাথে ব্রিটেনের দ্বিতীয় সব থেকে ধনী ব্যক্তি হয়ে উঠেছেন।

পাল ব্রিটেনে বসবাসকারী 10-জন সব থেকে সমৃদ্ধ এশিয়ান ব্যক্তিদের সূচীতে চতুর্থ স্হানে রয়েছেন। সাণ্ডে টাইমস্ দ্বারা প্রকাশিত সূচী *'রিচলিস্ট - 2008'* অনুসারে বিশ্ব সমুদায়ে অম্বানী ভাইদের প্রতিপত্তি লাগাতার বেড়েই চলেছে... যার জন্য আমার তরফ থেকে মুকেশ অম্বানী আর অনিল অম্বানীর প্রতি রইল অসংখ্য শুভ কামনা!

*"কি করে বিশ্বের 1 নম্বর ধনী হলেন ঃ অম্বানী এ্যাণ্ড অম্বানী"* পুস্তক লেখার কাজে আমাকে প্রিন্ট মীডিয়ার প্রচুর সাহায্য নিতে হয়েছে... তবে গিয়ে এই পুস্তক সম্পূর্ণ হয়েছে। আপনারা এই পুস্তক পড়ার পরে নিজেদের বিচারধারা অবশ্যই জানাবেন... যাতে এই সংস্করণে যেসব ত্রুটি রয়ে গেছে, সেগুলো পরবর্তী সংস্করণে সংশোধন করে নেওয়া যায়। ধন্যবাদ!

– ***তরুণ ইঞ্জিনিয়ার***

*E-mail: tarunengineer2003@yahoo.com*

# সূচীপত্র

# ধীরুভাই অম্বানীর জীবন-পরিচয়

ধীরুভাই অম্বানীর জন্ম 28-শে ডিসেম্বর, 1932 গুজরাটের এক ছোট্ট গ্রাম চোরবাড়ে হয়েছিল... ওনার পুরো নাম ছিল ধীরজলাল হীরাচন্দ অম্বানী।

ওনার পিতার নাম ছিল হীরাচন্দ গোবর্ধন ভাই... যিনি পেশায় এক প্রাইমারী স্কুলের শিক্ষক ছিলেন। ওনার পরিবার গুজরাটের সংস্কৃতিতে বিশ্বাস রাখত।

ওনার মাতা জমনা বেন এক আধুনিক মোধা পরিবারের সন্তান ছিলেন... যার কারণে ওনাদের পুরো পরিবার পাশ্চাত্য সংস্কৃতি দ্বারা প্রেরিত ছিল।

ধীরুভাই-য়ের বিষারধারায় উন্মুক্ততা ছিল... নতুন চিন্তাধারা ছিল... আকাশকে স্পর্শ করার উচ্চাকাংখা ছিল – যেগুলো উনি উত্তরাধিকার সূত্রে প্রাপ্ত করেছিলেন।

ধীরুভাই নিজের মাতা-পিতার পঞ্চম সন্তান ছিলেন। ওনার শিক্ষা-দীক্ষা কেবলমাত্র ম্যাট্রিকুলেশন পর্যন্তই হতে পেরেছিল আর তখন থেকেই উনি খোলা চোখে দেশের গৌরব আর বিকাশের স্বপ্ন দেখতে শুরু করেছিলেন।

উনি এক ভারতীয় হিসেবে নিজেকে গর্বিত অনুভব করতেন এবং উনি বিচারধারা আর কর্মের দ্বারা এক সত্যিকারের দেশভক্ত ছিলেন... কিছু একটা করে দেখানোর উচ্চাকাংখা ওনার ভেতরে প্রচণ্ড বেশী পরিমাণে ছিল। আর সেজন্য ম্যাট্রিকুলেট করার পরে মাত্র 17 বছর বয়সেই ইয়েমেন দেশের এক শহর অদনের উদ্দেশ্যে রওনা হয়ে পড়েন।

সেখানে উনি "*এ. বেসী এ্যাণ্ড কোম্পানী*"-তে এক সাধারণ ডেসপ্যাচ ক্লার্ক হিসেবে নিজের কেরিয়ার শুরু করেন... সেই সময় ওনার কোম্পানী সামুদ্রিক ঝিনুক বিতরণ করত।

এর প্রায় দু বছর পরেই ভারতীয় তেল কোম্পানী "*শেল*" "*এ. বেসী*

*এ্যাণ্ড কোম্পানী*"-কে নিজেদের বিতরক নিযুক্ত করে আর এর সাথে-সাথেই ধীরুভাই-য়েরও প্রোমোশন হয়ে পড়ে।

এবার উনি "*শেল*"-য়ের '*অয়েল ফিলিং প্রোডাক্ট*' অদনের বন্দরে আসা জাহাজগুলোয় বিক্রী করতে থাকেন। সেই সময় উনি প্রথম বার নিজের মনে দৃঢ় সংকল্প করে নেন যে, উনি নিজে একদিন ভারতে নিজের অয়েল রিফাইনারী লাগাবেন। সেই সময় ওনার বয়স 20 বছরেরও কম ছিল।

অদনে চাকরী করার সময়ই ওনার বিবাহ কোকিলা বেনের সঙ্গে হয়ে পড়ে... যিনি পরে ওনার সুখ-দুঃখের সমান অংশীদার হয়ে ওঠেন। কোকিলা বেন এটা খুব ভালো করেই জানতেন যে, ওনার স্বামী প্রচণ্ড উচ্চাকাংখী আর উনি একবার যে জিনিষটা করবেন বলে ঠিক করেন, সেটা উনি করে তবে ছাড়েন।

বড়-বড় স্বপ্ন দেখাটা ধীরুভাই-য়ের ছোটবেলা থেকেই শখ ছিল আর সেই সব স্বপ্নকে সাকার করে তোলার জন্য উনি সমর্পিতও ছিলেন। এমনিতে তো ধীরুভাই-য়ের কাছে কোন ডিগ্রী ছিল না আর না-ই উনি কোন অর্থশাস্ত্রী ছিলেন... কিন্তু ওনার মধ্যে উৎসাহের কোন অভাব ছিল না।

মুকেশ অম্বানীর জন্ম 19-শে এপ্রিল, 1957 অদনের সেই ফ্ল্যাটেই হয়েছিল... যে ফ্ল্যাটটা কোম্পানী ওনাকে থাকার জন্য দিয়েছিল।

পরিবারে মুকেশের পদার্পণ হওয়ামাত্র ধীরুভাই-য়ের পরিবারের খুশীর পদার্পণ হওয়া শুরু হয়ে পড়েছিল। ওনার পত্নী কোকিলা বেনও প্রচণ্ড খুশী হয়ে উঠেছিলেন। ওনার সময় ছোট্ট মুকেশের সঙ্গেও ভালো ভাবেই কেটে যেত। ততদিনে ধীরুভাই অদনের বন্দরে নোঙর ফেলা জাহাজগুলোকে তেল আর লুব্রিকেন্ট বেচে নিজের ভেতরে লুকিয়ে থাকা প্রতিভা পূর্ণ রূপে প্রদর্শিত করে দীয়েছিলেন।

1950 সাল নাগাদ উনি "*এ. বেসী এ্যাণ্ড কোম্পানী*"-তে চাকরী করার সাথে-সাথে নিজস্ব ব্যবসার ব্যাপারেও ভাবনা-চিন্তা করতে শুরু করে দিয়েছিলেন... কারণ উনি চাকরী কেবলমাত্র ব্যবসাকে ভালো করে বোঝার জন্য করছিলেন।

পুরো 9-টা বছর অদনে কাটানোর পরে, 1958 সালে উনি পত্নী আর পুত্রকে সঙ্গে নিয়ে মুম্বাই ফিরে আসেন আর নিজের মশলা তৈরী আর বেচার ব্যবসা শুরু করে দেন।

মুম্বাই ফিরে আসার ঠিক এক বছর পরে, ওনার দ্বিতীয় পুত্র অনিল অম্বানীর জন্ম 04-ঠা জুন, 1958 হয়। ততদিনে ওনার ব্যবসা

ভালো ভাবেই চলতে শুরু করে দিয়েছিল আর ওনার মশলা গোটা দেশে ভালোই বিক্রী হতে লেগেছিল।

সেই সময় ওনার কোম্পানীর নাম ছিল *"রিলায়েন্স কমার্শিয়াল কর্পোরেশন"*... যে কোম্পানী উনি মাত্র 15,000 টাকা মূলধনের সঙ্গে শুরু করেছিলেন। ওনার অফিস মঞ্জিল বুণ্ডরের নার্সিংনাথন স্ট্রীটে ছিল।

অফিস নামেই অফিস ছিল... মাত্র 350 বর্গফুটের একটা কামরা ছিল... যাতে একটা টেবিল আর তিনটে চেয়ার পড়ে ছিল। সেই সময় ওনার বিজনেস পার্টনার ছিলেন চম্পকলাল দমানী। এই ফাঁকে ওনার পরিবারে দুই মেয়ের জন্ম হল... যাদের নাম হচেছ নীনা আর দীপ্তি!

চম্পকলাল দমানীকে নিজের পাশে পাওয়ামাত্র ধীরুভাই নিজের কোম্পানীর মশলা বিদেশে রপ্তানী করা শুরু করে দিয়েছিলেন আর তার বদলে উনি বিদেশ থেকে পোলিয়েস্টার সুতো আমদানী করতে লেগেছিলেন।

এক প্রকারে ওনার কোম্পানী ইম্‌পোর্ট-এক্সপোর্টের বিজনেসে নেমে পড়েছিল আর উনি বাইরে থেকে যে পোলিয়েস্টার সুতো আনতেন, সেটা উনি ভারতে উঁচু দামে বিক্রী করে দিতেন।

কিন্তু ওনার বিজনেস পার্টনার চম্পকলাল দমানীর পোলিয়েস্টার সুতোর প্রতি বিশেষ আগ্রহ ছিল না। ওনার ধীরুভাই-য়ের ব্যবসা করার পদ্ধতিও পছন্দ ছিল না... যার পরিণাম এটাই হল যে, কিছু সময় পরে উনি বিরোধিতা প্রকট করা শুরু করে দিলেন... যেটা ধীরুভাই-য়ের পছন্দ ছিল না।

ধীরুভাই চম্পকলাল দমানীর অংশের টাকা মিটিয়ে দিয়ে ওনাকে নিজের বিজনেস থেকে আলাদা করে দিলেন আর এবার উনি স্বাধীন রূপে ব্যবসার প্রতি সমর্পিত হয়ে পড়লেন।

ধীরুভাই ব্যবসাতে ঝুঁকি নিতে সিদ্ধহস্ত ছিলেন। উনি পোলিয়েস্টার সুতোর ব্যবসায় নিজের কোম্পানীর উজ্জ্বল ভবিয্যত দেখতে পাচিছলেন... যখন কি সেই সময় পোলিয়েস্টার সুতো ভারতে নতুন ছিল।

এমন কি লোকেরা পোলিয়েস্টার সুতোর নাম পর্যন্ত জানত না... কারণ ভারতে সেই সময় সুতী কাপড়েরই চাহিদা বেশী ছিল। এই ধরণের কাপড় সুতীর সুতো দিয়েই তৈরী হত আর দেশে ভালোই বিক্রী হত।

যদিও সেটা গান্ধীবাদের সময় ছিল... কিন্তু ধীরুভাই-য়ের পোলিয়েস্টার সুতোকে ভারতবাসীরা ধীরে-ধীরে গ্রহণ করতে শুরু করে দিয়েছিল।

এক প্রকারে বলতে গেলে বলতে হয় যে, এটা ধীরুভাই-য়েরই আবিস্কার ছিল... যেটা ভারতের বাজারে অত্যন্ত দ্রুত নিজের উপস্থিতি

প্রকট করছিল। সেই সময় ধীরুভাই নিজের পরিবারের সঙ্গে মুম্বাইতে এক বেডরুমের এক ফ্ল্যাটে থাকতেন... যেটা ভুলেশ্বরের জয়হিন্দ এস্টেটে ছিল। সেই সময় মুকেশ অম্বানীর বয়স ছিল 7 - 8 বছর!

ধীরুভাই কম শিক্ষিত হওয়া সত্ত্বেও এক অলৌকিক দৃষ্টির অধিকারী ছিলেন। স্বপ্ন দেখতে ওনার ভালো লাগত। ছোট স্বপ্ন নয়... বড়-বড় স্বপ্ন দেখতেন উনি আর উনি সর্বদাই সেই সব স্বপ্নগুলোকে বাস্তবায়িত করার ব্যাপারে ভাবনা-চিন্তা করতেন।

উনি কখনোই স্বপ্ন দেখা বন্ধ করেননি... ওনার ভেতরে স্বপ্ন পূরণ করার এক পাগলামী ভর করে ছিল।

ওনার চোখ দুটো সর্বদাই নিজের লক্ষ্যের ওপরে নিবদ্ধ হয়ে থাকত... কখনোই উনি নিজের প্রযুক্তিগত অজ্ঞানতাকে নিজের পথের বাধা হয়ে উঠতে দেননি। সেই সময় দেশের অর্থব্যবস্থা ঠিক ছিল না... ব্যাঙ্কগুলোও সহজে ঋণ দিতে চাইত না আর মুম্বাইতে ওনার কোন গডফাদারও ছিল না, যিনি ওনাকে টাকা-পয়সা ধার দিতে পারেন।

কিন্তু ধীরুভাই প্রতিটা চ্যালেঞ্জের মোকাবিলা বাহাদুরীর সাথে করেছিলেন আর কড়া মেহনত করে বাজারের ঝোঁককে নিজের দিকে টেনে এনেছিলেন।

ওনার দেখা স্বপ্নগুলো বাস্তবে রূপায়িত হতে চলেছিল... পোলিয়েস্টার দেশে জনপ্রিয় হতে লেগেছিল। ধীরুভাই দিন-রাত এক করে নিজের ব্যবসাতে লেগে পড়লেন... তার সাথে-সাথে উনি প্রতিটি বিষয়ে গভীর অধ্যয়ণও করতেন। যদিও এর আগে উনি কোনদিনও এমন ক্ষেত্রে কাজ করেননি... আর না-ই পোলিয়েস্টার সুতোর বিষয়ে ওনার কোন প্রকারের অভিজ্ঞতা ছিল – কিন্তু ওনার নিজের যোগ্যতার ওপরে পূর্ণ বিশ্বাস ছিল... যার কারণে ওনার প্রতিটা স্বপ্নই বাস্তবায়িত হয়ে পড়ছিল।

সেই সময় কেউই এমনটা ভাবেনি যে, গুজরাটের ছোট্ট এক গ্রামের এক মধ্যবিত্ত পরিবারে বড় হয়ে ওঠা কেবলমাত্র ম্যাট্রিক পাশ এক ছেলে ভারতের নতুন আর্থিক ইতিহাস রচনা করবে!

•

---

*"পুরাতন বিচারধারা ত্যাগ করাটা অত্যন্ত জরুরী! কারণ আপনার মগজে প্রথম বার বিনা কোন প্রচেস্টায় যে বিচারধারা আসে, সেটা হচ্ছে আপনার অতীত জীবনের অভিজ্ঞতা!"*

*– ধীরুভাই অম্বানী*

---

# রিলায়েন্স ইণ্ডাস্ট্রিজের স্থাপনা

**ধী**রুভাই এটা জেনে গিয়েছিলেন যে, ভারতে টেক্সটাইল শিল্পের ভবিষ্যত অত্যন্ত উজ্জ্বল। এই ভেবে উনি 1960 সালে আহমেদাবাদের এক ছোট্ট গ্রাম নরোদায় নিজের প্রথম টেক্সটাইল মিল লাগান। সেই সময় ওনার কাছে এক ছোট্ট, কিন্তু প্রযুক্তিসম্পন্ন টীম ছিল... যেটাকে উনি মিল চালানোর কাজে লাগিয়ে দিয়েছিলেন আর মিলের নাম দিয়েছিলেন – *"রিলায়েন্স টেক্সটাইল মিল"* – যেখানে পোলিয়েস্টার সুতোর নির্মাণ হত।

ধীরে-ধীরে মিলে উৎপাদন বাড়তে লাগল... চাহিদাও বেড়ে চলল আর চাহিদা বাড়তেই ধীরুভাই সেই মিলে পোলিয়েস্টার সুতোর কাপড়ও তৈরী করা শুরু করে দিলেন... যেটা উনি *'বিমল'* ব্রাণ্ডের অন্তর্গত বিক্রী করতেন।

কিন্তু উনি নিজের ব্রাণ্ড হিসেবে *'বিমল'*-কেই কেন বেছে নিয়েছিলেন ? এর পেছনেও এক কাহিনী আছে। সেই কাহিনী হচ্ছে এই যে, ওনার নিজের বড় ভাই রমনিক লাল অম্বানীর পুত্র বিমলের প্রতি বিশেষ স্নেহ ছিল। উনি তাকে খু-উ-ব ভালো বাসতেন আর ঠিক সেই সময়ই ওনার নিজের ব্রাণ্ড রেজিস্টার্ড করানোর ছিল। ব্রাণ্ড রেজিস্টার্ড করানোর সময় ওনার বিমলের নামটাই মনে পড়েছিল আর এই ভাবে ওনার উৎপাদনের নাম *'বিমল'* হয়ে পড়ে। বিমল শাড়ী অত্যন্ত দ্রুত মহিলাদের ফেবারিট হয়ে পড়তে থাকে আর সেই সময় বিমল শাড়ীর বিজ্ঞাপন *'মুদ্রা'* নামক বিজ্ঞাপন এজেন্সী করত... যার সংস্থাপক আর ম্যানেজার ছিলেন এ. জি. কৃষ্ণমূর্তি।

সেই সময় বিমলের নায়লন শাড়ী দেশের প্রতিটি গলি-গ্রাম-শহরে হৈ-চৈ ফেলে দিয়েছিল। এর কিছু সময় পরে ধীরুভাই রিলায়েন্স টেক্সটাইল মিলের অফিস মুম্বাই-য়ের কোর্ট হাউস, ধোবী তালাবে

খোলেন... যেখানে উনি নিজে বসে শাড়ী মার্কেটিং-য়ের পদ্ধতি আবিস্কার করতেন। ওনার কর্পোরেট দর্শন ছিল অত্যন্ত অদ্ভূত আর ওনার চিন্তাধারা সর্বদাই উঁচু ছিল।

উনি লাগাতার নিজের লক্ষ্যকে উঁচু রেখে কাজ করতেন। লোকেদের চরিত্র সম্বন্ধে অনুমান লাগানোর ক্ষমতা ওনার ভালোমতনই ছিল। উনি লোকেদের ভেতরে লুকিয়ে থাকা প্রতিভাও মনশ্চক্ষে দেখতে পেতেন।

1970 সালের কথা। সেই সময় আমাদের দেশে ফ্যাশন শো-য়ের এত বেশী প্রচলন ছিল না আর না-ই সেই সময় এত বেশী সংখ্যায় বিজ্ঞাপন পত্রিকা ছাপা হত। সেই সময় ফ্যাশন শো কেবলমাত্র বিদেশেই হত... ভারতে এই জিনিষটার প্রচলন ছিল না। সেই সময় ধীরুভাই পুরো দেশ জুড়ে বিমল ফ্যাব্রিকের বড়-বড় গ্ল্যামারাস ফ্যাশন শো-য়ের আয়োজন করেছিলেন।

দিল্লীতেও অশোক হোটেলের কন্‌ভেনশন হলে রিলায়েন্স দ্বারা '*বিমল*'-য়ের ফ্যাশন শো-য়ের আয়োজন করা হয়েছিল... যাতে সুন্দর আর গ্ল্যামারাস প্রদর্শন করার জন্য 6 প্রোজেক্টরের অডিয়ো-ভিসুয়ালের ব্যবহার করা হয়েছিল, যাতে 40,000 ওয়াটের সাউণ্ড সিস্টেম লাগানো ছিল।

মডেলদের হাঁটার জন্য তিনটে র‍্যাম্প বানানো হয়েছিল... যার ওপর দিয়ে সুন্দরী-মর্ডান মডেলরা নিজেদের সৌন্দর্যের ছটা ছড়িয়ে দিচ্ছিলেন। পুরো কন্‌ভেনশন হল কানায়-কানায় পরিপূর্ণ হয়ে ছিল... সমস্ত আসন ভরে গেছিল। যত লোক ভেতরে বসেছিলেন, তার থেকে বেশী লোক বাইরে দাঁড়িয়ে ছেলেন। তাঁদের মধ্যে বেশীর ভাগ লোক তাঁরা ছিলেন, যাঁদের কাছে রিলায়েন্সের পাশ ছিল এবং যাঁরা কোন-না-কোন রূপে রিলায়েন্সের সঙ্গে যুক্ত হয়ে ছিলেন আর ভেতরে ঢোকার রাস্তা খুঁজছিলেন।

সেই দিনটা ভারতীয়দের কাছে ঠিক কোন স্বপ্নেরই মত ছিল... যে স্বপ্নকে সাকার করে তোলার দায়িত্ব রিলায়েন্স নিজের ওপরে নিয়ে রেখেছিল। সেই সময় লোকেরা বিমলের এই ধরণের ফ্যাশন শো-কে '*পরীদের ফ্যাশন শো*' বলত।

লোকেরা এই সব শো দেখার জন্য পাগল হয়ে উঠত। ফ্যাশন শো-য়ের পাশ কেবলমাত্র রিলায়েন্স ইণ্ডাস্ট্রির সঙ্গে যুক্ত লোকেদেরই দেওয়া হত... কিন্তু সাধারণ জনতাও পেছনে থাকতে রাজী ছিল না... তারা মিথ্যের আশ্রয় নিয়ে পাশ হাসিল করার চেস্টায় লেগে থাকত।

ফ্যাশন শো-য়ের সব থেকে মুখ্য ভাগ ছিল সেটাকে পেশ করার

পদ্ধতি... যেটা সত্যিই অপূর্ব ছিল। মডেলরা তিনটে র‍্যাম্পে এক সঙ্গে হেঁটে আসতেন আর উপস্হিত লোকেদের নিজেদের সৌন্দর্যের দ্বারা মন্ত্রমুগ্ধ করে তুলে চলে যেতেন।

দিল্লীর ফ্যাশন শো-তেও এমনটাই হচিছল! কে জানে কোথা থেকে পরিচিত-অপরিচিত অতিথিরা আকৃস্ট হয়ে অশোক হোটেল পর্যন্ত এসে পৌঁছেছিলেন!

ভীড়ের ওপরে নিয়ন্ত্রণ করাটা মুশ্কিল হয়ে উঠেছিল! সেই সময় ধীরুভাই কন্‌ভেনশন হলের ভেতরেই ছিলেন। ওনার স্টাফেরা যখন ভীড়ের ওপরে নিয়ন্ত্রণ রাখতে ব্যর্থ হয়ে পড়ল... তখন ধীরুভাই নিজে মেইন্‌ গেটে এলেন আর দরজায় দাঁড়িয়ে থাকা অতিথিদের শান্ত করার চেস্টা করতে লাগলেন।

ওনার কথায় সবাই শান্ত হয়ে পড়ল... কারণ লোকেরা ধীরুভাইকে নিজেদেরই মত দেখতে পেয়েছিল – ঠিক কোন সাধারণ লোকের মত আর এর পরে ফ্যাশন শো সফল হয়ে উঠল। আজ পর্যন্ত দিল্লীর লোকেদের স্মৃতিতে সেই ফ্যাশন শো জীবন্ত হয়ে আছে।

ধীরুভাই সেই শো-য়ের মাধ্যমে মধ্যবিত্ত লোকেদের নিজের উৎপাদনের দিকে আকৃস্ট করে নিয়েছিলেন... যার লাভ ধীরুভাই ভালোমতনই পেয়েছিলেন। লোকেরা ওনাকে ভি.আই.পি. লোকেদের শ্রেণীতে গণ্য করতে লেগেছিল।

সেদিনও, কন্‌ভেনশন হলে সকলের মুখে ধীরুভাই-য়েরই নাম ঘুরে বেড়াচিছল... উনি লোকেদের কাছে শো-ম্যানের রূপে অবতরিত হয়ে পড়েছিলেন... ঠিক যেমনটা এক সময়ে রাজ কাপুর বলিউডের ফিল্মী আকাশে শো-ম্যানের রূপে অবতরিত হয়েছিলেন! এর পরে ধীরুভাই বিমলের মাধ্যমে পুরো দেশের ফ্যাশনেবল লোকেদের দৃস্টি নিজের দিকে টেনে নিয়েছিলেন।

দিল্লীর ফ্যাশন শো-য়ের পরে ধীরুভাই যেখানেই যেতেন... লোকেরা ওনাকে এক বিশেষ ব্যক্তির রূপেই দেখত। উনি এমন এক কোম্পানীর সংস্হাপক হয়ে উঠেছিলেন, যে কোম্পানী নিজের বিস্তার আশ্চর্যজনক ভাবে করেছিল আর অত্যন্ত দ্রুত বিস্তার করে চলেছিল। সেই সময় দেশের আর্থিক অবস্হা খুব একটা ভালো ছিল না।

সেই সময় ইন্দিরা গান্ধী দেশের প্রধানমন্ত্রী ছিলেন। সহজে ব্যাঙ্ক থেকে ঋণ পাওয়া যেত না... ব্যাঙ্কগুলোয় টাকার অভাব ছিল আর সেই সময় ধীরুভাই-য়ের টাকার খুবই প্রয়োজন ছিল... কারণ উনি নরোদা মিলের বিস্তার করতে চাইছিলেন। এই কাজে ওনার ছোটখাটো ফাণ্ড নয়... কম পক্ষে 2 কোটি টাকার প্রয়োজন ছিল।

যখন ব্যাঙ্ক ওনাকে সহায়তা করতে অসমর্থতা প্রকট করে দিল, তখন উনি মাঝের রাস্তা বার করে আনলেন আর সেই মাঝের রাস্তা ছিল নিজের কোম্পানীকে দেশের কোটি-কোটি শেয়ার ধারকদের মধ্যে ভাগ করে দেওয়া।

তখন ধীরুভাই দেশের লোকেদের আশ্বাস দিয়ে বলেছিলেন – *"আপনারা পূর্ণ বিশ্বাসের সঙ্গে রিলায়েন্সে পয়সা লাগান... কোম্পানীর লাভ হলে আপনাদের লাভ আর কোম্পানীর লোকসান হলে সেটা আমার লোকসান হবে!"*

এর পরে লোকেরা নিজেদের টাকা-পয়সা রিলায়েন্সে লাগানো শুরু করে দিল।

এমনই ছিল ধীরুভাই-য়ের জাদু!

ধীরুভাই স্বাধীনতার আগের ভারতের কোটি-কোটি ভারতবাসীদের অন্যতম ছিলেন। উনি ছোটবেলায় খালি পায়ে হেঁটে-হেঁটে স্কুলে যেতেন... মাত্র দু জোড়া কাপড়ে পুরো বছর চালাতেন। এক জোড়া কাচলে অন্য জোড়া পরতেন আর নিজের দূরদর্শিতা এবং কড়া মেহনতের শক্তিতে উনি মধ্যবিত্ত শ্রেণীর উর্দ্ধে উঠেছিলেন।

ওনার ভেতরে দৃঢ় সংকল্প শক্তি প্রচণ্ড মাত্রায় ছিল আর ওনার স্বপ্নগুলো আকাশের থেকেও উঁচু ছিল... যেগুলো উনি *'রিলায়েন্স'* আর *'বিমল'*-য়ের রূপে পূরণ করছিলেন। নরোদার মিলের অভিজ্ঞতা ওনাকে এটা শিখিয়ে দিয়েছিল যে, জোগান থেকে কোন জিনিষের চাহিদা বৃদ্ধি পায়।

কারণ আকার আর বিক্রীর মিশ্রণ অত্যন্ত গুরুত্বপূর্ণ হয়।

ধীরুভাই এই সিদ্ধান্তের পালন পূর্ণ রূপে করেছিলেন আর নিজের উৎপাদন অত্যন্ত দ্রুত বাজারে পাঠানো শুরু করে দিয়েছিলেন।

সেই সময় পুরো দেশে বিমলের কাপড়ের এক ঢেউ এসে গিয়েছিল।

মালের জোগান বেশী হওয়ায় কাপড়ের দামও কমে এসেছিল... যার লাভ ক্রেতাদের প্রাপ্ত হয়েছিল আর তার সাথে-সাথে ধীরুভাই নিজের উৎপাদনে প্রযুক্তিগত রূপেও উন্নতি নিয়ে আসতে লেগেছিলেন।

নরোদায় রিলায়েন্স টেক্সটাইল মিল খোলার আগে বেশ কয়েক বছর পর্যন্ত ধীরুভাই মুম্বাই-য়ের *"মুলঝী-জেঠা টেক্সটাইল মার্কেট"*-তে ট্রেডিং-য়ের কাজও করেছিলেন... যেখানে উনি কমিশন বেসিসে পোলিয়েস্টার সুতোর ক্রয়-বিক্রয় করতেন।

উনি বেশীর ভাগ পোলিয়েস্টার সুতোই ইম্পোর্ট করতেন আর সেগুলো দেশের কাপড় মিলগুলোকে বিক্রী করতেন। এটা এমন এক অভিজ্ঞতা ছিল, যেটা ধীরুভাই-য়ের নরোদায় টেক্সটাইল মিল স্থাপিত করার সময় কাজে এসেছিল। ওনার কাছে কোন পুঁজি নিবেশকই ছোট বা বড় ছিলেন না। উনি সবাইকেই সম্মানের দৃষ্টিতে দেখতেন আর উনি সকলেরই বন্ধু ছিলেন।

উনি প্রত্যেকের সঙ্গেই আনন্দের সঙ্গে মিলিত হতেন। ওনার কাছে জাতি বা ধর্ম কোন গুরুত্ব রাখত না। উনি এই সব কিছুর ঊর্দ্ধে উঠে নিজের মনের ভাবনা প্রকট করতেন। এজন্যই উনি সাধারণ জনতার মধ্যে এত বেশী জনপ্রিয় হয়ে উঠেছিলেন।

উনি যখন কোন ব্যক্তির ওপরে নিজের বিশ্বাস প্রকট করতেন... তখন উনি সেই ব্যক্তির গলা জড়িয়ে ধরতেন। ধীরুভাই যে কোন ব্যক্তিকে মাত্র কয়েক মুহূর্তের মধ্যে আপন করে নেওয়ার ক্ষমতা রাখতেন।

রিলায়েন্স টেক্সটাইল মিলের কর্মচারীদের ধীরুভাই-য়ের এই জিনিষটা খুবই পছন্দ ছিল... যার থেকে ওনারা এক আপনত্ব প্রাপ্ত করতেন। ওনারা কখনোই এমনটা অনুভব করতেন না যে, ওনারা নিজেদের মালিকের সঙ্গে কথা বলছেন।

ওনারা ধীরুভাই-কে নিজেদের বড় ভাই হিসেবে দেখতেন আর ওনার প্রতিটি আদেশ নিষ্ঠাপূর্বক পালন করতেন। যখনই কর্মচারী আর ম্যানেজমেন্টের মধ্যে কোন ভুল বোঝাবুঝি উৎপন্ন হত... ওনারা সরাসরি ধীরুভাই-য়ের সঙ্গেই কথা বলতেন আর ধীরুভাই হাসতে-হাসতে ওনাদের সকল অভিযোগ কয়েক মিনিটের ভেতরে দূর করে দিতেন।

ধীরুভাই কখনো নিজের স্টাফ আর কর্মচারীদের তরফ থেকে কোন সমস্যার মুখোমুখি হননি... বরং উনি নিজের স্টাফ আর কর্মচারীদের তরফ থেকে ক্ষমতার চেয়েও বেশী সহযোগ প্রাপ্ত করেছেন আর এই সহযোগই ধীরুভাই-য়ের অসম্ভব লক্ষ্যকে সম্ভবে পরিবর্তিত করার কাজে এসেছিল।

যখনই কোন কর্মচারী ওনার দ্বারা বলা প্রোডাকশন লক্ষ্যকে মুশ্কিল বলে এড়িয়ে যাওয়ার চেষ্টা করত... তখনই উনি মুচকি হেসে শুধু একটাই কথা বলতেন – *"কাজটা মুশ্কিল তো বটে... কিন্তু অসম্ভব নয়!"* আর তারপর মিলের সেই কর্মচারী দ্বিগুণ উৎসাহের সঙ্গে সেই লক্ষ্য প্রাপ্ত করার জন্য কাজে লেগে পড়তেন।

ওনার কর্মচারীরা কখনোই স্ট্রাইক করেননি... তাঁরা নিজেদের সমস্ত এনার্জী কাপড় তৈরী করার কাজে লাগিয়ে রেখেছিলেন। ধীরুভাই-ও ঠিক নিজের সন্তানের মতই তাঁদের ওপরে নজর রাখতেন।

উনি সবাইকে যথাসম্ভব বেশী বেতন দিতেন। তাঁদের সুখ-দুঃখের সমান অংশীদার হয়ে উঠতেন। ওনার এই গুণটাই ব্যবসাকে তীব্র গতিতে বাড়িয়ে নিয়ে চলার কাজে ওনার সহায়ক প্রমাণিত হয়েছিল।

•

---

*"ভারতীয়রা সঠিক পরিবেশ পেলে প্রতিটি ক্ষেত্রে নিজেদের রচনাত্মক গতিবিধি দ্বারা গোটা মানব জাতিকে আশ্চর্যে ফেলে দিতে পারে!"*

– মুকেশ অম্বানী

---

# বিমল ঃ ওন্‌লী বিমলের জাদু

ধীরুভাই এক মহান ব্যক্তি হয়ে উঠেছিলেন। উনি এক ছোট্ট পুঁজির সাথে রিলায়েন্স টেক্সটাইল মিলের স্থাপনা করেছিলেন আর 1975 সাল শুরু হতে-হতে পুরো দেশে "*ওন্‌লী বিমল*" নামে ফ্রাঞ্চাইজি রিটেল শো-রুম খোলার ঘোষণাও উনি করে দিয়েছিলেন। সেই সময় মুকেশের বয়স ছিল 18 বছর আর উনি মুম্বাইতেই পড়াশোনা করছিলেন। অনিলের বয়স ছিল 16 বছর এবং উনি সেই সময় হাইস্কুল বা ইন্টারের পড়াশোনায় ব্যস্ত ছিলেন।

দুজনের সেই সময় ব্যবসার ব্যাপারে বিন্দুমাত্র অভিজ্ঞতা ছিল না। ধীরুভাই একাই ব্যবসা বাড়িয়ে চলেছিলেন।

সেই সময় বিমলের ফ্যাশন শো গোটা দেশে আলোচনার বিষয়বস্তু হয়ে উঠেছিল। সেই সময় ওয়ার্ল্ড ব্যাঙ্ক থেকে এক টেক্‌নিক্যাল টীম বিশেষ রূপে ধীরুভাই-য়ের টেক্সটাইল মিল নিরীক্ষণ করার জন্য নরোদা এসেছিল। ততদিনে রিলায়েন্স টেক্সটাইল মিলের নাম পরিবর্তিত হয়ে "*রিলায়েন্স ইণ্ডাস্ট্রিজ প্রা. লিমিটেড*" হয়ে পড়েছিল।

ওয়ার্ল্ড ব্যাঙ্কের টীম মিলের নিরীক্ষণ করার পরে সব কিছু অদ্ভূত দেখতে পেয়েছিল আর ওরা তৎক্ষনাত "*এক্সিলেন্ট ইভন বাই ডেভেলপড্‌ কান্ট্রি স্ট্যাণ্ডার্ড*"-য়ের সার্টিফিকেট প্রদান করে দিয়েছিল।

ধীরুভাই কাজের সাথে-সাথে আধুনিকতার ওপরেও বেশী মনোযোগ দিতেন। উনি মিলকে আন্তর্জাতিক মাপদণ্ড অনুসারে বিকশিত করে তুলেছিলেন... ঠিক যেমনটা ইউরোপের দেশগুলোতে হয়। উনি জানতেন যে, ভালো পরিবেশে কাজ করলে বেশী উৎপাদন করা যেতে পারে আর

যত বেশী উৎপাদন হবে... প্রতিদানে তত বেশী পয়সা আসবে। অধিক উৎপাদন দ্বারাই বেশী পয়সা পাওয়া যেতে পারে।

ওনার কাছে পয়সা কোন প্রোডাক্ট ছিল না... সেটা ছিল কেবলমাত্র বাই-প্রোডাক্ট! আর বাই-প্রোডাক্ট হচেছ এমন এক জিনিষ, যেটা আপনি সৃষ্টি করতে পারেন না। কিন্তু আপনি যখন ক্ষমতার থেকেও বেশী জিনিষের উৎপাদন করেন, তখন বাই-প্রোডাক্ট আপনা থেকে সামনে আসতে থাকে। এই সিদ্ধান্ত স্বয়ং ধীরুভাই আবিস্কার করেছিলেন... ঠিক যেমনটা কোন এক যুগে মহান বৈজ্ঞানিক নিউটন মাধ্যাকর্ষণের সিদ্ধান্ত আবিস্কার করেছিলেন।

নিউটনের জন্ম 25-শে ডিসেম্বর, 1642 ইংল্যাণ্ডের লিঙ্কনশায়ার জেলার বল্যথ্রোপ নামক গ্রামে হয়েছিল। নিউটন আর ধীরুভাই-য়ের জীবনে অনেক কিছুই এক সমান! নিউটনের পিতা এক সাধারণ কৃষক ছিলেন এবং ওনার পিতার মৃত্যু ওনার জন্মের আগেই হয়ে পড়েছিল।

ওনার দু বছর বয়সে ওনার মা এক পাদ্রীকে বিবাহ করে নিয়েছিলেন। সেই পাদ্রীর নাম ছিল রেভারেণ্ড বার্নবাম স্মিথ... যিনি নিউটনের পালন-পোষণের জন্য প্রতি মাসে এক নির্দিষ্ট অঙ্কের অর্থ দিতেন।

নিউটন ছোটবেলায় অত্যন্ত সরল-সাধাসিধে ছিলেন। চালাকি ওনার ভেতরে একেবারেই ছিল না এবং 6 বছর বয়সে উনি পড়াশোনা শুরু করে দিয়েছিলেন। কিছুটা সময় উনি গ্রামেই পড়াশোনা করেন... তারপর ওনার ঠাকুমা ওনাকে গ্রাম থেকে প্রায় 10 কিলোমিটার দূরে গ্রেস্থম নগরের কিংস স্কুলে ভর্তি করিয়ে দেন।

সেখানে উনি হাওয়া-চাকির আবিস্কার করেছিলেন... যেটা এক ইঁদুর চালাত। মেশিনের চাকায় এক ইঁদুরকে ছেড়ে দেওয়া হত আর ইঁদুর ঘুরতে থাকায় চাকাও ঘুরত এবং মেশিন কাজ করতে লাগত। হাওয়া-চাকি তৈরী করার পরে নিউটনের প্রচণ্ড প্রশংসা হয়েছিল।

18 বছর বয়সে উনি কেম্ব্রিজ বিশ্ববিদ্যালয়ে ভর্তি হন... যেখানে ধনী লোকেদের বাচ্চারা পড়ত। এক দিন নিউটন বিশ্ববিদ্যালয়ের লনে বসেছিলেন। সেখানে একটা আপেলের গাছ ছিল। হঠাৎ একটা আপেল এসে ওনার মাথার ওপরে পড়ল। নিউটনের মাথা ঘুরে উঠল... উনি চিন্তা করতে লাগলেন যে, আপেলটা গাছ থেকে নীচে কি করে পড়ল!

ওপরের দিকে কেন গেল না ? !

তখন উনি জানতে পারলেন যে. পৃথিবীর একটা মাধ্যাকর্ষণ শক্তি আছে... যেটা সব জিনিষকে নিজের দিকে আকৃস্ট করে। এর পরে নিউটন সেটার ওপরে রিসার্চ করেন... তারপর উনি মাধ্যাকর্যণের সিদ্ধান্তের আবিস্কার করেন – যেটা ওনার নামেই পরিচিত।

এমনটাই কিছু ধীরুভাই-য়ের সঙ্গেও ঘটেছিল... যার কারণে বাই-প্রোডাক্টের সিদ্ধান্তের আবিস্কার হয় আর ধীরুভাই এই ফর্মূলাকে কাজে লাগান... তারপর পোলিয়েস্টার কাপড় বাজারে হৈ-চৈ ফেলে দিয়েছিল।

ধীরুভাই বিমলের বিজ্ঞাপনের ওপরে অত্যন্ত বেশী দৃস্টি দিতেন। 1977 সালে ওনার বার্ষিক বিজ্ঞাপন বাজেট ছিল 3 কোটি টাকা। সেই সময় বোম্বে ডাইং, গ্রেভিয়েরা, রেমণ্ড ইত্যাদির মত অন্যান্য কোম্পানীগুলো দেশে যথেস্ট জনপ্রিয় ছিল... কিন্তু ওরা নিজেদের কাপড়ের বিজ্ঞাপনের ওপরে মাত্র 40 - 50 লক্ষ টাকাই খরচ করত।

যার কারণে বিমলের বিজ্ঞাপনের গুঞ্জরণের তলায় ওদের জনপ্রিয়তা চাপা পড়ে গেছিল। ধীরুভাই টি.ভি.-তে বিজ্ঞাপন দিলেন... সংবাদপত্রগুলোকে বিমলের বিজ্ঞাপন দ্বারা রাঙিয়ে তুললেন আর দোকানগুলো বড়-বড় পোস্টার দিয়ে সাজিয়ে দিলেন আর এসব কিছুই ক্রেতাদের নিজের প্রতি আকৃস্ট করে তুলতে পূর্ণ রূপে সক্ষম ছিল।

এটাই ছিল ধীরুভাই-য়ের আসল জিত আর এর পরে গোটা দেশে বিমল... "*ওন্‌লী বিমল*"-য়ের জাদু ছেয়ে গেল।

•

*"আর্থিক নীতিকে আধুনিক করে তোলার জন্য সামাজিক আর শারীরিক গঠনের বিকাশ করাটা আবশ্যক!"*

*– ধীরুভাই অম্বানী*

# রিলায়েন্স সাম্রাজ্যের বিস্তার

**ধী**রুভাই বাস্তবে মধ্যবিত্ত লোকেদের স্বপ্ন দেখাতে শুরু করে দিয়েছিলেন... ঠিক যেমন স্বপ্ন স্বর্গীয় রাজ কাপুর নিজের ফিল্মের মাধ্যমে লোকেদের দেখাতেন। কিন্তু সেই সব স্বপ্নের বাস্তবিকতা ফিল্মী পর্দা পর্যন্তই সীমিত ছিল।

কিন্তু ধীরুভাই দ্বারা দেখানো স্বপ্ন সাধারণ লোকেদের বাস্তবিকতার অনেক কাছাকাছি ছিল। সেই সময় নিম্ন মধ্যবিত্ত স্তর আর উচ্চ মধ্যবিত্ত স্তর দেশ জুড়ে ছড়িয়ে থাকা লাল ফিতার বাঁধনে ফেঁসে ছিল।

তাদের কাছে নিজেদের মেহনতের উপার্জনকে নিবেশ করার সাধন অত্যন্ত সীমিত ছিল আর যেটুকু বা ছিল, তাতে বেশী লাভ ছিল না।

কিন্তু ধীরুভাই লোকেদের এটা জানালেন যে, যখন উনি নিজে অসম্ভবকে সম্ভব করে তুলতে পারেন... তখন দেশের বাকী লোকেরা তেমনটা কেন করতে পারবেন না ?

ওনারাও এমনটা করতে পারেন... অবশ্য যদি ওনাদের ভেতরে ইচ্ছা আর আত্মবিশ্বাস – দুটোই থাকে তো!

এই চিন্তা করে উনি নিজের কোম্পানী রিলায়েন্স টেক্সটাইল মিলকে কোটি-কোটি মধ্যবিত্ত শেয়ার ধারকদের মধ্যে ভাগ করে দেওয়ার জন্য "*রিলায়েন্স ইণ্ডাস্ট্রিজ প্রা. লিমিটেড*"-তে পরিবর্তিত করে নিয়েছিলেন... যাতে ওনার সাথে-সাথে দেশের অন্যান্য লোকেদেরও ওনার দ্বারা স্থাপিত ব্যবসা থেকে লাভ প্রাপ্ত হয়।

1977 সালে প্রথম বার রিলায়েন্স ইণ্ডাস্ট্রিজের শেয়ার দেশের সাধারণ লোকেদের কাছে গিয়ে পৌঁছেছিল... যাঁদের মধ্যে ছোট নিবেশক বেশী সংখ্যায় ছিলেন। ধীরুভাই নিজের কল্যাণের সাথে-সাথে জনকল্যাণের ওপরে অত্যন্ত বেশী দৃষ্টি দিতেন।

উনি এমনটা চাইতেন যে, ওনার সাথে-সাথে দেশের সাধারণ

নিবেশকরাও সমান লাভ ওঠান আর নিজেদের জীবন-স্তরকে উন্নত করে তুলুন, যাতে দেশ উন্নতির পথে এগিয়ে চলে।

ধীরুভাই জনকল্যাণের সিদ্ধান্তে এগিয়ে চলেছিলেন... যার প্রেরণা উনি রাজ্যসভার সদস্য স্বর্গীয় পুরুষোত্তম দাস ট্যাণ্ডনের থেকে প্রাপ্ত করেছিলেন।

শ্রী ট্যাণ্ডন-ও জনকল্যাণের কট্টর অনুগামী ছিলেন।

একবার উনি নিজের সাংসদ ভাতার চেক নিতে রাজ্যসভার অফিসে গিয়েছিলেন। উনি যখন চেক পেলেন, তখন উনি সই করার জন্য ওখানে বসে থাকা এক ভদ্রলোকের থেকে পেন নিলেন আর তারপর সই করে উনি চেক লোকসেবা মণ্ডলের নামে হস্তান্তরিত করে দিলেন।

যে ভদ্রলোকের থেকে উনি পেন নিয়েছিলেন, তিনি চমকে উঠে বললেন – *"আপনি মাত্র 400 টাকা পাচেছন আর সেটাও আপনি লোকসেবা মণ্ডলকে দিয়ে দিলেন?"*

পেন ফেরত দিতে-দিতে শ্রী ট্যাণ্ডন বলেছিলেন – *"ঈশ্বর আমাকে অনেক টাকা দিয়েছেন। যদি সেটার কিছুটা অংশ জনকল্যাণের কাজে লাগে, তাহলে আমি খুশী হব। আমি আমার সাংসদ ভাতার চেক লোকসেবা মণ্ডলের নামে হস্তান্তরিত করে দিয়েছি... তাহলেও আমার কাছে টাকা-পয়সার কোন অভাব হবে না।"*

ধীরুভাই-ও নিজের লাভের কিছুটা অংশ সাধারণ জনতা পর্যন্ত... লোকসেবায় দিতে চাইতেন – রিলায়েন্স ইণ্ডাস্ট্রিজের শেয়ারের রূপে।

আর প্রথম বারই ওনার কোম্পানীর শেয়ার ওভার সাব্সক্রাইব হয়ে পড়েছিল। উনি 58,000 মধ্যবিত্ত ইন্‌ভেস্টর্স পেয়েছিলেন... যাঁরা ওনার দ্বারা দেখানো স্বপ্নকে সাকার করে তোলার কাজে অংশীদার ছিলেন।

সেই সময় ধীরুভাই নিজের ইন্‌ভেস্টর্সদের প্রতিশ্রুতি দিয়েছিলেন – *"আপনাদের দ্বারা লাগানো টাকা বেশ কয়েক গুণ বেড়ে উঠবে। এজন্য প্রাণ খুলে রিলায়েন্সের শেয়ারে নিজেদের টাকা লাগান আর আমার সাথে-সাথে সম্পন্নতার দিকে এগিয়ে চলুন... নিজেদের স্বপ্নকে সাকার করে তুলুন... দেশের উন্নতিতে সমান অংশীদার হয়ে উঠুন!"*

সেই সময় যাঁরা রিলায়েন্সের শেয়ার কিনেছিলেন, তাঁরা সকলে রাতারাতি ধনী হয়ে উঠতে লাগলেন... কারণ রিলায়েন্সের শেয়ারের দাম লাগাতার বেড়েই চলেছিল আর 10 টাকা মূল্যের একটা শেয়ারের মূল্য 152 টাকা পর্যন্ত পৌঁছে গেছিল।

পরিস্থিতি এমন হয়ে পড়েছিল যে, রিলায়েন্সের শেয়ার গোটা দেশের স্টক ব্রোকারদের প্রথম পছন্দ হয়ে উঠেছিল। তখন মুম্বাই স্টক এক্সচেঞ্জ রিলায়েন্সের শেয়ারকে *"ফ্রেণ্ডস্ অফ্ রিলায়েন্স"* নাম দিয়েছিল।

অনেকে শেয়ার বেচে নিজেদের ঘর-বাড়ী তৈরী করে নিলেন। কেউ-কেউ নিজেদের মেয়ের বিয়ে দিলেন আর কেউ-কেউ নিজেদের বাচ্চাদের উচ্চ শিক্ষার ব্যবস্থা করলেন। এটাই ছিল তাঁদের জীবনের সব থেকে ভালো সময়।

রিলায়েন্সের শেয়ারের রূপে ধীরুভাই দেশে আশাবাদের বীজ বপন করে দিয়েছিলেন। নিজের দেশের প্রতি ওনার ভেতরে অপার প্রেম ছিল আর এখনও যখনই ওনার ব্যাপারে কোথাও আলোচনা হয়... তখনই লোকেদের স্মৃতিতে ধীরুভাই-য়ের একটা কথাই ভেসে ওঠে – *"সফলতা প্রাপ্ত করার জন্য ভালো পৃষ্ঠভূমি থাকাটা জরুরী নয়। যদি লোকেদের মধ্যে মেহনত আর নিষ্ঠা থাকে, তাহলে সবাই ধীরুভাই হতে পারেন!"*

যখন পেন্সিলভেনিয়ার হর্টন স্কুল ধীরুভাই-কে *'ডীন'* উপাধি প্রদান করেছিল, তখন উনি বলেছিলেন – *"আশাই আপনাদের সব থেকে প্রবল হাতিয়ার হয়ে ওঠা উচিত!"*

এইটুকু বলেই উনি নিজের ভাষণ শেষ করে দিয়েছিলেন।

কিন্তু এক লাইনের এই ভাষণেই উনি সব কিছু বলে দিয়েছিলেন... যেটা ভবিষ্যতে না জানি কত শিল্পপতিদের কাছে প্রেরণার উৎস হয়ে উঠেছিল।

ধীরুভাই-য়ের চিন্তাধারা অত্যন্ত বড় ছিল... যে কারণে কিছু লোক ওনার সফলতার শত্রুও হয়ে উঠেছিলেন।

একটা প্রবাদবাক্য অত্যন্ত প্রচলিত – *"যখন কোন ব্যক্তি সফল হয়ে ওঠেন, তখন ওনার শত্রুর সংখ্যা অনেক বেড়ে ওঠে!"* আর এমনটাই ধীরুভাই-য়ের সঙ্গেও হচ্ছিল!

•

---

*"আপনি সেটাই দেখতে পান, যেটা আপনি দেখতে চান! আপনি সেটাই শুনতে পান, যেটা আপনি শুনতে চান! কারণ আপনার দেখার আর শোনার ক্ষমতা বিস্তারের জন্য প্রস্তুত হয় না!"*

*– ধীরুভাই অম্বানী*

---

# ধীরুভাই-য়ের সমালোচক এবং শত্রু

**ধী**রুভাই অত্যন্ত কম সময়ে সেই লক্ষ্য প্রাপ্ত করে নিয়েছিলেন... যেখানে আগে থেকেই বম্বে ডাইং-য়ের মালিক নুসলী ওয়াডিয়ার রাজত্ব ছিল আর ভারতের বস্ত্র শিল্পে ওনার প্রবল প্রভাব-প্রতিপত্তি ছিল। কিন্তু রিলায়েন্স ইণ্ডাস্ট্রিজ ওনার ব্যবসায় সিঁধ লাগিয়ে দিয়েছিল আর ধীরুভাই বম্বে ডাইং-য়ের সব থেকে বড় প্রতিদ্বন্দ্বী হয়ে উঠেছিলেন।

1977 সালের এপ্রিল মাসে মুকেশ অম্বানীও রিলায়েন্স ইণ্ডাস্ট্রিজের ডায়রেক্টর হয়ে পড়েছিলেন... সেই সময় ওনার বয়স ছিল 20 বছর আর কোম্পানীর ব্যবসা 70 কোটি পর্যন্ত পৌঁছে গিয়েছিল।

মুকেশ সেই সময় মুম্বাই বিশ্ববিদ্যালয়ে অবস্থিত ইন্সটিটিউট অফ্ কেমিক্যাল টেক্নোলোজী *(UCT)* থেকে কেমিক্যাল ইঞ্জিনিয়ারিং করছিলেন... ওনার ইঞ্জিনিয়ারিং কোর্সের সেটা প্রথম বা দ্বিতীয় বছর ছিল। ইঞ্জিনিয়ারিং ডিগ্রী কোর্স পাঁচ বছরের হয় আর মেহনতও প্রচণ্ড করতে হয়।

এমনিতেও দেশে সেই সময় কেমিক্যাল ইঞ্জিনিয়ারিং-য়ের ডিগ্রী কোর্স খুব কম বিশ্ববিদ্যালয়েই ছিল... কিন্তু মুম্বাই বিশ্ববিদ্যালয়ের ডিপার্টমেন্ট অফ্ টেক্নোলোজী *(UDCT)* দেশে অত্যন্ত জনপ্রিয় ছিল।

এই কথা আমি এখানে এজন্য বলছি, কারণ 1977 সালে আমিও কেমিক্যাল ইঞ্জিনিয়ারিং-তে এ্যাডমিশন নিতে চেয়েছিলাম... কিন্তু নম্বর কম থাকায় আমি এ্যাডমিশন পাইনি।

তারপর আমি ইলেক্ট্রিক্যাল ইঞ্জিনিয়ারিং-তে এ্যাডমিশন নিই। সেই সময় আমার বয়স ছিল মাত্র 17 বছর অর্থাৎ মুকেশ অম্বানীর

থেকে মাত্র 3 বছর কম। মুকেশ অম্বানীকে তো আমি সামনে থেকে কখনো দেখিনি... কিন্তু লোকেরা এমনটা বলেন যে, মুকেশ অম্বানী সেই সময় অত্যন্ত শান্তিপ্রিয় যুবক ছিলেন!

কিন্তু ওনাকে মুম্বাই-য়ের *"মেকার - 4"*-তে গভীর রাত পর্যন্ত মহাবালেশ্বরের কলাই ডাল নিজের বন্ধুদের সঙ্গে ভাগ করে খেতে দেখা যেত। আবার কখনো-কখনো মাতুঙ্গার রাস্তায় থেমে মাদ্রাস কাফেতে বসে দোসা খেতেও দেখা যেত... এসব ওনার ভালো লাগত।

কিছু লোক ওনাকে দাদর কবুতরখানার দোকানে, গুজরাটি মাদুরের ওপরে বসে চানাচুর খেতেও দেখেছেন... কিন্তু মুকেশ অম্বানীর সব থেকে বেশী মজা মুম্বাই-য়ের ইউ. এস. ক্লাবে পায়চারী করে আসে!

বাড়ীর খাবার ওনার খুঁবই পছন্দ আর বেশীর ভাগ সময় উনি রাতের খাবারে বাজরার রুটীর সঙ্গে দই খেতে ভালোবাসেন। নিজের বাড়ীর হোম থিয়েটারে ফিল্ম দেখতেও উনি পছন্দ করেন।

অফিসে মুকেশ অম্বানীকে সর্বদাই ঢিলাঢালা সাদা জামা আর কালো প্যান্টে দেখতে পাওয়া যায়। ওনার *"কাচিন"*-তে সেলাই করা সুট খুবই পছন্দ... কিন্তু ছুটীর দিনে উনি জীন্স-টী শার্ট বা সাধারণ পোশাকই পরেন। ওনার কাছে এটা কোন পার্থক্যই পড়ে না যে, উনি কোন্ ঘড়ি হাতে দেবেন বা কোন্ পেন দিয়ে অফিসের কাজ করবেন।

কিন্তু ওনার অফিসের পুরো চেম্বার সাদা রং করা হয়েছে... যার প্রবেশ দ্বারে শহাবুদ্দীনের আঁকা গান্ধী জী-র পেন্টিং টাঙানো রয়েছে এবং ভেতরে লক্ষ্মণ শ্রেষ্ঠের পেন্টিংস আর চামড়ার গদী লাগানো সোফা রয়েছে। কিন্তু ধীরুভাই মুকেশকে এটা কখনোই বলেননি যে, উনি নিজের ইঞ্জিনিয়ারিং-য়ের পড়া ছেড়ে ব্যবসায় ওনাকে সহায়তা করুন! কারণ উনি সর্বদাই এমনটা চাইতেন যে, মুকেশ প্রথমে খুব পড়াশোনা করুন... তারপর ব্যবসাতে আসুন!

কিন্তু ইঞ্জিনিয়ারিং পড়ার সাথে-সাথে মুকেশ ব্যবসাতেও বাবাকে সহায়তা করছিলেন। সেই সময় ইণ্ডিয়ান এক্সপ্রেস সংবাদপত্রের মালিক রামনাথ গোয়েঙ্কা ধীরুভাই-য়ের ঘনিষ্ট বন্ধুদের অন্যতম ছিলেন!

নুসলী ওয়াডিয়া বিদেশী ছিলেন আর উনিও রামনাথ গোয়েঙ্কার

খুবই কাছের লোক ছিলেন। নুসলী ওয়াডিয়া 60,000 টন ডাই-মিথাইল-টারাপীটালেট *(DMT)* ভারতে বানানোর জন্য আর প্ল্যান্ট লাগানোর জন্য লাইসেন্স পেয়ে গেছিলেন।

এই লাইসেন্স পাওয়ার জন্য ধীরুভাই-ও চেস্টা করেছিলেন... কিন্তু উনি লাইসেন্স পাননি। সেই সময় কেন্দ্রে জনতা পার্টির সরকার ছিল আর সরকার নুসলী ওয়াডিয়ারই পক্ষ নিয়েছিল।

এর ফলে নুসলী ওয়াডিয়া আর ধীরুভাই-য়ের মধ্যে শত্রুতার সৃষ্টি হয়ে পড়ল... কারণ DMT পোলিয়েস্টার বানানোর কাজে কাঁচা মালের রূপে কাজে আসত... যেটার ধীরুভাই-য়ের রিলায়েন্স ইণ্ডাস্ট্রিজের অত্যন্ত বেশী প্রয়োজন ছিল।

রামনাথ গোয়েঙ্কা দুজনের মধ্যে মিটমাট করানোর চেস্টা করলেন। কিন্তু ধীরুভাই নিজের পক্ষে অটল হয়ে রইলেন... কারণ উনি চাইছিলেন যে, রামনাথ গোয়েঙ্কা কেবলমাত্র ওনার পক্ষই নিন।

যার ফলে রামনাথ গোয়েঙ্কা ধীরুভাই-য়ের ওপরে অসন্তুস্ট হয়ে পড়লেন আর উনি কিছুদিন পরেই নিজের সংবাদপত্র *"দ্য ইণ্ডিয়ান এক্সপ্রেস"*-তে রিলায়েন্স ইণ্ডাস্ট্রিজ আর ধীরুভাই-য়ের ওপরে এক লম্বা-চওড়া রিপোর্ট ছেপে দিলেন।

সেই রিপোর্টে বলা হয়েছিল যে, ধীরুভাই বেশী পয়সা কামানোর জন্য অবৈধ পদ্ধতিতে রিলায়েন্স ইণ্ডাস্ট্রিজের জন্য কাঁচা মাল আমদানী করেছেন। রিপোর্টের সাথে কিছু ফোটোও ছাপা হয়েছিল আর কোম্পানীর চার্টার্ড এ্যাকাউন্ট্যান্ট এফ. গুরুমূর্তির সঙ্গে হওয়া বার্তালাপেরও উল্লেখ করা হয়েছিল।

সেই বার্তালাপ ইণ্ডিয়ান এক্সপ্রেসের সাংবাদিক মেনেক ডাবর অত্যন্ত হুঁশিয়ারী আর চালাকির সঙ্গে রিলায়েন্স ইণ্ডাস্ট্রিজের ভেতরেই রেকর্ড করেছিলেন। যেটা প্রত্যক্ষ প্রমাণের রূপে রামনাথ গোয়েঙ্কার কাছে মজুদ ছিল যে, রিলায়েন্স ইণ্ডাস্ট্রিজে বড় মাত্রায় ভ্রস্টাচার হচ্ছে। এক্সপোর্টের নকল কন্‌সাইনমেন্ট পাঠানো হয়, তার ওপরে ড্রব্যাক নেওয়া হয় আর অবৈধ পদ্ধতিতে ইম্‌পোর্ট হয়ে পড়ে। সরকারকে পুরো কাস্টম ডিউটী দেওয়া হচ্ছে না... যার ফলে প্রতি বছর সরকারের

কোটি-কোটি টাকার লোকসান হচ্ছে।

এই কাহিনী গড়ার পেছনে সেই সময়কার শিল্পপতি জমনাদাস মোরজানী এক বিশেষ ভূমিকা পালন করেছিলেন। উনি রামনাথ গোয়েঙ্কার সাথে মিলে ধীরুভাই-কে ভারতীয় শিল্প জগত থেকে পুরো উপড়ে ফেলার চক্রব্যুহ রচনা করেছিলেন।

কিন্তু ওনারা কেউই নিজেদের উদ্দেশ্যে সফল হতে পারলেন না। কারণ রামনাথ গোয়েঙ্কা দ্বারা দেওয়া প্রমাণ আইনের দৃষ্টিতে সঠিক প্রমাণিত হতে পারেনি।

সমস্ত কাহিনীটাই মনগড়া প্রমাণিত হল আর ধীরুভাই সফলতার সিঁড়ি বেয়ে লাগাতার ওপরের দিকে উঠে চললেন। গোটা দেশ ওনার মহান কৃতিত্বের গুণগান করতে লেগেছিল।

এবার উনি বড় ব্যক্তিত্ব হয়ে পড়েছিলেন। ওনার ভেতরে আত্মবল কানায়-কানায় ভরা ছিল... যার জোরে উনি নিজের বিরোধীদের পুরোপুরি পরাস্ত করে তুলেছিলেন।

একটা প্রবাদবাক্য আছে যে, বিশ্বের শক্তি ভাণ্ডারে আত্মবলই সর্বোপরি হয়! আর সেটার জীবন্ত উদাহরণ বিপত্তির সময় ধীরুভাই পেশ করেছিলেন।

উনি কখনোই বিচলিত হননি আর নিজের সমালোচকদের মুখের ওপরে জবাব ছুঁড়ে দিয়েছিলেন। কারণ আত্মবলের তুলনা ধনবল, বুদ্ধিবল, শস্ত্রবল আর শাসন ক্ষমতার সঙ্গে কখনোই করা যায় না।

যে কাজ আত্মবল দ্বারা সম্পন্ন হয়, সেটার এক আলাদা গুরুত্ব থাকে আর ধীরুভাই এই কাজে দক্ষতা হাসিল করে নিয়েছিলেন।

উনি লোকেদের কাছে প্রেরণার উৎস হয়ে উঠেছিলেন এবং ভারতীয় শিল্পের কাছে দার্শনিক অর্থাৎ পথ-প্রদর্শক! উনি দেশের অর্থব্যবস্থার গভীর অধ্যয়ণ করেছিলেন। উনি ভারতকে বিশ্বের সব থেকে ধনী দেশ করে তোলার স্বপ্ন দেখতেন... ঠিক যেমন স্বপ্ন দেশ স্বাধীন হওয়ার সময় মহাত্মা গান্ধী দেখতেন।

যদি গভীর ভাবে অধ্যয়ণ করা হয়, তাহলে এটা দেখতে পাওয়া যাবে যে, ধীরুভাই অম্বানী আর মহাত্মা গান্ধী একই মুদ্রার দুই পিঠ

ছিলেন। একজন দেশকে স্বাধীনতা এনে দিয়েছিলেন আর অন্যজন দেশকে বিশ্বের সব থেকে অধিক বিকশিত দেশ করে তুলেছিলেন।

ধীরুভাই বুদ্ধিমান ছিলেন আর উনি দেশের সত্যিকারের বাহাদুর ছিলেন। উনি নিজের শত্রুদের বুদ্ধি দ্বারা পরাস্ত করতেন... শক্তি দ্বারা নয়।

ওনার বাহাদুরী দেখে আমার এক কাহিনী মনে পড়ে যাচ্ছে। একবার এক কুস্তি প্রতিযোগিতার আয়োজকেরা সিদ্ধান্ত নিলেন যে, কুস্তিগীরদের উৎসাহ বর্দ্ধন করার জন্য মহাত্মা গান্ধীকে আমন্ত্রিত করে ডেকে আনা হোক্... যাতে কুস্তির আসর পুরোপুরি ভরে যায়।

আর হলও তাই! পুরো কুস্তির আসর দর্শকে পরিপূর্ণ হয়ে পড়ল। আখড়ায় পা রাখার আগে দুই পালোয়ান গান্ধী জী-র কাছে এল আর ওনার পা ছুঁয়ে আশীর্বাদ নিল।

গান্ধী জী-ও কম বিনোদপ্রিয় ছিলেন না... সময়ের সাথে-সাথে নিজেকে পরিবর্তিত করতে উনি ভালোমতনই জানতেন। এক লম্বা-চওড়া পালোয়ানের পিঠে হাত বোলাতে-বোলাতে উনি বললেন – *"কি ভাই! আমার সঙ্গে কুস্তি লড়বে... ?"*

পালোয়ান হাত জোড় করে বলল – *"না, বাপু! আমি আপনার সঙ্গে কুস্তি লড়তে পারব না। আপনার বাহাদুরী আর শক্তি তো গোটা বিশ্ব জানে। আপনার শক্তির কাছে তো ব্রিটিশ সরকারও হার মেনে নিয়েছে... যাদের রাজত্বে সূর্য কখনো অস্ত যেত না! তাহলে আমি কি করে আপনার সঙ্গে লড়ার সাহস করব?!"*

ঠিক একই পরিস্থিতি ধীরুভাই-য়ের ক্ষেত্রেও ছিল। ধীরুভাই-য়ের ওপরে প্রত্যক্ষ রূপে আঘাত হানার সাহস ওনার কোন বিরোধীরই ছিল না।

উনি এমন এক সাম্রাজ্যের ভিত্তি স্থাপন করেছিলেন... যার ভবিষ্যত অত্যন্ত উজ্জ্বল ছিল আর ওনার স্বপ্নও ছিল অনন্ত... যেগুলো ধীরে-ধীরে সাকার হয়ে উঠছিল। উনি নিজের স্বপ্নগুলোকে পূরণ করে দেখানোর জন্য প্রতিশ্রুতিবদ্ধ ছিলেন। ঠিক যেমনটা এক সময় মেকপালেন নিজের ন্যু ইয়র্কের ভাষণে বলেছিলেন – *"যদি কোন ব্যক্তি*

*স্বপ্ন দেখে আর সেটাকে পূরণ করার সংকল্প নেয়... তাহলে পুরো ব্রহ্মাণ্ড তাকে সঠিক পথ পর্যন্ত পৌঁছতে সহায়ক হয়ে ওঠে আর যখন সেই স্বপ্ন সাকার হয়ে ওঠে, তখন সেই ব্যক্তির এমন অনুভূতি হয় যে, যেসব বাধা ছিল, সেগুলো সবই অস্থায়ী ছিল... যেগুলো অত্যন্ত দ্রুত দূর হয়ে পড়েছে।"*

*"দুঃখের বিষয় হচেছ এটা যে, বেশীর ভাগ ব্যক্তিই বাধা পার করতে চান না। কিন্তু সব পরিস্থিতিতেই লোকেদের নিজেদের স্বপ্নের সুতো শক্ত হাতে ধরে থাকা উচিত... একমাত্র তাহলেই সেই স্বপ্ন সাকার হয়!"*

ধীরুভাই-ও নিজের স্বপ্নের সুতোকে শক্ত হাতে ধরে রেখেছিলেন... সেজন্যই সেগুলো সাকার হয়ে উঠছিল।

উনি দেশে আশাবাদের বীজ বপন করে দিয়েছিলেন... যেটা ধীরে-ধীরে বৃক্ষের রূপে অঙ্কুরিত হতে লেগেছিল।

•

*"যে ব্যক্তি স্বপ্ন দেখার সাহস রাখেন... তাঁর কাছে জয় করার জন্য গোটা পৃথিবী থাকে! তাই স্বপ্ন দেখুন আর সাহস একত্রিত করুন!"*

– **ধীরুভাই অম্বানী**

# রিলায়েন্সে মুকেশের প্রবেশ

**1980** সালের আগে কেউ এমনটা কল্পনা করেননি যে, ধীরুভাই রিলায়েন্স ইণ্ডাস্ট্রিজকে এত কম সময়ে এতটা ওপরে পৌঁছে দেবেন... যেখানে লোকেদের মুখে কেবলমাত্র "*ওন্‌লী বিমল*"-য়েরই নাম ঘুরে বেড়াবে।

সেই সময় বিমলের ফ্যাশন শো পুরো দেশ জুড়ে হৈ-চৈ ফেলে দিয়েছিল। ধীরুভাই-য়ের কল্পনাশীল মস্তিস্ক বিমলের বিজ্ঞাপনগুলোকে... পোস্টারগুলোকে... হোর্ডিংস্‌গুলোকে এক নতুন রূপ প্রদান করেছিল।

বিমলের কাপড়ের জোগানের পূর্তি করার জন্য ধীরুভাই নিজের দ্বিতীয় "*পোলিয়েস্টার ফিলামেন্ট ইয়ার্ন প্ল্যান্ট*" পাতালগঙ্গায় স্থাপিত করে নিয়েছিলেন... যেটার 10,000 টন সুতো তৈরী করার ক্ষমতা ছিল।

সেই সময় ভারতের পুরো বাজার ছিল মাত্র 6,000 টনের আর ধীরুভাই 10,000 টন ক্ষমতা বিশিস্ট প্ল্যান্ট লাগিয়ে নিয়েছিলেন। কারণ উনি এটা ভালো করেই জানতেন যে, ভবিষ্যতে বাজারের চাহিদা বাড়বে... আর ঠিক তেমনটাই হল!

জোগান বেড়ে ওঠায় বাজারে গতি এল... দাম কমে এল আর "*বিমল*" পুরো বাজারে ছেয়ে গেল। ধীরুভাই অত্যন্ত দ্রুত গতিতে লাগাতার নিজের প্ল্যান্টের ক্ষমতা বাড়ানোর ওপরে কাজ করে চলেছিলেন এবং তার সাথে-সাথে বাজার থেকে পয়সা ওঠানোর নতুন-নতুন যোজনা বিকশিত করে চলতে লাগলেন। এরপর বিমলের এক্সক্ল্যুসিভ শো-রুম খোলাও শুরু হয়ে পড়েছিল।

সেই সময় ধীরুভাই একই দিনে গোটা দেশে 101 এক্সক্ল্যুসিভ শো-রুম খুলেছিলেন এবং সংবাদপত্রে বিমলের ফুল পেজ বিজ্ঞাপন ছাপা হয়েছিল। সেই বিজ্ঞাপনে 101 শো-রুমের নাম আর ঠিকানা ছাপা হয়েছিল... যেটা বস্ত্র শিল্পের ক্ষেত্রে এক উদাহরণ হয়ে উঠেছিল।

এই সব কিছু এত সুন্দর ভাবে করা হয়েছিল যে, লোকেরা বিমলের কাপড়ের জন্য পাগল হয়ে উঠেছিল। যখন বাঙ্গালোরের শো-রুমের উদ্‌বোধন করা হয়েছিল, তখন ধীরুভাই হেলিকপ্টার থেকে পুরো শহরে গোলাপের পাপড়ি আর লিফ্‌লেট ছড়িয়েছিলেন।

সেই শো-রুম 6,000 বর্গফুট এলাকা জুড়ে তৈরী হয়েছিল... যেটার আড়ম্বর দেখে লোকেরা আশ্চর্যচকিত হয়ে উঠেছিল।

বিমলের ক্রমবর্দ্ধমান জনপ্রিয়তা দেখে মুকেশ অম্বানী নিজের এম.বি.এ.-য়ের পড়াশোনা মাঝপথে ছেড়ে 1981 সালে আমেরিকা থেকে ভারতে ফিরে এসেছিলেন। সেই সময় উনি স্ট্যানফোর্ড বিশ্ববিদ্যালয়ে পড়ছিলেন। ওনার ওপরে নিজের পিতা দ্বারা গড়ে তোলা সাম্রাজ্য সামলানোর দায়িত্ব ছিল।

উনি রিলায়েন্স গ্রুপে শামিল হয়ে পড়ার পরে টেক্সটাইল থেকে পোলিয়েস্টার ফাইবার বানানোয় নিজের মনোযোগ কেন্দ্রীভূত করে তুললেন। সেই সময় পাতালগঙ্গা প্ল্যান্টের উৎপাদন ক্ষমতা বৃদ্ধি করার জন্য অতিরিক্ত পুঁজির আবশ্যকতা ছিল! সেই সময় ধীরুভাই রিলায়েন্সকে পাব্লিক সেক্টরের কোম্পানীতে পরিবর্তিত করে দেশের সাধারণ জনতা পর্যন্ত কোম্পানীর শেয়ার আর ডিবেঞ্চার পৌঁছে দিয়েছিলেন।

তারপর কোম্পানীর নাম *'রিলায়েন্স ইণ্ডাস্ট্রিজ লিমিটেড'* হয়ে পড়েছিল। দেশের জনতাকে নিজেদের প্রতি আকৃষ্ট করার জন্য ধীরুভাই অসংখ্য পদ্ধতি প্রয়োগ করতেন। ওনার ভেতরে ছোট-বড় বা ধনী-গরীবের ভেদাভেদ একেবারেই ছিল না... উনি সকলের সাথেই সমান ব্যবহার করতেন!

উনি যখন কোন ব্যক্তিকে নিজের কাছের লোক বলে মনে করতেন... উনি বিনা সংকোচে সেই ব্যক্তির কাঁধের ওপরে নিজের হাত রেখে দিতেন। ওনার মন-মস্তিষ্ক সর্বদাই ভবিষ্যতের স্বপ্ন সাজিয়ে তোলার কাজে লেগে থাকত।

ওনার প্রতিদ্বন্দ্বীরা প্রত্যক্ষ আর পরোক্ষ রূপে ওনার ক্ষতি করার অনেক চেস্টা চালিয়েছিল... কিন্তু মুকেশ অম্বানী থাকতে তাঁরা নিজেদের কোন উদ্দেশ্যেই সফলতা অর্জন করতে পারেননি। কারণ মুকেশ অম্বানী পূর্ণ রূপে শিক্ষিত হওয়ার কারণে ভবিষ্যতের প্রতিটি সংকটের ব্যাপারে আগে থেকেই জেনে যেতেন আর সেটার হাত থেকে বাঁচার রাস্তাও ভেবে রাখতেন।

ধীরুভাই দেশে একা ছিলেন আর উনি একাই রইলেন। অন্য আর কোন শিল্পপতি আরেকজন ধীরুভাই হতে পারলেন না! ওনার এই গুণ

দেখে আমার একটা কাহিনীর কথা মনে পড়ে গেল!

এক দিন সম্রাট আকবর নিজের দরবারে বড়ই ভালো মুডে বসে ছিলেন। ওনার সামনে ওনার দরবারের সাত রত্নও বসে ছিলেন আর দরবারের এক কোনে বসে বীরবল কিছু একটা চিন্তা করছিলেন।

হঠাৎ সম্রাট আকবর অত্যন্ত গম্ভীর হয়ে পড়লেন আর বললেন – *"আপনারা সকলেই এটা জানেন যে, আমি বৃদ্ধ হয়ে পড়েছি। আমি অনেক দিন রাজত্ব করেছি... অনেক রাজ্য জয় করেছি... অনেক রাজাদের যুদ্ধে পরাজিতও করেছি। এবার আমার শেষ ইচ্ছা যে, আমার দ্বারা করা কাজগুলোকে মাথায় রেখে কেউ রামায়ণের মত কোন গ্রন্থ রচনা করুক... যাতে আমার মৃত্যুর পরেও লোকেরা আমার কথা মনে রাখে!"*

দরবারের সাত রত্ন নিজেদের সম্রাট আকবরের কথা শুনে চিন্তিত হয়ে উঠলেন আর ওনারা এটাই চিন্তা করতে লাগলেন যে, সম্রাটের জীবনের ওপরে রামায়ণের মত গ্রন্থের রচনা কি ভাবে রচনা করা যায়?

কিন্তু বীরবল চুপ করে থাকতে পারলেন না। উনি বললেন – *"লেখা যেতে পারে, জাঁহাপনা! রামায়ণের মত গ্রন্থের রচনা করা যেতে পারে। আপনি রামের থেকে ছোট রাজা তো কোন অংশেই নন। তাছাড়া রামের রাজ্য আপনার রাজ্যের থেকে ছোটই ছিল। আপনার রাজ্য তো অনেক বড়। আপনি তো শাহনশাহেদের শাহনশাহ! রাম তো কেবলমাত্র রাজা রাম ছিলেন। আমি রামায়ণের থেকেও বড় গ্রন্থের রচনা করে দেব... কিন্তু কাজটা বড়ই মেহনতের কাজ! গ্রন্থটাও অনেক বড় হবে। এক বছরের মত সময় লাগবে আর পারিশ্রমিক হিসেবে আমাকে এক লক্ষ আশরফী দিতে হবে!"*

*"লেখো... অবশ্যই লেখো...!"* আকবর বললেন – *"আর এক লক্ষ আশরফী এখুনি নিয়ে যাও... তার সাথে-সাথে এক বছরের ছুটীও তোমাকে দেওয়া হল!"*

বীরবল এক লক্ষ আশরফী নিয়ে এক বছর মৌজ-মস্তিতে মেতে উঠলেন। রামায়ণ লেখার প্রতি ওনার কোন আগ্রহই দেখতে পাওয়া যাচ্ছিল না। উনি ছিলেন মহারত্ন... অর্থাৎ আকবরের দরবারের সাত রত্নের বাপ! প্রতি মাসে সম্রাট আকবর মাঝে-মাঝেই এসে বীরবলের থেকে গ্রন্থ লেখার ব্যাপারে খোঁজ-খবর নিতেন যে, গ্রন্থ রচনার কাজ কতদূর এগোল?

প্রতি বারই বীরবলের একটাই উত্তর থাকত – *"লেখার কাজ চলছে, জাঁহাপনা! খুব শীঘ্রই গ্রন্থ শেষ হয়ে পড়বে... বছর শেষ হওয়ার আগেই*

'গ্রন্থ আপনার হাতে তুলে দেব।"

বছর শেষ হয়ে পড়ল... বীরবল নির্দিষ্ট সময়ে দরবারে এসে উপস্থিত হলেন। সম্রাট আকবর প্রশ্ন করলেন – "গ্রন্থ কোথায়, বীরবল ?"

বীরবল বললেন – "আর সব তো শেষ হয়ে পড়েছে, জাঁহাপনা! কেবলমাত্র একটা জিনিষ লেখা বাকী রয়ে গেছে... যেটা আপনি ছাড়া আর কেউ জানাতে পারবেন না আর সেটা ছাড়া 'আকবরের রামায়ণ' শেষ হতে পারবে না!"

"কি সেটা ?" আকবর উৎসাহে ভরে উঠে বললেন – "তাড়াতাড়ি প্রশ্ন করো!"

"জাঁহাপনা!" বীরবল হাতজোড় করে বললেন – "রামায়ণে তো রামের পত্নী সীতাকে রাবণ চুরি করে নিয়ে গিয়েছিল... কিন্তু আপনার বেগমকে কোন্ রাবণ চুরি করে নিয়ে গেছে ? আমাকে আপনি সেটা জানিয়ে দিন... সেই রাবণের নামটা আপনি আমাকে বলুন... কে সেই হারামজাদা ? কে সেই গুণ্ডা ?"

বীরবলের কথা শুনে আকবর প্রচণ্ড রেগে উঠলেন আর উনি নিজের তলোয়ার হাত দিয়ে চেপে ধরলেন। তারপর রাগে চিৎকার করে উঠে বললেন – "তুমি কি পাগল হয়ে উঠেছ, বীরবল ? কার এত সাহস হবে যে, আমার বেগমের দিকে চোখ তুলে তাকাবে ? তার চোখ আমি উপড়ে নেব। তুমি এসব কি বলছ, বীরবল... এমনটা কি হতে পারে ?"

"জাঁহাপনা! তাহলে আপনার জীবনের ওপরে রামায়ণ লেখা সম্ভব নয়!" বীরবল বললেন – "কারণ রামায়ণে রাজা রামের পত্নী সীতাকে রাবণ চুরি করে নিয়ে গিয়েছিল। রাবণ তিন বছর সীতাকে অশোক বনে বন্দী করে রেখেছিল। তারপর হনুমান এসে লঙ্কায় আগুন লাগিয়ে দিয়েছিল! রাম-রাবণের মধ্যে তুমুল যুদ্ধ হয়েছিল আর রাজা রাম নিজের পত্নী সীতাকে রাবণের হাত থেকে মুক্ত করিয়ে নিয়ে গিয়েছিলেন – তখন গিয়ে রামায়ণ শেষ হয়েছিল। কিন্তু আপনার সাথে তো এমন কিছুই ঘটেনি... তাহলে আপনার জীবনের ওপরে রামায়ণ কি ভাবে লেখা যাবে ? আর যদি লেখাও হয়, তাহলে সেটা পড়বে কে ? যখন সেটার ভেতরে আসল ব্যাপারই থাকবে না... তখন সেটাকে কে 'আকবরের রামায়ণ' বলবে ?"

"তুমি ঠিকই বলছ!" আকবর কিছু একটা চিন্তা করে বললেন – "তাহলে আর রামায়ণ লিখে কাজ নেই। তুমি লেখার কাজ বন্ধ করে দাও।"

"আপনি যেমনটা বলবেন! কিন্তু আমার এক বছরের সমস্ত পরিশ্রম ব্যর্থ হয়ে পড়ল।" বীরবল বললেন – "আপনি যদি হুকুম করেন, আমি মহাভারত লিখে দিতে পারি।"

আকবর বললেন – "নাম তো আমি মহাভারতেরও শুনেছি... কিন্তু তুমি আমাকে এটা বলো যে, এতে রাবণ ইত্যাদিরা নেই তো? এতে সীতা চুরির মত কোন ঘটনা নেই তো?"

"না, জাঁহাপনা! এতে তেমন কোন ঝংঝাট নেই। কিন্তু এটা রামায়ণের থেকেও বড় গ্রন্থ! এটা শেষ করতে দু বছর সময় লাগবে আর আপনাকে আমার পারিশ্রমিক হিসেবে দু লক্ষ আশরফী দিতে হবে!"

"কোন ব্যাপার নয়... নিয়ে যাও দু লক্ষ আশরফী আর দু বছরের মধ্যে গ্রন্থ লেখা শেষ করে ফেলো।"

দু বছর পর্যন্ত বীরবল আবার মৌজ-মস্তি করে কাটালেন। এবার মৌজ-মস্তি করার জন্য ওনার কাছে ছিল দু লক্ষ আশরফী। কিন্তু উনি মাঝে-মাঝে সম্রাটের দরবারে এই খবর পাঠাতেন যে, গ্রন্থ লেখার কাজ চলছে।

কিন্তু দু বছর পরে বীরবল যেদিন দরবারে এলেন, সেদিন ওনার হাত খালি ছিল। আকবর এই দেখে প্রশ্ন করলেন – "গ্রন্থ কোথায়, বীরবল? 'আকবরের মহাভারত' কোথায়?"

বীরবল আবার একবার হাত জোড় করে বললেন – "ব্যস্... আর মাত্র একটা বিবরণ লেখা বাকী রয়ে গেছে... যেটা আপনি ছাড়া আর কেউ জানাতে পারবে না। সেই বিবরণ ছাড়া 'আকবরের মহাভারত' পূর্ণ হবে না আর পাঠকেরাও সেটা পড়ে একটুও মজা পাবে না।"

"কোন্ বিবরণ?"

"সেটা হচেছ এই যে, দ্রৌপদীর পাঁচ পতি ছিলেন... আপনার বেগমের আর চারজন পতি কারা? তাঁদের নামগুলো শুধু আমাকে জানিয়ে দিন!"

এর আগের বার তো আকবর শুধু তলোয়ার হাত দিয়ে চেপে ধরেছিলেন... কিন্তু এবার উনি তলোয়ার বার করেই আনলেন... তারপর রাগে কাঁপতে-কাঁপতে চিৎকার করে বলে উঠলেন – "বীরবল! আজ আর আমি তোমাকে ছেড়ে দেব না। আমি আমার বেগমের একমাত্র পতি আর আমি বেঁচে থাকতে তুমি কি না আমার বেগমের আরও চারজন পতির নাম জানতে চাইছ?"

"তলোয়ার ভেতরে ঢুকিয়ে রাখুন, জাঁহাপনা!" বীরবল বুঝিয়ে বললেন – "আমি কি করতে পারি। এটা তো গ্রন্থের আবশ্যকতা আর

*এটা ছাড়া 'আকবরের মহাভারত' রচনা অপূর্ণ থেকে যাবে।"*

*"তাই যদি হয়, তাহলে আমার মহাভারত লেখানোর কোন প্রয়োজন নেই!"* আকবর বললেন – *"এখন আমি এটা বুঝতে পেরে গেছি যে, একজনের কাহিনী অন্য কারো ওপরে লেখা যেতে পারে না। বন্ধ করে দাও মহাভারত লেখা!"*

যে প্রকার রামায়ণ আর মহাভারত এক ছিল আর ভবিষ্যতেও একই থাকবে... ঠিক সেই প্রকার ধীরুভাই আর মুকেশ অম্বানী এক ছিলেন আর ভবিষ্যতেও একই থাকবেন!

একশো কোটিরও বেশী জনসংখ্যার দেশে আর একটা ধীরুভাই-য়ের জন্ম হয়নি।

আর একজন মুকেশ অম্বানীর জন্ম হয়নি।

যখন কি বিড়লা ঘরানা... টাটা ঘরানা আর মোদী ঘরানা পুরোপুরি দেশের অর্থ ব্যবস্থার ওপরে প্রভাব বিস্তার করে নিয়েছিল... কিন্তু বিড়লা বিড়লা-ই রয়ে গেলেন... টাটা টাটা-ই রয়ে গেলেন আর মোদী মোদী-ই রয়ে গেলেন! তাঁদের মধ্যে কেউই আরেকজন ধীরুভাই হতে পারলেন না!

---

*"কঠিন পরিস্থিতিতেও লক্ষ্যের দিকে লাগাতার এগোতে থাকুন আর কঠিন পরিস্থিতিকে সুযোগে পরিবর্তিত করতে থাকুন!"*

*– ধীরুভাই অম্বানী*

# মহাত্মা গান্ধী এবং ধীরুভাই

**ম**হাত্মা গান্ধী এবং. ধীরুভাই অম্বানী দুজনেই গুজরাটে জন্মগ্রহণ করেছিলেন... ওনারা দুজনেই মোধ বনিয়া ছিলেন এবং ওনারা দুজনেই দেশের নাম উজ্জ্বল করে তুলেছিলেন। মোহনদাস করমচন্দ গান্ধী ইংল্যাণ্ড থেকে ব্যারিস্টারী পড়ে দক্ষিণ আফ্রিকায় এক ব্যবসায়ীর উকিল হয়ে গিয়েছিলেন।

কিন্তু দক্ষিণ আফ্রিকায় পৌঁছতেই ওনাকে অপমানিত হতে হয়েছিল... তারপর উনি ভারতীয় মূলের দাস-মজদুরদের সমস্যা নিয়ে নিজেকে জড়িয়ে ফেলেন আর পরে ভারতে ফিরে এসে দেশের স্বাধীনতা সংগ্রামের লড়াইতে ঝাঁপিয়ে পড়েন।

কিন্তু ধীরুভাই ভারতে ফিরে এসে নিজের সর্বপ্রথম কোম্পানী "*রিলায়েন্স কমার্শিয়াল কর্পোরেশন*"-য়ের স্থাপনা করেন... কারণ উনি গরীব হওয়া সত্ত্বেও ধনী হওয়ার স্বপ্ন দেখেছিলেন আর নিজের নিষ্ঠা আর পরিশ্রমের জোরে একাই এত বড় বিজনেসের সাম্রাজ্য গড়ে তুলেছিলেন।

সেই যুগে এটা অত্যন্ত বড় ব্যাপার ছিল এবং উনি তীব্র গতিতে বিকাশ করে চলে টাটা-বিড়লাদের মত কর্পোরেট হাউসের নির্মাণ করেন।

ধীরুভাই শিল্পে একাধিপত্যের চ্যালেঞ্জ দিয়েছিলেন এবং উনি এক, শতাব্দী পর্যন্ত দেশের শিল্প জগতের ওপরে রাজত্ব করেছিলেন। ওনার জনপ্রিয় গুরু মন্ত্র ছিল – "*বড় ভাবো, দ্রুত ভাবো আর এগিয়ে চলো!*"

উনি যখন ছোট ছিলেন... তখন উনি নিজের গ্রামের এক মন্দিরের বাইরে ভক্তদের গরমাগরম সিঙ্গাড়া আর চানাচুর বিক্রী করতেন। কিন্তু উনি নিজের হৃদয়ে বড়-বড় স্বপ্ন সাজিয়ে রেখেছিলেন... যেগুলোকে সাকার করে তোলার জন্য উনি 17 বছর বয়সে রমণিক লাল অম্বানীর

সাথে 1949 সালে এক পেট্রোল পাম্পে কাজ করার জন্য অদনে চলে যান এবং সেখানে উনি পারিশ্রমিকের রূপে মাত্র 300 টাকাই পেতেন।

কিন্তু উনি যখন অদনে যাচিছলেন, সেই সময় ওনার কাছে নতুন জামা-কাপড় কেনার জন্য 100 টাকাও ছিল না। উনি সেই টাকা ক্যান্টীন ওয়ালার থেকে ধার নিয়েছিলেন, যাতে বিদেশ যাওয়ার জন্য উনি নতুন জামা-কাপড় সেলাই করাতে পারেন।

সেই সময় ওনাকে নিজের বিল পাশ করানোর জন্য ঘন্টার-পর-ঘন্টা ক্যাশিয়ার আর পারচেজ অফিসারের কেবিনের বাইরে দাঁড়িয়ে থাকতে হত। পরে নিম্ন-মধ্যবিত্ত পরিবারের সেই ব্যক্তিই দুনিয়ার সব থেকে ধনী ব্যক্তিদের সূচীতে শামিল হয়ে পড়েছিলেন।

1958 সালে উনি মুম্বাই ফিরে এসে মশলার ব্যবসা শুরু করেন... বিশেষ করে আদা আর হলুদের ব্যবসা। উনি নিজের কেম্পানীর নাম *'রিলায়েন্স'* – অদনের এক সফল কোম্পানীর নামে রেখেছিলেন... যে কোম্পানী ওনার মিত্র প্রবীণ ভাই ঠক্কর চালাতেন।

তারপর 1959 সালে ধীরুভাই নিজের মশলার ব্যবসাকে বদলে সুতোর ব্যবসায়ে চলে আসেন। সেই সময় ওনার কোম্পানীর কর্মচারী বলতে মাত্র দুজন ব্যক্তি ছিলেন... যাঁদের মধ্যে একজন ছিলেন স্বয়ং ধীরুভাই আর দ্বিতীয় জন ছিলেন মনুভাই শেঠ... যিনি আজও অম্বানী গ্রুপের এক প্রমুখ অঙ্গ!

ধীরুভাই সুতোর ব্যবসায়ে প্রচুর টাকা কামান আর সেই টাকা দিয়ে 1966 সালে আহমেদাবাদের কাছে নরৌদায় উনি এক ছোট্ট টেক্সটাইল প্ল্যান্টের স্থাপনা করেন।

উনি যখন প্ল্যান্ট লাগানোর জন্য এক বিরাট বড় অনুর্বর জমি কেনেন, তখন লোকেরা ওনার এই কাজে প্রচণ্ড হাসি-ঠাঠা করেছিল। কিন্তু ধীরুভাই নিজের দূরদৃষ্টি এবং কঠোর মেহনতের দ্বারা সেই ছোট্ট টেক্সটাইল প্ল্যান্টকেই অত্যন্ত কম সময়ে এক অত্যাধুনিক টেক্সটাইল প্ল্যান্টের রূপে পরিবর্তিত করে ফেলেছিলেন।

এর পরে ওনার কাজের ভূয়ষী প্রশংসা হতে শুরু করে।

এটা ছিল সেই সময়... যখন ভারত সরকার নায়লন আমদানী করার জন্য ফ্যাব্রিকের রপ্তানীকারকদের মুনাফা কামানোর পুরো ছাড় দিয়ে রেখেছিল।

সেই সময় ভারত সরকার বিদেশী মুদ্রার সংকটের মোকাবিলা করছিল... যেটা ধীরুভাইকে রপ্তানীর ক্ষেত্রে ব্যাপক রূপে অধিকার কায়েম করার সুযোগ করে দিয়েছিল।

রাশিয়া... পোল্যাণ্ড... জাম্বিয়া... উগাণ্ডা আর সৌদী আরবের মত দেশগুলোয় রপ্তানী করায় কোম্পানীর যে মুনাফা হয়েছিল, সেই টাকাকে ধীরুভাই নরৌদা প্ল্যান্টের বিস্তার এবং আধুনিকীকরণের কাজে লাগিয়েছিলেন।

কিন্তু গান্ধী জী-র চিন্তাধারা এর ঠিক বিপরীত ছিল। কারণ উনি নিজের সমস্ত টাকা-পয়সা দেশকে স্বাধীন করে তোলার কাজে লাগিয়ে দিয়েছিলেন আর নিজের দারিদ্রতার শেষ সীমায় পৌঁছে গিয়েছিলেন।

কিন্তু ওনাদের দুজনের চিন্তাধারায় তেমন বিশেষ কোন পার্থক্য ছিল না। এক দিকে গান্ধী জী যেমন দেশকে স্বাধীনতা প্রদান করেছিলেন... অন্য দিকে ধীরুভাই দেশকে সম্পন্নতার পথ দেখিয়েছিলেন। চিন্তাধারা দুজনের একই ছিল... কিন্তু ধীরুভাই-য়ের মনোবৃত্তি আলাদা ছিল।

একটা অত্যন্ত প্রচীন কাহিনী আছে – যখন রামায়ণে রাম রাজ্যের জনতার মতামত জানার জন্য এক সার্ভে করিয়েছিলেন, তখন এক ধোবার মতামত এই প্রকার ছিল – যদি ওর পত্নী 14 বছর বাড়ীর বাইরে থাকত, তাহলেও ও নিজের পত্নীকে ত্যাগ করত না!

এই ব্যাপারে ধীরুভাই-য়ের বক্তব্য এই প্রকার ছিল – *"লোকে কি বলবে? সেই ব্যাপারে চিন্তা করা ছেড়ে দিন আর আমার কি করা উচিত? সেই ব্যাপারে চিন্তা করুন।"*

*"যখন লোকেরা এমনটা বলে যে, এটা হচেছ ঘোর কলিযুগ... তখন আমার অদ্ভূত লাগে আর আমি এমনটা চিন্তা করতে থাকি যে, ঘোর কলিযুগ তো দ্রৌপদী... সীতা আর যুধিষ্ঠিরের যুগেও ছিল।"*

*"কারণ যুধিষ্ঠির জুয়ায় নিজের পত্নী আর ভাইদের সম্পত্তিও বাজী ধরেছিলেন।"*

*"দ্রোণাচার্য গুরু দক্ষিণায় নিজের শিষ্য একলব্যের বৃদ্ধাঙ্গুষ্ঠ চেয়ে নিয়েছিলেন। এই সব দেখে আমার এই যুগটাকে রামরাজ্যের মত মনে হয়!"*

মার্কেট ব্রোকার্সদের হাজার সতর্কবাণী সত্ত্বেও লোকেরা রিলায়েন্স

ইণ্ডাস্ট্রিজে নিজেদের টাকা-পয়সা নিবেশ করেছিলেন... যখন কি কোম্পানী শেয়ার বাজারে প্রথম বার নিবেশকের সন্ধান করছিল। এই জিনিষটা রামরাজ্যের এক জীবন্ত উদাহরণ!

এই অভিযান লাগাতার জারী ছিল আর ধীরুভাই লোকেদের পরিবর্তনশীল ডিভেঞ্চারের সঙ্গে পরিচয় করালেন। তারপর 400 কোটি টাকার পুনরায় নিবেশ হল। লোকেরা 1988 সালে রিলায়েন্স পেট্রো-কেমিক্যাল্সে 516 কোটি টাকার নিবেশ করলেন এবং 20 লক্ষেরও বেশী নিবেশক এতে নিজেদের টাকা নিবেশ করার আগ্রহ দেখিয়েছিলেন।

1993 সালটা রিলায়েন্স ইণ্ডাস্ট্রিজের পক্ষে অত্যন্ত গুরুত্বপূর্ণ বছর ছিল। কারণ এই বছরে কোম্পানী ভারতের প্রাইভেট সেক্টরের সব থেকে বড় কোম্পানীর রূপে আত্মপ্রকাশ করেছিল।

সেই সময় রিলায়েন্সের উৎপাদনগুলোর বিক্রী 4,000 কোটি টাকার পরিসংখ্যানকে পার করে গিয়েছিল। সেই সময় '*বিজনেস উইক*' এই কোম্পানীকে বিকাশশীল দেশগুলোর 50 সর্বশ্রেষ্ঠ কোম্পানীর সূচীতে শামিল করে নিয়েছিল।

1977 সালে রিলায়েন্স ইণ্ডাস্ট্রিজ প্রথম বার আমেরিকার শেয়ার বাজারে বণ্ড ইশ্যু-র সাথে পা রেখেছিল আর সেই বছরেই হজিরা কম্প্লেক্সের নির্মাণ কার্যও শেষ হয়েছিল।

এর পর ধীরুভাই জামনগরে 25,000 কোটি টাকা লাগিয়ে দুনিয়ার সব থেকে বড় গ্রাসরুট রিফাইনারীর স্থাপনা করেন।

উনি এই পর্যন্ত পৌঁছনোর জন্য প্রচণ্ড সংঘর্ষ করেছিলেন আর ওনার সেই সংঘর্ষে ওনার পত্নী কোকিলাবেন সমান রূপে ওনাকে সহযোগ প্রদান করে গেছেন।

ধীরুভাই 1954 সালে কোকিলাবেনের সাথে বিবাহ সূত্রে আবদ্ধ হয়েছিলেন। ধীরুভাই-য়ের নিজের পরিবারের সদস্যদের সাথে বড়ই মজবুত সম্পর্ক ছিল। উনি বড়ই উৎসাহী ব্যক্তি ছিলেন... ওনার ভেতরে না জানি কত উৎসাহ সঞ্চিত হয়ে ছিল... যেটা ওনাকে সর্বদাই ব্যস্ত রাখত।

কিন্তু অত্যন্ত ব্যস্ততা সত্ত্বেও উনি নিজের পরিবারের সদস্যদের জুহু-র চৌপাটিতে ঘোরাতে নিয়ে যেতেন এবং উনি তাঁদেরকে নিজের সাদা ক্যাডিলাক গাড়ীতে চাপিয়ে আরও অনেক জায়গায় নিয়ে যেতেন। কিন্তু

খাওয়ার ব্যাপারে ওনার পছন্দ ছিল একমাত্র গুজরাটি ভোজন। ধীরুভাই চীনাবাদাম চিবোতে আর ককরা খেতে খুবই ভালোবাসতেন।

আর্টের ক্ষেত্রেও ওনার আগ্রহ ছিল আর উনি নিজের ব্যবসা থেকে সময় বার করে গুজরাটি নাটক দেখতে যেতেন। সেই সময় ওনার সাথে মুকেশ, অনিল, নীনা আর ওনার পত্নী কোকিলাবেন থাকতেন।

কোকিলাবেন এক কুশল গৃহিণী হওয়ার সাথে-সাথে নিজের পতির জন্য এক শক্তি স্তম্ভ হয়ে উঠেছিলেন। উনি গোটা পরিবারকে এক সূত্রে বেঁধে রাখার যোগসূত্র ছিলেন আর উনি নিজের সংযমকে এখনও পর্যন্ত বজায় রেখেছেন।

এক প্রাচীন প্রবাদবাক্য আছে – *"সকল সফল ব্যক্তির পেছনে এক মহিলার হাত থাকে!"* – এই প্রবাদবাক্য ধীরুভাই-য়ের ক্ষেত্রে সঠিক প্রমাণিত হয়।

ওনার সফলতার পেছনে ওনার পত্নী কোকিলাবেনের প্রচণ্ড অবদান ছিল। উনি নিজের পতিকে সর্বদাই সঠিক পরামর্শ দিতেন আর প্রতিটি ব্যবসায়িক ওঠা-নামায় উনি সর্বদাই নিজের পতির পাশে থাকতেন।

কোকিলাবেন সারাটা জীবন ধীরুভাই-য়ের জীবনে এক আদর্শ পত্নীর ভূমিকা পালন করে গেছেন। মুকেশ অম্বানীকে ধনী ব্যক্তি করে তোলার পেছনেও কোকিলাবেনের হাত রয়েছে আর নীতা অম্বানীকে নিজের পুত্রবধূর রূপে পছন্দ করার ব্যাপারেও কোকিলাবেনের যথেস্ট অবদান ছিল।

মুকেশের বরাবরই টেক্‌নিক্যাল ক্ষেত্রের প্রতি ঝোঁক ছিল। এজন্য উনি কেমিক্যাল ইঞ্জিনিয়ারিং-য়ের ডিগ্রী প্রাপ্ত করেছিলেন, যাতে ওনাদের পারিবারিক ব্যবসা ভালোমতন ফুলে-ফেঁপে ওঠে।

নিজের পিতার মত মুকেশ অম্বানীর ভেতরেও সততা প্রচণ্ড পরিমাণে ভরে ছিল। উনি আজও নিজের ব্যবসার প্রতি পূর্ণ রূপে সৎ আর এটা সত্য যে, যদি শিক্ষার সাথে-সাথে ব্যক্তির ভেতরে সততাও থাকে... তাহলে বাস্তবে লাভই হয়।

আমাদের মধ্যে অনেকেই সৎ হন... কিন্তু অতি চালাকির জন্য আমরা নিজেরাই নিজেদের জন্য সংকটের সৃষ্টি করে ফেলি।

ঠিক যেমনটা এক সৎ কাঠুরে জঙ্গলে কাঠ কাটতে গিয়েছিল। ও যে গাছটা কাটছিল, সেই গাছটার ঠিক পাশেই একটা কূয়ো ছিল। হঠাৎ

কাঠ কাটতে-কাটতে কাঠুরের কুড়ুলটা ওর হাত থেকে ছিটকে পড়ে কূয়োর জলে পড়ে গেল।

কাঠুরে কাঁদতে লাগল! ওর কান্না শুনে কূয়ো থেকে জল-দেবতা প্রকট হলেন আর উনি কাঠুরের থেকে ওর কান্নার কারণ জানতে চাইলেন।

সব কথা শুনে জল-দেবতা কূয়োয় ডুব লাগালেন আর জলের ভেতর থেকে একটা সোনার কুড়ুল তুলে নিয়ে এলেন।

কাঠুরে সেই সোনার কুড়ুল গ্রহণ করতে অস্বীকার করে দিল।

এবার জল-দেবতা একটা রূপোর কুড়ুল তুলে আনলেন।

এবারও কাঠুরে বলে দিল যে, এই কুড়ুলটাও ওর নয়।

কিন্তু যখন জল-দেবতা ওর আসল কুড়ুলটা জলের থেকে তুলে নিয়ে এলেন, তখন কাঠুরে আনন্দের সঙ্গে সেই কুড়ুলটা নিয়ে নিল।

কাঠুরের সততায় প্রসন্ন হয়ে উঠে জল-দেবতা ওকে বাকী দুটো কুড়ুলও দিয়ে দিলেন।

তিন-তিনটে কুড়ুল নিয়ে কাঠুরে যখন বাড়ী ফিরল... তখন ওর পত্নী অত্যন্ত খুশী হয়ে উঠল। তারপর ও নিজের পতিকে বলল যে, ও-ও জল-দেবতার দর্শন করতে চায়।

পরের দিন কাঠুরে নিজের পত্নীকে সেই জঙ্গলে নিয়ে গেল। কিন্তু কূয়োর ভেতরে উঁকি মারার সময় কাঠুরের পত্নী কূয়োর মধ্যে পড়ে গেল।

কুঠুরে আবার একবার জোরে-জোরে কাঁদতে লাগল।

জল-দেবতা ওর কান্না শুনে প্রকট হলেন।

কাঠুরে জল-দেবতাকে সব খুলে বলল।

জল-দেবতা কূয়োয় ডুব দিলেন আর ভেতর থেকে মল্লিকা শেরাবতকে তুলে নিয়ে এলেন। তারপর উনি কাঠুরেকে প্রশ্ন করলেন – *"এ-ই কি তোমার পত্নী... ?"*

কাঠুরে মল্লিকা শেরাবতের মাদক যৌবন দেখে তৎক্ষনাত বলে উঠল – *"হ্যাঁ... এ-ই হচ্ছে আমার পত্নী!"*

জল-দেবতা কাঠুরের কথায় অত্যন্ত আশ্চর্য হয়ে উঠলেন। উনি বললেন – *"তুমি তো আগে প্রচণ্ড সৎ ছিলে... কিন্তু এখন তোমার ভেতরে বেইমানী কি করে এসে পড়ল?"*

কাঠুরে হাত জোড় করে বলল – "ভগবন্! আমি যদি প্রথম বার মানা করতাম, তাহলে আপনি দ্বিতীয় বার ক্যাটরিনা কৈফ-কে বার করে আনতেন আর তখনও আমি 'না' বললে পরের বার আপনি আমার আসল পত্নীকে বার করে আনতেন! তারপর আমি 'হ্যাঁ' বললে আপনি তিনজনকেই আমকে দিয়ে দিতেন। তখন আমি কি করতাম? তাই আমি প্রথম বারেই 'হ্যাঁ' বলে দিয়েছি।"

এই হচ্ছে আমাদের সততার মনোবৃত্তি... যে কারণে আমাদের উন্নতি বাধাপ্রাপ্ত হয়।

কিন্তু মুকেশ অম্বানীর মনোবৃত্তি এর ঠিক বিপরীত ছিল আর উনি ভালো কিছু চিন্তা করার জন্য সর্বদাই গণেশ জী-র শরণ গ্রহণ করেন।

গণেশ জী-র বড় মাথা ভালো ভাবে চিন্তা করার জন্য ব্যক্তিকে বাধ্য করে তোলে আর গণেশ জী-র হাত "*এখুনি করুন*" নীতির প্রতীক!

এজন্য ধীরুভাই বলতেন – "*যে কোন কাজ শুরু করার পরেই আপনার সফলতা আর প্রসন্নতার অনুভূতি হতে পারে। কিন্তু লক্ষ্য প্রাপ্তি পর্যন্ত পূর্ণ নিষ্ঠার সাথে সেই কাজে লেগে থাকাটাও অত্যন্ত জরুরী হয়... তা জীবনে যত কঠিনতাই আসুক না কেন?*"

"*কঠিন পরিস্থিতিকে সুযোগের রূপে রূপান্তরিত করুন! প্রতিকূল পরিস্থিতিতেও নিজের নৈতিক আদর্শগুলোকে উচ্চ বানিয়ে রাখুন... তাহলে সফলতা অবশ্যই আপনার চরণ স্পর্শ করবে!*"

●

*"ধীরুভাই নিজেই এক বিশ্ববিদ্যালয় ছিলেন! ওনার সঙ্গে দেখা করতে আসা প্রতিটি ব্যক্তিই ওনার থেকে কিছু-না-কিছু শেখার সুযোগ অবশ্যই প্রাপ্ত করেন!"*

*– এ. জি. কৃষ্ণমূর্তি*

# স্বপ্নের বিস্তার এবং উচ্চাকাংখা

ফকির থেকে ধনী ব্যক্তি হয়ে ওঠার কাহিনী তো হাজার-হাজার রয়েছে... কিন্তু বিশ্বের সব থেকে ধনী ব্যক্তি হয়ে ওঠার কাহিনী একমাত্র ধীরুভাই-য়েরই রয়েছে! উনি কোন জন্মগত ব্যবসায়ী ছিলেন না আর না-ই ওনার পারিবারিক পৃষ্ঠভূমি ব্যবসায়িক ছিল... বরং উনি নিজেই নিজের ব্যবসা দাঁড় করিয়েছিলেন। উনি এক স্বয়ং-নির্মিত ব্যক্তি ছিলেন।

ওনাকে যদি এক অসাধারণ কৃতিত্বসম্পন্ন ব্যক্তি বলা হয়, তাহলে সেটা কোন প্রকারের অতিশয়োক্তি মোটেই হবে না। ওনার ভেতরে মহান হয়ে ওঠার কৌতূহল ছিল। কিন্তু দম্ভ করার জন্য সময় ওনার কাছে কিছুই ছিল না। খালি হাতে শুরু করেও উনি কোটি-কোটি টাকার মালিক হয়ে উঠেছিলেন আর সেই টাকা মুক্তহস্তে নিজের শেয়ার হোল্ডারদের মধ্যে বিলি করে দিয়েছিলেন।

ওনাকে যখন মুম্বাইতে *'দ্য ইকোনোমিক্স টাইমস্'* দ্বারা আয়োজিত *'লাইফ টাইম এ্যাচিভমেন্ট এ্যাওয়ার্ড'* প্রদান করা হয়, তখন ধীরুভাই বলেছিলেন – *"মাননীয় অর্থমন্ত্রী শ্রী যশবন্ত সিন্‌হা জী... মাননীয় ডাঃ কুরিয়ণ... নির্ণায়ক মণ্ডলীর চেয়ারম্যান শ্রী দীপক পারেখ জী... শ্রী অমিতাভ বচ্চন... শ্রী সমীর জৈন এবং উপস্থিত মহিলা আর ভদ্রমণ্ডলী! আমি আমাকে এই প্রতিষ্ঠিত এ্যাওয়ার্ড প্রদান করার জন্য ইকোনোমিক্স টাইমস্-কে ধন্যবাদ দিতে চাই... কিন্তু আমি একা এই এ্যাওয়ার্ডের দাবীদার নই... বরং পুরো রিলায়েন্স পরিবার এই এ্যাওয়ার্ড অর্জন করেছে!"*

*"দেশের এক প্রতিষ্ঠিত সংবাদপত্র দ্বারা এই এ্যাওয়ার্ড প্রদান করা অত্যন্ত প্রতিষ্ঠার বিষয়... কিন্তু দেশের নেতাদেরও এদিকে ইতিবাচক*

দৃষ্টিভঙ্গী গ্রহণ করা উচিত আর এই ধরণের এ্যাওয়ার্ড যাতে আরও বেশী করে প্রদান করা হয়, সেই ব্যাপারে উৎসাহ প্রদান করা উচিত!"

"আমি এই এ্যাওয়ার্ড গুজরাটের এক গ্রাম্য স্কুল শিক্ষকের পুত্রের রূপে গ্রহণ করছি... রিলায়েন্স গ্রুপের প্রধানের রূপে গ্রহণ করছি!"

"এই এ্যাওয়ার্ডের ওপরে সেই সব হাজার-হাজার কর্মচারীদের অধিকার রয়েছে... যাঁরা পূর্ণ সমর্পণের সাথে রিলায়েন্সকে এগিয়ে নিয়ে যেতে আমাকে সহযোগ প্রদান করেছেন।"

"এই এ্যাওয়ার্ডের ওপরে আমাদের সেই সব ব্যবসায়িক সহযোগী আর লাখো নিবেশকদেরও সমান অধিকার রয়েছে... যাঁরা রিলায়েন্সের বিজনেসকে এগিয়ে নিয়ে যেতে আমাকে সহযোগ করেছেন। তাঁরা সকলেই আমাদের সফলতার স্তম্ভ... তাঁরা সকলে আমার পরিবারের সদস্য!"

"আজ আমি পুরো ভারতের যুবা শিল্পপতিদের এই বার্তা প্রদান করতে চাই যে, যাঁরা স্বপ্ন দেখার সাহস রাখেন... তাঁদের কাছে জয় করার জন্য গোটা পৃথিবী থাকে! আপনাদের যদি স্বপ্ন দেখার সাহস থাকে... তাহলে কোন শক্তিই আপনাদের হতোৎসাহিত করতে পারবে না... কারণ আপনাদের হতোৎসাহিত করার অধিকার করো নেই!"

"কিন্তু তার জন্য এটা জরুরী হয় যে, আপনারা নিজেদের লক্ষ্যের প্রাপ্তির জন্য পূর্ণ নিষ্ঠার সাথে নিজেদের কাজে লেগে থাকবেন... তা জীবনে যত কঠিন পরিস্থিতিই আসুক না কেন! সেই সব কঠিন পরিস্থিতির মোকাবিলা করুন আর কঠিনতাকে সুযোগে পরিবর্তিত করুন!"

"আপনারা আমার অভিজ্ঞতা থেকে শিক্ষা গ্রহণ করুন আর নিজেদের দৃষ্টিভঙ্গী অনুসারে ভাবনা-চিন্তা করুন! অন্য কাউকে পরিবর্তন করার চেষ্টা করবেন না... শুধু নিজেকে বদলান! মহাভারতের সেই দ্রৌপদীর কথা মনে করুন, যিনি দুঃখ প্রকাশ না করার কারণে না জানি কত অপমান সহ্য করেছেন আর নিজের পুত্রদের হারিয়ে ফেলেছিলেন। উনি যদি একবার ক্ষমা চেয়ে নিতেন, তাহলে কি এত বড় মহাভারতের সৃষ্টি হতে পারত?"

"ক্ষমা চাওয়া বা দুঃখ প্রকাশ করাটা খারাপ জিনিষ নয়... কারণ একবার ক্ষমা চেয়ে নিলে আপনারা অসংখ্য খুশীর মুহূর্ত প্রাপ্ত করেন আর তারপর প্রতিকূল পরিস্থিতিতেও নিজেদের নৈতিক আদর্শ বজায়

রাখতে আপনারা সহায়তা প্রাপ্ত করেন!"

"আমার বন্ধুরা যখন আমাকে প্রশ্ন করেন যে, আমি কি সেই সব কিছু প্রাপ্ত করে নিয়েছি... যেগুলো আমি পেতে চাইতাম – তখন আমি উত্তর দিই – "না!"

"কারণ আমাকে এখনও অনেক কিছু করতে হবে... অনেক কিছু প্রাপ্ত করতে হবে... আর সেগুলো প্রাপ্ত করার জন্য আমাকে এখনও অনেক রাস্তা পাড়ি দিতে হবে!"

"আমি যুবা শিল্পপতিদের কাছে পথ অন্বেষক! আমি জঙ্গল খুঁড়ে পায়ে হেঁটে চলা লোকেদের জন্য রাস্তা তৈরী করছি। আমি এখনও পর্যন্ত যা কিছু প্রাপ্ত করেছি, সেসব ইতিহাস হয়ে গেছে! আমি সর্বদাই ভবিষ্যতের দিকে তাকানোয় বিশ্বাস রাখি আর নিজের প্রতিটি কাজে আমি সর্বদা সবার আগে থাকতে চাই!"

"প্রত্যেক ব্যক্তির জীবনেই এমন কিছু লোক অবশ্যই আসেন.. যাঁরা সেই ব্যক্তিকে জীবনের পথে এগিয়ে চলতে সহায়তা করেন। কিন্তু আমাদের মধ্যে কিছু লোক সেই সব ভালো লোকেদের কথা ভুলে যাই আর এমনটা করে আমরা নিজেদের শত্রুর সংখ্যা বাড়িয়ে তুলি!"

"কিন্তু আমি এমনটা মনে করি যে, মাঝে-মাঝে সেই সব লোকেদের কথা স্মরণ করতে থাকা উচিত... যাঁরা আপনাকে জীবনে এগিয়ে চলতে সহায়তা করেছেন। মহাভারতের ভেতরে উঁকি মারুন আর সেই ঘটনার কথা মনে করুন... যখন কর্ণ দুর্যোধনের প্রতি নিজের কৃতজ্ঞতা প্রকট করেছিলেন! এটাও সত্য যে, কৃতজ্ঞতা ধন্যবাদের রূপে জানানো হয়ে থাকে এবং সেটা ব্যক্ত করার জন্য 10 শতাংশ মুখ... 20 শতাংশ চোখ... 30 শতাংশ হৃদয় আর 40 শতাংশ মস্তিষ্কের প্রয়োগ করা হয়ে থাকে!"

"কিন্তু আমরা ধন্যবাদের ব্যবহারে অত্যন্ত বেশী কঞ্জুসী করি। আপনারা কিন্তু ধন্যবাদের ভরপুর প্রয়োগ করুন আর নিজেদের জীবনকে খুশীতে ভরিয়ে তুলুন!"

"কারণ কোন ব্যক্তিই পূর্ণ রূপে শ্রেষ্ঠ হন না... কিন্তু আমরা শ্রেষ্ঠ হওয়ার চেষ্টা অবশ্যই করতে পারি। আমি আজও নিজেকে শ্রেষ্ঠ করে তোলার চেষ্টা চালিয়ে যাচ্ছি। তাই আমি রোজ নতুন-নতুন স্বপ্ন দেখি!"

"আমি এমন স্বপ্নও দেখি যে, আমাদের দেশের গ্রামগুলোয় পরিস্কার পানীয় জলের ব্যবস্থা রয়েছে... কৃষি উৎপাদনের বৃদ্ধি

হয়েছে!"

"আমার স্বপ্ন হচেছ, ভারতের সকল কৃষকেরা বাকী বিশ্বের অন্য শহরগুলোর সঙ্গে যুক্ত হয়ে পড়ুন আর দেশের সাধারণ নাগরিকদের বিশ্ব-স্তরের শিক্ষা প্রদান করার ব্যবস্হা করা হোক্!"

"আমার দেশের লাখো লোকেদের উপার্জন প্রদান করার স্বপ্ন আমি দেখি। কুপোষণ আর রোগের ওপরে বিজয় প্রাপ্ত করার স্বপ্নও আমি দেখি। আধুনিক বিজ্ঞান আর প্রযুক্তির উপযোগ করার স্বপ্নও আমি দেখে থাকি!"

"সংক্ষেপে আমি ভারতকে আর্থিক রূপে শক্তিসম্পন্ন এক রাষ্ট্রের রূপে দেখতে চাই। সৌভাগ্যবশতঃ আমার এই স্বপ্ন একদিন অবশ্যই সাকার হবে। কিন্তু প্রশ্ন হচেছ এটা যে, আমরা এই স্বপ্নকে সাকার করার জন্য কি করছি?"

"তার জন্য সবার আগে আমাদের সমস্যাগুলোকে জানতে হবে আর এই জিনিষটা যে কোন সমাধান প্রাপ্ত করার জন্য সব থেকে গুরুত্বপূর্ণ হয়। তারপর সেই সমস্যা সম্বন্ধিত তথ্য প্রাপ্ত করে সেগুলোকে প্রয়োগ করতে হবে... কারণ জ্ঞানই মহানতা আর সফলতার চাবিকাঠি হয়!

"এসবের সাথে-সাথে আমাদের পুঁজির ব্যবস্হা করা লোকেদেরও সম্মান জানাতে হবে। দুর্ভাগ্যবশতঃ আমাদের দেশে পুঁজিপতিদের ভালো দৃষ্টিতে দেখা হয় না এবং পুঁজিপতিদের থেকে কৃষকদের আলাদা করে দেওয়া হয়... কারণ তাঁরা হচেছন অশিক্ষিত। তাঁরা হচেছন এক ভোটদাতা, তাই তাঁদেরকে কিছু পরিষেবা আর সুবিধা প্রদান করা হয়েছে!"

"শ্রমিকদের ওপরে সমস্যা সৃষ্টি করার আরোপ লাগানো হয়। ব্যবসায়ীদের ঠগ আর চালবাজ বলা হয়ে থাকে। যাঁরা পুঁজির সৃষ্টি করেন, তাঁদেরকে সম্মান জানানো হয় না।"

"এই সব কারণে উৎপাদন ক্ষমতা কমে আসে... কিন্তু যে সমাজ পুঁজি সৃষ্টি করা ব্যক্তিদের সমালোচনা করে, সেই সমাজ সর্বদাই গরীব আর দীন হয়ে থাকে!"

"জ্ঞান প্রাপ্ত করা আর পুঁজি সংগ্রহ করা – এই দুটো আমাদের সংস্কৃতির অঙ্গ! এই কারণেই আমরা দেবী সরস্বতীর সাথে-সাথে লক্ষ্মী দেবীরও পূজা করে থাকি!"

"কিন্তু আমাদের কৃষকদের ওপরে বিশ্বাস অবশ্যই করা উচিত আর

পৃথিবীর অন্যান্য দেশগুলোকে এটা ভুলে যেতে হবে যে, ভারতীয়রা বিশ্বাসের যোগ্য নয়! এর ফলে রাষ্ট্রীয় এনার্জী বৃদ্ধি পাবে... কারণ অবিশ্বাস যে কোন ব্যক্তিকে ইতিবাচক পদক্ষেপ গ্রহণ করতে বাধা প্রদান করে... যখন কি বিশ্বাস আর পারদর্শিতা শিল্পপতিদের উৎসাহ প্রদান করে!"

"যদি আমাদের ভারতকে এক মহান রাষ্ট্র করে তুলতে হয়, তাহলে আমাদের বিশ্বাস করার সাহস অর্জন করতে হবে... আমাদের ভুল আর অপরাধের মধ্যেকার পার্থক্যকে বুঝতে হবে... আমাদের সত্যকে উৎসাহ প্রদান করার সাহস দেখাতে হবে!"

"কিন্তু গুণবত্তার সাথে কোন প্রকারের সমঝোতা করা উচিত নয়। যদি কোন জিনিষ ভালো না হয়, সেটাকে অস্বীকার করতে হবে... তা সেটা ভারতে তৈরী হোক্ বা বিশ্বের অন্য কোন দেশে!"

"বন্ধুরা! এই সব সিদ্ধান্ত আমার জীবনের যাত্রাপথে আমাকে দিশা প্রদান করে। সেজন্যই আমি গুজরাটের এক ছোট্ট গ্রাম থেকে অদন আর সেখান থেকে মুম্বাই পর্যন্ত সফর সফলতাপূর্বক সম্পন্ন করতে পেরেছি। আমি লোকেদের ওপরে বিশ্বাস করি আর লোকেরাও আমার ওপরে বিশ্বাস করেন। আমি যুবাদের উৎসাহিত করি আর তাঁরাও আমাকে কখনো হতোৎসাহিত করেন না!"

"আমি নিজের কাছের লোকেদের ঝুঁকি ওঠাতে আর প্রচেস্টা করতে বলি। এর দ্বারা আমাদের লাভাংশ বৃদ্ধি পায়। আমি অভিজ্ঞতাকে উৎসাহিত করি... যেটা আমাদের শ্রেস্ঠ হয়ে উঠতে সহায়তা করে!"

"রিলায়েন্স ইণ্ডাস্ট্রিজ এই সব সিদ্ধান্তকে মেনে চলে। আমার দৃঢ় বিশ্বাস যে, এই সব সিদ্ধান্ত গ্রহণ করে আমরা ভারতকে এক মহান আর সম্পন্ন রাষ্ট্র হিসেবে গড়ে তুলতে পারব।"

"মহিলারা এবং ভদ্রমণ্ডলী! এটা হচেছ এক অত্যন্ত গুরুত্বপূর্ণ সময়! বাস্তবে এটা হচেছ পরিবর্তনের সময়... তার সাথে-সাথে এটা এক মহান সুযোগেরও সময়!"

"আমাদের এই সময়কে বুঝতে হবে... সেটাকে নিজেদের নিয়ন্ত্রণে নিয়ে আসতে হবে। তার জন্য আমাদের নিজেদের পুরোন বিচারধারায় পরিবর্তন নিয়ে আসতে হবে!"

"আমাদের ভারতকে এক মহান আর সম্পন্ন রাষ্ট্র বানানোর জন্য এক মজবুত আর নতুন অংশীদারী গড়ে তুলতে হবে। এতে সরকার,

*শিল্প আর সমাজের মধ্যে রচনাত্মক অংশীদারী গড়ে তোলার প্রয়োজন হবে। আমাদের এক সাথে মিলে কাজ করতে হবে আর নেতিবাচক চিন্তাধারাকে নিশ্চিত রূপে দূর করতে হবে!"*

*"একমাত্র তাহলেই আমরা বিশ্বে এটা প্রমাণ করে দেখাতে পারব যে, ভারত এমনটা করতে পারে। আমরা এটাও প্রমাণ করতে পারব যে, ভারতীয়রা প্রতিযোগিতাকে ভয় পায় না... কারণ ভারত হচ্ছে সফলতার দেশ আর এটা হচ্ছে এক কটু সত্য... যেটাকে আমি লাগু করতে আর পূরণ হতে দেখতে চাই! ধন্যবাদ!"*

ভাষণ শেষ হতেই ধীরুভাই-কে চার পাশ থেকে প্রেস ফোটোগ্রাফার আর মীডিয়ার লোকেরা ঘিরে ধরলেন আর তাঁরা সকলে *'ধীরুভাই-ধীরুভাই'* বলে চিৎকার করতে লাগলেন... কারণ তাঁরা সকলেই ধীরুভাই-য়ের ফোটো ওঠাতে চাইছিলেন।

ধীরুভাই মুচকি হেসে সকলের দিকে তাকালেন আর তারপর উনি বললেন – *"আপনারা সকলে একটু ধৈর্য্য ধরুন... আমি আপনাদের সকলকেই আমার ফোটো তোলার সুযোগ দেব!"*

এই বলে ধীরুভাই মঞ্চ থেকে নীচে নেমে এলেন আর তারপর সকলের ক্যামেরার ফ্ল্যাশলাইট জ্বলতে-নিভতে লাগল।

ওনারা সকলে ধীরুভাই-য়ের সাথে ঠিক কোন সাধারণ ব্যক্তির মত কথা বলছিলেন আর ধীরুভাই-ও ওনাদের সঙ্গে বন্ধুত্বপূর্ণ ব্যবহার করছিলেন।

এই সব কিছুই ধীরুভাই-কে সাধারণ জনতার মাঝে এতটা জনপ্রিয় করে তুলেছিল আর সেজন্যই ধীরুভাই বলতেন – *"সফলতা হচ্ছে এক সফর... গন্তব্য নয়!"*

●

---

*"চিন্তাধারা সবার থেকে আলাদা হলে... সবার থেকে দ্রুত হলে... সবার থেকে আগে থাকলে আর তার সাথে-সাথে সর্বদা ভালো করার লক্ষ্য থাকলে আপনাদের কেউই হারাতে পারবে না!"*

*– ধীরুভাই অম্বানী*

# রিলায়েন্সে অনিল অম্বানীর সহযোগ

**অ**নিল অম্বানী নিজের দাদা মুকেশের থেকে বয়সে তিন বছর ছোট ছিলেন! ফিল্ম অভিনেত্রী টিনা মুনিমের সাথে ওনার বিবাহ হয়েছিল এবং ওনাদের দুই সন্তান – জয় অনমোল এবং জয় অংশুল! অনিল অম্বানীর দুজন দিদি রয়েছেন – নীনা এবং দীপ্তি!

নীনা অম্বানীর বিবাহ চেন্নাইয়ের শিল্পপতি শ্যাম কোঠারীর সাথে হয়েছে এবং দীপ্তি অম্বানীর বিবাহ গোয়ার প্রখ্যাত শিল্পপতি রাজ সালগাঁওকারের সাথে হয়েছে।

অনিল অম্বানী রসায়ন শাস্ত্রে বিশিষ্টতা অর্জন করে আমেরিকার হার্টন ইউনিভার্সিটি থেকে বিজনেস এ্যাডমিনিস্ট্রেশনে মাস্টার্স ডিগ্রী হাসিল করেন এবং নিজের পিতাকে ওনার ব্যবসায়ে সহায়তা করতে থাকেন।

ওনার জন্ম সেই সময় হয়েছিল... যখন ধীরুভাই 3A, ভনিলা বিল্ডিং-য়ের এক বেডরুমের ফ্ল্যাটে থাকতেন। সেটা এক পাঁচতলা বিল্ডিং ছিল। ওনাদের পুরো পরিবার মেঝেতে শুতেন আর ওনাদের ফ্ল্যাটে সেই সময় ফোনও ছিল না আর না-ই ঘোরাঘুরি করার জন্য কোন গাড়ী ছিল।

কিন্তু পুরো পরিবারের সদস্যদের মধ্যে এক অন্তরঙ্গ ভালবাসা ছিল। এর পরে ধীরুভাই আর পেছন ফিরে তাকাননি... উনি এরপর দৃঢ় পদক্ষেপে শুধু সামনের দিকে এগিয়ে চলেছিলেন। কোন প্রকারের ডিগ্রী ছাড়াই উনি সেই চমৎকার করে দেখিয়েছিলেন... যেটা ভারতের আর কোন শিল্পপতি করে দেখাতে পারেননি!

যে ভূমিকে আন্তর্জার্তিক পরামর্শকারেরা মৃত ভূমি বলে ঘোষণা করে দিয়েছিলেন... সেই ভূমিতেই ধীরুভাই এশিয়ার সব থেকে বড় শিল্প শুরু করেছিলেন... যার নাম রাখা হয়েছিল *'হজিরা কম্প্লেক্স'*।

সেই কমপ্লেক্স বিশ্বের সব থেকে আধুনিক আর আন্তর্জাতিক স্তরের শিল্প হিসেবে প্রমাণিত হয়েছিল।

1977 সালে যখন সেই কোম্পানী সার্বজনিক হয়েছিল... তখন গোটা দেশ জুড়ে হৈ-চৈ পড়ে গিয়েছিল... কারণ সেই সময় ভারতের শেয়ার বাজার মন্দার ভেতর দিয়ে চলেছিল।

কিন্তু ধীরুভাই সেসবের কোন চিন্তা না করে রিলায়েন্সকে এস. এ্যাণ্ড পি. রেটিং-য়ের কোম্পানীর রূপে স্থাপিত করেন।

তারপর 1992 সাল আসতে-আসতে রিলায়েন্স ইণ্ডাস্ট্রিজ জি.ডি.আর. দ্বারা গ্লোবাল মার্কেটে পয়সা কামানো কোম্পানী হয়ে উঠেছিল।

তখন ধীরুভাই সাংবাদিকদের বলেছিলেন – *"আমার মা আমাকে ছোটবেলায় এক কাহিনী শুনিয়েছিলেন। সেই কাহিনীটা অনেকটা এই রকম ছিল – একবার এক সিংহ শীতকালের মিস্টি রোদে শুয়ে ঘুমোচ্ছিল... ঠিক সেই সময় কোথা থেকে একটা ইঁদুর এল আর সে সিংহের ওপরে চড়ে লাফালাফি করতে লাগল।"*

*"যখন সিংহের চোখ খুলল... তো ও প্রচণ্ড রেগে উঠল আর গর্জন করে উঠে বলল – "তুই আমার ঘুম নষ্ট করে দিয়েছিস... আমি তোকে খেয়ে নেব!"*

*"ইঁদুর ভয় পেয়ে গেল আর ও ভয়ার্ত গলায় বলল – "সিংহ! আমার ভুল হয়ে গেছে। আমি তো আপনার শরীরটাকে পাহাড় মনে করে ওপরে চড়েছিলাম। আমি জানতাম না যে, এখানে আপনি শুয়ে রয়েছেন। আমি আপনার কাছে ক্ষমা চাইছি... আপনি দয়া করে আমার প্রাণ ভিক্ষা দিন। একদিন আমি আপনার কোন কাজে অবশ্যই আসব আর সেদিন আমি আপনার এই উপকারের প্রতিদান দিয়ে দেব!"*

*"প্রথমে তো সিংহ ইঁদুরের কথা শুনে খুব হাসল... তারপর কে জানে কি চিন্তা করে ও ইঁদুরের প্রাণ ভিক্ষা দিয়ে দিল।"*

*"এর পরে বেশ কিছুদিন কেটে গেল... সিংহও ব্যাপারটা ভুলে গেল। কিন্তু হঠাৎ একদিন জঙ্গলে কিছু শিকারী এল আর ওরা সেই সিংহকে নিজেদের জালে বন্দী বানিয়ে নিল।"*

*"তখন সেই ইঁদুর সেই শিকারীদের চোখে ধূলো দিয়ে জাল কেটে দিল আর সিংহের উপকারের প্রতিদান দিয়ে দিল।"*

*"এজন্য আমি এমনটা বলি যে, আপনারা অন্যদের জন্য যা কিছু*

*করতে চান... সেটা করুন। আমেরিকা হোক্ বা আহমেদাবাদ – তাতে কিছু যায়-আসে না। শুধু নিজের ভেতরে অন্যদের ক্ষমা করার অভ্যাস গড়ে তুলুন। হতে পারে যে, সেই ব্যক্তি হয়তো কোনদিন সেই ইঁদুরের মতই আপনাদের কোন কাজে আসতে পারে!"*

হয়তো এই কারণেই ধীরুভাই মাত্র দু দশকের মধ্যে... 1990 সালে 62,000 কোটি টাকার টার্নওভারের গ্রুপের মালিক হয়ে উঠেছিলেন। কিন্তু ওনার জীবনের কিছু নিয়ম ছিল... যেগুলো জীবনের পথে এগিয়ে চলতে ওনাকে সহায়তা করত। এজন্য উনি সারাটা জীবন ধরে নিজের স্বপ্নের সুতোটাকে শক্ত হাতে ধরে রেখেছিলেন।

উনি সর্বদা বাজারের চাহিদার থেকে চার-পাঁচ গুণ বেশী ক্ষমতার ইউনিট লাগিয়েছেন এবং বাজারে স্থাপিত পাইকারী ব্যবসায়ীদের এক পাশে সরিয়ে রেখে নিজের শো-রুম খুলেছেন আর সেই কাজের জন্য উনি সর্বদা এমন লোকেদের বেছে নিয়েছেন, যাঁদের কোন টেক্সটাইল ভিত্তি নেই আর তারপর উনি পোলিয়েস্টারকে দেশের প্রতিটি লোকের মধ্যে জনপ্রিয় করে তুলেছিলেন।

উনি সর্বদা সুযোগের বিকাশ করেছেন আর 1982 সালে মহারাষ্ট্রের পাতালগঙ্গায় পোলিয়েস্টার ইয়ার্ন তৈরী করার জন্য এক বিরাট বড় প্ল্যান্টের ভিত্তি স্থাপন করেছিলেন।

যেহেতু বিমল পোলিয়েস্টার মিশ্রিত কাপড় ছিল... তাই উনি পোলিয়েস্টার স্পেশাল ফাইবার আর পোলিয়েস্টার ফিলামেন্ট ইয়ার্ন নিজে তৈরী করার পরিকল্পনা করেছিলেন। এর আগে ইয়ার্ন বিদেশ থেকে আমদানী করা হত। পাতালগঙ্গা প্ল্যান্ট মুম্বাই থেকে প্রায় 65 কিমি দূরে অবস্থিত ছিল আর সেটা 300 একর জায়গা জুড়ে বিস্তৃত ছিল।

এই প্ল্যান্টকে বিকশিত করার কাজে মুকেশ অম্বানীর সহযোগ অনেক বেশী ছিল আর উনি মাত্র 18 মাসের ভেতরে এই পরিযোজনাকে নিজের অভিজ্ঞ সহযোগীদের সহায়তায় শেষ করে নিয়েছিলেন।

1986 সালে রিলায়েন্স পিয়োর টেলিপ্যাথেলিক পি.টি.এ. এবং 1988 সালে প্যারাক্সিলিনের উৎপাদন নিজেদের প্ল্যান্টে করা শুরু করে দেয়। তারপর এল.এ.বি.-র জন্যও নিজস্ব ইউনিট লাগিয়ে নেওয়া হয়... যেটার পুরো নাম ছিল *'লীনিয়র এ্যালকোহল বেঞ্জিন'* আর এটার উপযোগ সাবান শিল্পে প্রচুর মাত্রায় হয়।

এই প্ল্যান্ট লাগতেই ধীরুভাই-য়ের কোম্পানীর ছোট নিবেশকেরাও ধনী হয়ে উঠলেন আর ধীরুভাই তাঁদের সকলের কাছে দেবদূত হয়ে

উঠলেন! 1985 সালে যখন মুম্বাই-য়ের কুপারেজ ফুটবল মাঠে রিলায়েন্স গ্রুপের বার্ষিক সাধারণ সভার আয়োজন করা হয়েছিল, সেই সময় এই সব নিবেশকেরা ধীরুভাই-য়ের প্রতি নিজেদের প্রেম আর ভালবাসা উজাড় করে দিয়েছিলেন।

এই সভার আয়োজন এক শামিয়ানার নীচে করা হয়েছিল... আর এই সভায় প্রায় 1200 নিবেশক অংশ গ্রহণ করেছিলেন। ধীরুভাই নিজের পুরো পরিবারের সাথে সেখানে এসেছিলেন আর উনি এত বেশী সংখ্যায় নিবেশকদের সভায় অংশ নিতে দেখে চমকে উঠেছিলেন।

উনি উপস্থিত নিবেশকদের সম্বোধন করে বলেছিলেন – *"নতুন ব্যবসায়ীদের প্রতি আমার পরামর্শ হচ্ছে এই যে, তাঁরা যেন পরাজয়কে স্বীকার করার অভ্যাস নিজেদের মধ্যে গড়ে তোলেন এবং নেতিবাচক শক্তিকে সাহস আর দৃঢ় বিশ্বাসের সাথে চ্যালেঞ্জ জানাতে শেখেন... কারণ আপনারা সব থেকে বেশী আঘাত তাঁদের থেকেই পান, যাঁরা আপনাদের সব থেকে কাছের লোক হন!"*

*"আমি নিজের জীবন থেকে এটাই শিখেছি যে, যদি জীবনে সব কিছু হারিয়ে যায়, তাহলে নিজেদের স্তরকে নীচের দিকে করে নেওয়া উচিত... কিন্তু নিজের আশার ওপরে ভরসা হারানো কখনো উচিত নয়!"*

*"এমনটা করলে আমরা আরও বেশী সুখী থাকতে পারব... কারণ লক্ষ্য প্রাপ্তির জন্য করা সূত্রপাত সর্বদাই বিজয়ে পরিবর্তিত হয় আর সেটাই নতুন যুগে পরিবর্তিত হয়... নতুন ইতিহাসে পরিবর্তিত হয় এবং সেই নতুন ইতিহাস লিখবেন রিলায়েন্স গ্রুপের উপস্থিত নিবেশকরা... যাঁদেরকে আগত সময়ে ভারতের 'পরিবর্তনের চাবিকাঠি' বলা হবে!"*

নিবেশকরাও মুখে হাসি ফুটিয়ে তুলে ধীরুভাই-য়ের বক্তব্যের সমর্থন করলেন আর ধীরুভাই-য়ের ভাষণ শেষ হতেই পুরো পাণ্ডাল করতালির ধ্বনিতে গুঞ্জরিত হয়ে উঠল।

এর কয়েক বছরের মধ্যেই ধীরুভাই-কে *'ইণ্ডিয়ান বিজনেসম্যান অফ্ দ্য সেঞ্চুরী'* উপাধি দ্বারা সম্মানিত করা হল।

তারপর রিলায়েন্স ইণ্ডাস্ট্রিজের ব্যবসা পেট্রো-কেমিক্যাল্স, পোলিয়েস্টার ফাইবার, পোলিয়েস্টার ফিলামেন্ট ইয়ার্ন, অয়েল এ্যাণ্ড গ্যাস এক্সপ্লোরেশন এ্যাণ্ড প্রোডাকশন, রিফাইনিং এ্যাণ্ড মার্কেটিং অফ্ পেট্রোলিয়াম, টেক্সটাইল পাওয়ার, টেলিকম্, ইনফোকম্ ইত্যাদি ক্ষেত্রে ছড়িয়ে পড়তে লাগল।

ধীরুভাই সর্বদাই নিজের প্রতিদ্বন্দ্বীদের থেকে দু পা আগে চলতেন। উনি কখনোই *'সর্বোত্তম'*-কে *'ভালো'*-র শত্রু হিসেবে মানেননি আর

উনি নিজের মস্তিস্ককে সর্বদাই খোলা রেখেছিলেন। ওনার মুখে-চোখে কেউ কোনদিনও মানসিক চাপের ভাব লক্ষ্য করেনি... ওনার সর্বদা হাসতে থাকা মুখটাই লোকেদের মনে আছে আর এই কারণেই ওনার স্টাফেরা সর্বদাই ওনার প্রতি খুশী হয়ে থাকতেন।

একদিন ওনার এক বন্ধু ওনার এই সর্বদা প্রসন্ন হয়ে থাকার রহস্যের ব্যাপারে ওনাকে প্রশ্ন করলেন, তখন ধীরুভাই নিজের ঠোঁঠে হাসি ফুটিয়ে তুলে বললেন – "*তুমি দেশলাইয়ের কাঠি তো নিশ্চয়ই দেখে থাকবে। সেটার শুধু মাথা থাকে, মস্তিস্ক থাকে না। এজন্য আমরা যখনই সেটাকে রগড়াই, তখন সেটা তৎক্ষনাত জ্বলে ওঠে... কিন্তু সেটার ঠিক বিপরীত আমাদের কাছে মাথা আর মস্তিস্ক – দুটোই থাকে!*"

"*সেজন্য আমাদের কখনোই অতি উৎসাহের বশে বিবেক হারানো উচিত নয় আর নিজেদের বিবেকের শক্তির প্রয়োগ করা উচিত!*"

"*আর আমরা যদি এমনটা করি, তাহলে আমাদের রাগ আসবেই না... শুধু হাসি আসবে – এজন্যই আমি সর্বদা হাসতে থাকি।*"

এই শুনে ওনার সেই বন্ধু বিস্মিত হয়ে উঠলেন... কারণ ধীরুভাই-য়ের সেই বন্ধু সর্বদাই মানসিক চাপে গ্রস্ত হয়ে থাকতেন আর নিজের মানসিক চাপ কম করার জন্যই উনি ধীরুভাই-য়ের কাছে আসতেন।

কিন্তু ধীরুভাই এটাই ঠিকই বলেছিলেন যে, আমাদের কাছে মাথা আর মস্তিস্ক – দুটোই থাকে। কারণ জীবনে সফল হওয়ার জন্য এটা অত্যন্ত আবশ্যক হয় যে, লক্ষ্যের দিকে ফেলতে থাকা প্রতিটি পদক্ষেপ যেন সার্থক দিশায় ফেলা হয়। কিন্তু আজকের যুবা প্রজন্ম নিজেদের চঞ্চল চিত্ত আর অস্হির মনের কারণে নিজেদের লক্ষ্য আর উদ্দেশ্যের থেকে সরে আসে!

আর সেটার কারণ হচেছ নিজেকে চিনতে না পারা! ব্যক্তি যদি নিজেকে চেনার কলা শিখে নেয়, তাহলে সে সহজেই সফলতা প্রাপ্ত করতে পারে। ধীরুভাই নিজেকে চেনার কলা জানতেন আর এজন্যই উনি মহান হয়ে উঠেছিলেন। আজ ওনার অদ্ভূত সফলতা আর উপলব্ধিগুলো গোটা বিশ্বের লোকেদের কাছে এক উদাহরণ হয়ে উঠেছে!

ধীরুভাই-য়ের কল্পনাশক্তি অসীমিত ছিল... ওনার স্বপ্ন অসীমিত ছিল। উনি প্রতি দিন দু ঘন্টা নিজের দুই পুত্র – মুকেশ আর অনিলের সাথে বার্তালাপ করতেন।

অনিল অম্বানী 1993 সালে রিলায়েন্স গ্রুপে প্রবেশ করেছিলেন। প্রতি দিন সকালে প্রথমে অনিল অম্বানী ধীরুভাই-য়ের হাতে নিজের

রিপোর্ট তুলে দিতেন আর সেটার সময় ছিল সকাল 9:30 থেকে 10:30 পর্যন্ত। তারপর বেলা 10:30-টার পরে মুকেশ অম্বানী কোম্পানীর বিভিন্ন বিষয়ে ধীরুভাই-য়ের সঙ্গে আলাপ-আলোচনা করতেন।

সেই সময় ধীরুভাই বলতেন – *"চিন্তা করাটা অত্যন্ত জরুরী হয়... কারণ আমাদের চিন্তার মধ্যে সমস্যা আর সমাধান – দুটোই লুকিয়ে থাকে আর বেশ কিছু সমস্যা আমাদের চিন্তারই প্রতিফল হয়। কিন্তু আমার মনে হয় যে, সমস্যাকে চাপা দেওয়া উচিত... তাহলেই সুযোগের সৃষ্টি হয়!"*

*"আপনারা যদি কোন ব্যক্তির মধ্যে ভালো কিছু দেখতে পান... তাহলে সেটাকে অবশ্যই গ্রহণ করবেন। কিন্তু নিজের দুর্বল জায়গাটাকে চিনে নেওয়াটা অত্যন্ত জরুরী হয়... তাহলে আমাদের প্রতিটি পদক্ষেপ মাইলস্টোন প্রমাণিত হতে পারে!"*

*"ভুল আমাদের জীবনে শিক্ষকের ভূমিকা পালন করে আর কথা বলার যোগ্যতা শ্রেষ্ঠতা প্রাপ্ত করার শর্টকাট হয়। সময় আর সমুদ্রের স্রোতের মত আমাদের চিন্তাধারা কারো একনায়কতন্ত্র সহ্য করে না... সেটা সর্বদাই স্বাধীন হয়!"*

*"যেভাবে প্যারাশুট খোলার পরেই কাজে আসে... ঠিক সেই প্রকার ব্যক্তির মস্তিস্ক চিন্তা করার কাজে আসে!"*

*"বিচারধারা দ্বারা ধন তো কামানো যেতে পারে... কিন্তু ধন দ্বারা বিচারধারা আসে না আর কোন ব্যক্তি মিত্র ছাড়া কোন কাজের হন না... তাই মিত্র অবশ্যই বানান। কিন্তু সত্যিকারের মিত্রতা বানানোর জন্য জরুরী হচেছ বিশ্বস্ততা!"*

*"আপনারা নিজেদের মিত্রদের প্রতি বিশ্বস্ত হয়ে থাকুন... নিজেদের প্রতিশ্রুতির প্রতি অটল হয়ে থাকুন! আপনারা যদি নিজেদের জীবনে একজনও বুদ্ধিমান মিত্র প্রাপ্ত করেন, তাহলে তিনি আপনাদের আরও এগিয়ে চলার পথে সহায়তা করতে পারেন!"*

*"কারণ একান্তের অর্থ হচেছ অজ্ঞানতা! এজন্য মিত্র অবশ্যই বানান। কিন্তু নতুন মিত্র প্রাপ্ত করার পরেও পুরোন মিত্রদের ভুলে যাবেন না... কারণ মিত্র এমন এক ব্যক্তি হন, যাঁর সঙ্গে আপনারা উম্মুক্ত হৃদয়ে খোলাখুলি ভাবে যে কোন বিষয়ের ওপরে শলা-পরামর্শ করতে পারেন। কিন্তু কোন কাজে সফলতা একমাত্র তখনই পাওয়া যায়, যখন আপনারা সেই কাজটা করে আনন্দের অনুভূতি প্রাপ্ত করবেন। আর এটা এক কটু সত্য যে, "নিরাশাই আশার জননী হয়!"*

"এজন্য আপনারা প্রসন্নতার সাথে চিন্তা করুন আর কাজ করে চলুন... একমাত্র তাহলেই আপনারা নিজেদের কাজে প্রসন্নতা অনুভব করতে পারবেন। কারণ প্রতিটি ব্যবসায়ীর ব্যবসাতে 70 শতাংশ চিন্তা টাকা-পয়সার ব্যাপারে থাকে আর তাঁরা সর্বদাই অসম্ভব রাগ আলাপ করতে থাকেন আর সেজন্যই তাঁরা দ্রুত শেষও হয়ে পড়েন!"

"এর কারণ হচেছ ছোট খরচগুলোকে উপেক্ষা করা। যখন কি তাঁরা এটাও জানেন যে, ছোট্ট এক ছিদ্রও বড়-বড় জাহাজকে সমুদ্রে ডুবিয়ে দেওয়ার ক্ষমতা রাখে!"

"কিন্তু যখন আমরা সব থেকে খারাপ পরিস্থিতিকে স্বীকার করে নিই, তখন আমাদের কাছে হারানোর মত আর কিছুই থাকে না আর যখন হারানোর জন্য কিছুই না থাকে, তখন আমাদের মস্তিষ্ক সত্যিকারের শান্তি প্রাপ্ত করে!"

"তাই চিন্তা ত্যাগ করুন... প্রসন্ন থাকুন আর প্রসন্নতা বাহ্যিক পরিস্থিতির ওপরে নির্ভর করে না... বরং আমাদের আভ্যন্তরীণ অবস্থার ওপরে নির্ভর করে!"

"যেভাবে এই দুনিয়ায় ভালো আর সুন্দর জিনিষ দেখা আর ছোঁওয়া যায় না, কিন্তু সেগুলোকে হৃদয় থেকে অবশ্যই অনুভব করা যায়... ঠিক সেই ভাবে এমনটা চিন্তা করা ভুল হয় যে, সফল ব্যক্তিরা জন্মজাত সফল হন! বরং সেই সব ব্যক্তিরাই জীবনে সফল হন, যাঁরা অন্যদের সফলতার ওপরে গভীর ভাবে ভাবনা-চিন্তা করেন!"

---

"যে ভাবে পেট্রোলের প্রতিটি ফোঁটার মধ্যে শক্তি লুকিয়ে থাকে... ঠিক তেমনই ব্যক্তির ভেতরেও অসংখ্য প্রতিভা লুকিয়ে রয়েছে! ব্যক্তি সেই ব্যাপারটাকে জানেন না... কিন্তু যদি ব্যক্তিকে নিজের প্রতিভাকে বাইরে বার করে আনার সুযোগ প্রদান করা হয়, তাহলে তিনি অসম্ভবকে সম্ভবে পরিবর্তিত করতে পারেন!"

– ধীরুভাই অম্বানী

# উপলব্ধি এবং সমাজ সেবা

**ধী**রুভাই-কে পৃথিবীর লোকেরা *'আবিস্কারের জনক'* হিসেবে মানেন... কারণ উনি পোলিয়েস্টারের আবিস্কার করেছিলেন, যেটা ভারতের জনতার কাছে এক সম্পূর্ণ নতুন নাম ছিল। এর আগে আমাদের দেশে পোলিয়েস্টার কাপড়ের সম্বন্ধে কেউ কিছুই জানত না।

পোলিয়েস্টারের সাথে দেশের জনতাকে ধীরুভাই-ই সর্বপ্রথম পরিচয় করিয়েছিলেন। এজন্য ওনাকে লোকেরা *"পোলিয়েস্টার প্রিন্স"* নামে ডাকতে লেগেছিল আর এই জিনিষটাকে মাথায় রেখে 1994 সালের জানুয়ারী মাসে *'বিজনেস ইণ্ডিয়া'* পত্রিকা ধীরুভাই-কে *"বিজনেসম্যান অফ্ দ্য ইয়ার 1993"* পুরস্কার দ্বারা সম্মানিত করেছিল!

তখন ধীরুভাই বলেছিলেন – *"আমার কাছে সব থেকে ভালো যে জিনিষটা ছিল, আমি সেটা দুনিয়াকে দিয়েছি... এজন্য সব থেকে ভালো পরিণামও আমার কাছে ফিরে এসেছে!"*

*"কারণ আমি সর্বদা সব থেকে ভালো চিন্তা করার কাজেই নিজের মস্তিস্কের ব্যবহার করেছি আর আপনারা যদি নিজেদের মস্তিস্ককে চিন্তা করার কাজে না লাগান, তাহলে সেটা অলস হয়ে পড়বে আর আপনাদের ক্ষমতার পূর্ণ উপযোগ হতে পারবে না!"*

1994 সালে ব্রিটেনের *"কম্প্যানিয়ন মেম্বারশিপ অফ্ দ্য টেক্সটাইল ইন্সটিটিউট"* ধীরুভাই-কে বিশ্বের 50 এ্যাক্টিভ মেম্বারদের সূচীতে শামিল করে নিয়েছিল এবং ওনাকে *"সাবস্ট্যানলী এ্যাডভান্স জেনারেল ইন্টারেস্ট অফ্ ইণ্ডাস্ট্রিজ বেস অন্ ফাইবার - 1994"* পুরস্কারে সম্মানিত করেছিল। এছাড়াও 1998 সালে ধীরুভাই-কে আমেরিকার *'বিজনেস উইক'* পত্রিকা *"স্টার অফ্ এশিয়া"* ঘোষিত করেছিল। তারপর ওনাকে *"ইণ্ডিয়াজ 25 ডেভেলপিং বিজনেসমেন এ্যাণ্ড ফায়নান্শিয়াল লীডার্স - 1998"* পুরস্কারেও সম্মানিত করা হয়েছিল।

পুরস্কার গ্রহণ করার সময় ধীরুভাই-য়ের চোখ জলে ভিজে উঠেছিল... কিন্তু উনি শীঘ্রই নিজের আবেগের ওপরে নিয়ন্ত্রণ প্রাপ্ত করে নিয়েছিলেন আর বলেছিলেন – *"ভগবান গণেশের প্রতি আমার মনে অপার শ্রদ্ধা রয়েছে আর উনিই হচেছন আমার প্রেরণার উৎস! কারণ ওনার বড় মাথা আমাকে ভাবনা-চিন্তা করার জন্য সর্বদাই প্রেরিত করে আর ওনার বড় কান আমাকে ধৈর্য্যপূর্বক নতুন বিচারধারা আর পরামর্শ শোনার শিক্ষা প্রদান করে!"*

*"কিন্তু ওনার ছোট চোখ হাতে নেওয়া কাজগুলোকে সঠিক ভাবে আর দ্রুত সম্পন্ন করার প্রতি ইশারা করে এবং ওনার লম্বা নাক আমাকে নিজের চার পাশে ঘটতে থাকা ঘটনাগুলোর তথ্য সংগ্রহ করার জন্য প্রেরিত করে... ওনার ছোট মুখ আমাকে কম কথা বলার শিক্ষা প্রদান করে! এজন্য আমি খুব কম কথা বলি আর লোকেদের কথা বেশী করে শুনি!"*

ঠিক এমনটাই 1999 সালের আগস্ট মাসে হয়েছিল... যখন ধীরুভাই-কে *"ইণ্ডিয়ান বিজনেসম্যান অফ্ দ্য সেঞ্চুরী"* উপাধি প্রদান করা হয়েছিল এবং 2000 সালের জানুয়ারী মাসে *'এশিয়া ম্যাগাজিন'* এবং *'জী নেটওয়ার্ক'* দ্বারা চালানো এক সার্ভেতে ধীরুভাই-কে এশিয়ার 50 শক্তিশালী ব্যবসায়ীর সূচীতে শামিল করা হয়েছিল! অন্য দিকে ওনাকে *"দ্য লীজেণ্ড এ কেলিব্রেশন অফ্ এক্সিলেন্স"* উপাধিও প্রদান করা হয়েছিল!

সেই বছরেই *'ক্যামিট্যাচ ফাউণ্ডেশন এ্যাণ্ড কেমিক্যাল ইঞ্জিনিয়ারিং ওয়ার্ল্ড'* ওনাকে *"ম্যান অফ্ দ্য সেঞ্চুরী"* ঘোষিত করেছিল এবং *'ফিক্কী'* ওনাকে *"ইণ্ডিয়ান এন্টারপ্রুনার অফ্ দ্য টোয়েন্টিয়েথ সেঞ্চুরী"* উপাধি প্রদান করেছিল!

আরও এক সার্ভেতে ওনাকে ভারতের সব থেকে সফল *'চীফ্ এক্জিক্যুটিভ অফিসার'* নির্বাচিত করা হয়েছিল... যখন *'ইকোনোমিক টাইমস্'* ওনাকে 2001 সালের আগস্ট মাসে *"লাইফটাইম এ্যাচিভমেন্ট"* পুরস্কার প্রদান করেছিল।

তখন ধীরুভাই বলেছিলেন – *"এক সন্তুষ্ট গ্রাহকই হচেছন রিলায়েন্সের সব থেকে বড় বিজ্ঞাপন আর বিক্রয়ের পরে প্রদান করা আমাদের পরিষেবা বাজারে আমাদের অংশীদারী বাড়িয়ে তুলেছে!"*

*"আমরা রিলায়েন্সকে ঠিক কোন সাইকেলের মত চালিয়েছি... যেটা সর্বদা চলতে থাকবে। পার্থক্য শুধু এইটুকু হবে যে, এতে বসা ব্যক্তি*

*বদলাতে থাকবে... কিন্তু সাইকেল চলতেই থাকবে!"*

*"আমরা যেহেতু নিজেদের ব্যবহারিক জ্ঞানকেই সর্বদা প্রাথমিকতা দিয়ে এসেছি, তাই আমরা নিজেদের কর্মচারীদের কথা মনোযোগ সহকারে শুনি আর প্রতি দিন নতুন-নতুন জিনিষ শিখি... কারণ ভালো চিন্তাধারা দ্বারা কাজ সহজ হয়ে ওঠে... কিন্তু কাজ কখনো শেষ হয় না। একটার-পর-একটা নতুন কাজ সর্বদাই তৈরী থাকে!"*

2002 সালের ফেব্রুয়ারী মাসে যখন ভারতীয় এইচ.আর.ডি. কংগ্রেস ধীরুভাই-কে *"লাইফটাইম এ্যাচিভমেন্ট"* এ্যাওয়ার্ডে সম্মানিত করল, সেই সময় উনি শারীরিক রূপে সুস্থ ছিলেন না। কিন্তু ততদিনে রিলায়েন্সের বিশ্বব্যাপী সাম্রাজ্য স্থাপিত হয়ে পড়েছিল – যার মধ্যে রিলায়েন্স ইণ্ডাস্ট্রিজ লিমিটেড... রিলায়েন্স ক্যাপিটাল লিমিটেড... রিলায়েন্স ইন্‌ফ্রাস্ট্রাকচার লিমিটেড... রিলায়েন্স পাওয়ার লিমিটেড... রিলায়েন্স ইন্‌ফোকম্ লিমিটেড... রিলায়েন্স টেলিকম্ লিমিটেড... রিলায়েন্স লাইফ ইন্‌শিয়োরেন্স কর্পোরেশন লিমিটেড... রিলায়েন্স জেনারেল ইন্‌শিয়োরেন্স কর্পোরেশন লিমিটেড এবং রিলায়েন্স কম্যুনিকেশনের মত বিভিন্ন কোম্পানীর নাম প্রমুখ ছিল!

তখন ধীরুভাই-য়ের নাম প্রাকৃতিক বিপর্যয়ে পীড়িত লোকেদের মধ্যে ঈশ্বরের অবতারের রূপে ফুটে উঠেছিল... কারণ 2000 সালে যখন গুজরাটে ভয়ংকর বিনাশকারী ভূমিকম্প এসেছিল, সেই সময় ধীরুভাই গুজরাটের ভুজ, কচ্ছ, অঞ্জর এবং অন্য এলাকায় ভূমিকম্প পীড়িত লোকেদের সমস্ত প্রকারে যুদ্ধ স্তরে সহায়তা করেছিলেন।

উনি স্বয়ং নিজের কোম্পানীর কর্মচারীদের সঙ্গে ভূমিকম্প প্রভাবিত এলাকাগুলো সফর করেছিলেন এবং ভূমিকম্প পীড়িত লোকেদের সহায়তা করার জন্য তৎক্ষনাত 15 কোটি টাকা দান করেছিলেন।

উনি নিজের হৃদয়ের কষ্ট ব্যক্ত করে প্রধানমন্ত্রীকে এক পত্র লিখেছিলেন আর তারপর নিজের কোম্পানীর কয়েক হাজার কর্মচারী আর অফিসারদের ত্রাণ সামগ্রী আর বিভিন্ন প্রকারের যন্ত্রপাতির সাথে ভূমিকম্প গ্রস্ত এলাকাগুলোয় পাঠিয়ে দিয়েছিলেন।

ভূমিকম্প পীড়িত লোকেদের কাছে ওনার দ্বারা পাঠানো ত্রাণ সামগ্রী পৌঁছে যাওয়ার পরে উনি পীড়িত লোকেদের বাসস্থান পুনঃনির্মাণের জন্য গোটা একটা গ্রাম দত্তকও নিয়েছিলেন।

আর অঞ্জরে উনি নিজের কোম্পানী রিলায়েন্সের প্রায় 3,000 থেকে 4,000 অফিসার আর কর্মচারীদের দিন-রাত সেই গ্রামের সেবা করার

কাজে লাগিয়ে দিয়েছিলেন।

সরকারী তন্ত্রের লোকেরা সেই এলাকায় এসে পৌঁছনোর আগেই রিলায়েন্সের লোকেরা সেখানে পৌঁছে গিয়েছিলেন আর গোটা গ্রামের পুনঃনির্মাণের দায়িত্ব নিজেদের হাতে তুলে নিয়েছিলেন।

ধীরুভাই সঠিক অর্থেই এক মানব-প্রেমী ব্যক্তি ছিলেন! উনি কখনো বিড়লার মত নিজের নামে কোন মন্দির বানাননি আর না-ই দানী ব্যক্তিদের সূচীতে নিজের নাম শামিল করেছেন... কিন্তু উনি গোপনে লোকেদের সেবায় সমর্পিত হয়ে থেকেছেন।

উনি নিঃস্বার্থ সেবায় বিশ্বাস রাখতেন। উনি নিজের রিলায়েন্স পেট্রোলিয়াম ডিসলিনেশন প্ল্যান্ট থেকে পুরো জামনগর শহরকে পরিস্কার পানীয় জলের সাপ্লাই করেছিলেন... যেটা এখনও পর্যন্ত বজায় রয়েছে।

যেখানে-যেখানে ধীরুভাই রিলায়েন্সের ইউনিট লাগিয়েছিলেন... সেই সব স্থানের আশপাশের সমস্ত গ্রামগুলোয় পাকা রাস্তার নির্মাণ উনি করিয়েছিলেন... স্কুল বানিয়েছিলেন... মন্দির বানিয়েছিলেন... সার্বজনিক শৌচাগারের নির্মাণ করিয়েছিলেন... পথিকদের জন্য বিশ্রামগৃহ তৈরী করিয়েছিলেন... স্ট্রীট লাইটের ব্যবস্হা করিয়েছিলেন এবং *'গুজরাট ওয়াটার সাপ্লাই এ্যাণ্ড সীভরেজ বোর্ড'*-য়ের সাথে মিলে জল নিকাশী ইউনিটের নির্মাণ করিয়েছিলেন।

উনি 22 কিমি দীর্ঘ জলের পাইপ লাইন গোটা শহর জুড়ে পাতার ব্যবস্হা করিয়েছিলেন এবং সেই সব পাইপ লাইনে নিজের ইউনিট থেকে প্রতি দিন 20 লক্ষ গ্যালনেরও বেশী পানীয় জল আজও পুরো শহরে সাপ্লাই করা হয়ে থাকে... যেটা এক অতুলনীয় উদহারণ হয়ে রয়েছে।

ধীরুভাই এমনটা বলতেন – *"পীড়িত লোকেদের সমস্যার কথা শোনা আর তাঁদের সেই সব সমস্যার তাৎক্ষনিক সমাধান করাই ভালো সুযোগের জনক হয়। একটা ছোট্ট স্ফুলিঙ্গকে নেভানোর জন্য কেবলমাত্র এক গ্লাস জলের প্রয়োজন হয়... কিন্তু আগুন বেড়ে উঠলে ফায়ার ব্রিগেডের 100 - 200 গাড়ীও কম পড়ে!"*

*"তাই স্ফুলিঙ্গকে নেভানোর চেষ্টা করুন আর অন্যদের সঙ্গে নিজের তুলনা কখনো করবেন না... একমাত্র তাহলেই আপনারা আরও বেশী সুখী আর সন্তুষ্ট থাকতে পারবেন আর মানসিক বাধাগুলোকেও দূর করতে পারবেন!"*

ধীরুভাই নিজের বক্তব্য অনুসারে নিজের সেই সব বাধাগুলোকে দূর করেছিলেন। উনি মুম্বাইয়ের বেশ কিছু স্কুলে কয়েক হাজার ছাত্র-

ছাত্রীদের জন্য কম্প্যুটার শিক্ষার ব্যবস্হা করেছিলেন এবং প্রশিক্ষণের ব্যবস্হাও করেছিলেন। তারপর উনি সেখানে উপস্হিত বাচ্চাদের উদ্দেশ্যে বলেছিলেন – *"তোমরা সকলে বিশ্বের সর্বশ্রেষ্ঠ শিক্ষা প্রাপ্ত করার এক সুযোগ পাচ্ছ। তোমরা এটার সঠিক উপযোগ করো আর দেশের উন্নতশীল ব্যক্তি হয়ে ওঠো!"*

*"তোমরা সকলেই সাহসী... তোমরা সকলেই শ্রেষ্ঠ ব্যক্তি হয়ে উঠতে পারো। কিন্তু শ্রেষ্ঠ হয়ে ওঠার জন্য তোমাদের বড় স্বপ্ন দেখতে হবে... বড় কাজ করতে হবে! তোমরা যদি এক ঘন্টার খুশী চাও, তাহলে চোখের পাতা ফেলতে পারো... আর এক দিনের খুশী চাইলে তোমরা পিকনিকে যেতে পারো... এক মাসের খুশী চাইলে তোমরা স্কুলে টাইম পাশ করতে পারো... কিন্তু তোমরা যদি সারাটা জীবন খুশী হয়ে থাকতে চাও, তাহলে তোমাদের নিজেদের পড়াশোনার সাথে প্রেম করা শিখতে হবে! কারণ একমাত্র পড়াশোনাই তোমাদেরকে শ্রেষ্ঠ করে তুলতে পারে। নতুন কিছু ভাবো... নতুন কিছু করো!"*

*"তোমরা কি আমাকে এটা বলতে পারো যে, রাবণকে ভিক্ষা দেওয়ার জন্য সীতা মা লক্ষণ-রেখা কেন পার করেছিলেন? কারণ ওনার মা ছোটবেলায় ওনাকে এই শিক্ষা দিয়েছিলেন যে, নিজের বাড়ীর দরজায় আসা যে কোন সাধুকে ভিক্ষা অবশ্যই দেওয়া উচিত... তাকে খালি হাতে ফিরিয়ে দেওয়া কখনোই উচিত নয়। এজন্যই সীতা মা এমনটা করেছিলেন। কিন্তু তোমাদের নিজের মস্তিস্কের ব্যবহার করতে হবে আর দেশের সফল ব্যক্তি হয়ে উঠতে হবে! ভাগ্যের দ্বারা নয়, পরিশ্রমের দ্বারা শ্রেষ্ঠ ব্যক্তি হয়ে উঠতে হবে... কারণ ভাগ্য আর পরিশ্রমের মধ্যে অনুপাত 30 - 70 হয়!"*

এই অনুপাতকে বজায় রাখার জন্য ধীরুভাই মুম্বাইয়ের নগর পালিকা দ্বারা সঞ্চালিত 51 স্কুলকে কয়েক হাজার কম্প্যুটার দান করেছিলেন... যেসব স্কুলে শিক্ষারত প্রায় 68,000 গরীব ছাত্র-ছাত্রী বিনা পয়সায় কম্প্যুটার শিক্ষা প্রাপ্ত করেছিল আর নিজেদের ভবিষ্যতকে উজ্জ্বল করে তুলেছিল!

পাতালগঙ্গায় ধীরুভাই রিলায়েন্স পেট্রোলিয়ামের কর্মচারীদের জন্য আধুনিক টাউনশিপের নির্মাণ করিয়েছিলেন... বাচ্চাদের জন্য স্কুলের নির্মাণ করিয়েছিলেন... গরীবদের জন্য হাসপাতাল বানিয়েছিলেন আর বাঙ্গালোরে অবস্হিত ন্যাশনাল স্কুল অফ্ ল'-কেও আর্থিক রূপে সহায়তা করেছিলেন এবং ইউনিসেফ আর রায়গড়ের জেলা পরিষদের সাথে মিলে

পাতালগঞ্জে "*আনন্দদেয়ী*" নামক সংস্থার ভিত্তিপ্রস্তর স্থাপন করেছিলেন।

এখানে শিক্ষকদের প্রশিক্ষণ প্রদান করা হয় আর তাঁদের মধ্যে প্রায় 2,500 প্রাথমিক স্কুলের শিক্ষকদের এখনও পর্যন্ত শিক্ষিত করে তোলা হয়েছে। পাতলগঞ্জেই ধীরুভাই "*উওমেন কো-অপারেটিভ সোসাইটি*" গড়ে তোলার কাজেও আর্থিক সহযোগ প্রদান করেছেন... যার কাজ হচ্ছে গ্রামের মহিলাদের ঋণ প্রদান করা! এছাড়া ধীরুভাই হজিরায় মহিলাদের জন্য ব্যবসা সম্বন্ধীয় প্রশিক্ষণ পাঠ্যক্রমও চালিয়ে রেখেছেন।

ধীরুভাই নিজে বেশী পড়াশোনা করে উঠতে পারেননি... কিন্তু উনি শিক্ষার ক্ষেত্রে বেশ কিছু বৈপ্লবিক পদক্ষেপ নিয়েছেন। এর কিছু দিন পরেই উনি "*ধীরুভাই অম্বানী তথ্য এবং সঞ্চার সংস্থান*"-য়ের ভিত্তিপ্রস্তর স্থাপন করেন... যেখানে এখন বিশ্ব স্তরীয় ব্যবসায়িক প্রশিক্ষণ প্রদান করা হচ্ছে।

1996 সালে ধীরুভাই মহারাস্ট্র আর গুজরাটে "*ধীরুভাই অম্বানী এস.এস.সি. মেরিট রিওয়ার্ড স্কীম*" এবং "*ধীরুভাই অম্বানী আণ্ডার গ্রাজুয়েট স্কলারশিপ স্কীম*" শুরু করেন আর তারপর 1997 সালে সেই দুটি স্কীমকে গোয়া, দমন-দিউ-দাদরা নগর হাভেলী এবং দেশের অন্যান্য অংশেও চালু করে দেন।

এই স্কীমের অন্তর্গত প্রতিভাবান ছাত্র-ছাত্রীদের 2,000 টাকা নগদ আর এক ব্রাণ্ডেড সাইকেল প্রদান করা হয় আর "*ধীরুভাই অম্বানী আণ্ডার গ্রাজুয়েট স্কলারশিপ স্কীম*"-য়ের অন্তর্গত সেই সব প্রতিভাবান ছাত্র-ছাত্রীদের সহায়তা করা হয়, যারা ব্যবসায়িক ক্ষেত্রে ডিগ্রী বা ডিপ্লোমা প্রাপ্ত করে এবং নিজেদের ইন্সটিটিউটে সবাধিক নম্বর প্রাপ্ত করে।

তাদের মধ্যে তিনজন ছাত্র-ছাত্রীকে বেছে নিয়ে ছাত্রবৃত্তির রূপে 7,000 থেকে 15,000 টাকা নগদ প্রতি বছর দেওয়া হয়ে থাকে... কিন্তু ছাত্র-ছাত্রীদের লাগাতার প্রতি বছর কম পক্ষে 60% নম্বর প্রাপ্ত করতেই হয়... অন্যথা ছাত্রবৃত্তির লিস্ট থেকে তাদের নাম কেটে যায়।

ধীরুভাই কারগিল যুদ্ধে শহীদ হওয়া সৈনিকদের জন্যও "*রিলায়েন্স কারগিল স্কলারশিপ স্কীম*" শুরু করেছিলেন... যার লাভ এখনও পর্যন্ত বেশ কয়েক লক্ষ সৈনিক পরিবার উঠিয়েছেন আর এখনও ওঠাচ্ছেন।

রিলায়েন্স আমেরিকার পেনসিলভেনিয়া ইউনিভার্সিটিতে অবস্থিত হার্টন স্কুলকে "*ধীরুভাই অম্বানী সেন্টার ফর ইনোভেশন এ্যাণ্ড*

*এন্টারপ্রেনারশিপ*'' শুরু করার জন্য 4 মিলিয়ন ডলারের সহায়তা করেছেন... যেটাকে ভারতীয় মুদ্রায় পরিবর্তন করলে সেটা 20 কোটি টাকা হবে। সেই সময় রিলায়েন্স গ্রুপে 85 হাজারেরও বেশী কর্মচারী কাজ করতেন।

1977 সালে পুরো গ্রুপের নেট প্রফিট ছিল 67 কোটি টাকা... যেটা 2000 সালের মার্চ মাস আসতে-আসতে 2,351.64 কোটি টাকায় পৌঁছে গিয়েছিল আর রিলায়েন্স পুরো দেশে 500 ডিস্ট্রিব্যুটর্স... 2,500 ব্যক্তিগত শো-রুম এবং প্রায় 34 হাজার রিটেল আউটলেটের জাল ছড়িয়ে নিয়েছিল।

1995 সালে রিলায়েন্স গ্রুপ ''*ধীরুভাই অম্বানী ফাউণ্ডেশন*''-য়ের স্থাপনা করে দিয়েছিল আর 2001 সালে গুজরাটের গান্ধীনগর শহরে ''*ধীরুভাই অম্বানী তথ্য এবং সঞ্চার সংস্থান*''-য়ের ভিত্তিপ্রস্তর স্থাপনা করেছিল... যেখানে এখন হাইটেক কম্প্যুটার শিক্ষা প্রদান করা হয়ে থাকে।

ধীরুভাই ছিলেন নিজের স্বপ্নগুলোকে বাস্তবে পরিণত করে তোলা ব্যক্তি! কোন শিল্পপতির মধ্যে ওনাকে উপেক্ষা করার সাহস ছিল না! ধীরুভাই ব্যবসা জগতে নিজের এক আলাদা নিয়ম তৈরী করেছিলেন আর সেগুলোকে উনি অসীমিত লক্ষ্যের সাথে পূরণও করতেন।

উনি ভারতের '*বিজনেস গুরু*' হয়ে উঠেছিলেন আর গোটা বিশ্বে শিল্পকে খ্যাতি প্রদান করেছিলেন।

একজন একবার ওনাকে ওনার এই সফলতার রহস্যের ব্যাপারে প্রশ্ন করলে ধীরুভাই বলেছিলেন – ''*প্রতিটি ব্যক্তির কাছে একটা লক্ষ্য অবশ্যই থাকা উচিত আর সেটার ব্যাপারে নিজের মস্তিস্ক দ্বারা ভাবনা-চিন্তা করা উচিত। প্রতিটি কথা মেপে বলা উচিত... জরুরী কাজগুলোকে অত্যন্ত জরুরী হয়ে ওঠার আগেই শেষ করে ফেলা উচিত!*''

''*আর সব থেকে বড় কথা হচ্ছে এটা যে, প্রতিটি ব্যক্তির ভেতরে ক্ষমা করার প্রবৃত্তি থাকা উচিত। তার ভালো বিচারধারাকে গ্রহণ করা উচিত এবং খারাপ বিচারধারাকে ভুলে যাওয়া উচিত।*''

''*আপনারা রামায়ণে এটা নিশ্চয়ই পড়ে থাকবেন যে, ভগবান রাম এত কিছু হওয়া সত্ত্বেও নিজের সৎ মাতা কৈকেয়ীকে ক্ষমা করে দিয়েছিলেন... যখন কি কৈকেয়ী-ই সমস্ত ঝামেলার মূলে ছিলেন আর উনি রামের রাজতিলক করাতেও অস্বীকার করে দিয়েছিলেন!*''

''*এজন্য নিজের শত্রুকে সর্বদা ক্ষমা করুন আর ভুলে যান। কারণ*

সফলতা একটু অন্য ভাবে চিন্তা করলেই পাওয়া যায়। আর তার জন্য নিজের ভেতরে নিষ্ঠার সৃষ্টি করুন... কারণ ব্যক্তি নিজের বুদ্ধিমত্তার বিকাশের ব্যাপারে সঠিক ভাবে সেই সময় জানতে পারেন, যখন তিনি নিজের চিন্তাধারার ওপরে লাগাতার কাজ করে চলেন আর নিজের অভিজ্ঞতা দ্বারা স্থির জলেও তীব্র তরঙ্গের সৃষ্টি করেন! সেই কাজটাই লাভদায়ক প্রমাণিত হয়, যে কাজে কল্পনার অধিকতা থাকে! বিনা কারণে কখনোই বিশ্রাম করবেন না... বিছানায় একমাত্র তখনই যান, যখন আপনার ঘুম আসবে!"

"কিন্তু বেশী ঘুমোবেন না... কারণ কম ঘুমোনোর কারণে এই পৃথিবীতে আজ পর্যন্ত কোন ব্যক্তি মারা যাননি আর ঘুড়ি সর্বদা হাওয়ার বিরুদ্ধেই উঁচুতে উডতে পারে!"

"প্রতিটি তুফানে আপনাকে উঁচুর দিকে ওঠা জারী রাখতে হবে... কারণ এমনটাও হতে পারে যে, তুফান আসার আগে আপনি হয়তো নিজের গন্তব্যের থেকে কেবলমাত্র এক পদক্ষেপের দূরত্বে থাকবেন!"

"এবং ভালো কাজের জন্য বিশেষ পরিস্থিতির প্রতীক্ষা করা উচিত নয় আর সাধারণ পরিস্থিতিকে বিশেষ পরিস্থিতিতে বদলানোর চেষ্টা করা উচিত... কিন্তু দৃষ্টি সর্বদা লক্ষ্যের ওপরে থাকা উচিত। কারণ আপনারা যখন লক্ষ্যের পেছু নেন, তখন আপনাদের ভেতরে কৌতূহল আর শক্তির সৃষ্টি হয়... যেটা আপনাদের সফলতার দিকে এগিয়ে নিয়ে চলে!"

"আমার বন্ধুরা যখন আমাকে এই প্রশ্ন করে যে, আমি কি-কি স্বপ্ন দেখি, তখন আমি তাদের এটা জানাই যে, আমার স্বপ্ন অসংখ্য... যেগুলোর মধ্যে দেশের প্রতিটি গ্রামে পরিস্কার পানীয় জলের ব্যবস্থা করার স্বপ্ন... কৃষি উৎপাদনগুলোয় বিভিন্ন প্রকারের বৃদ্ধির স্বপ্ন... দেশের সকল গ্রামগুলোকে গ্লোবালাইজ করার স্বপ্ন... বিশ্ব স্তরীয় শিক্ষা প্রদান করার স্বপ্ন... লাখো বেকার ব্যক্তিদের উপার্জনের সুযোগ প্রদান করার স্বপ্ন... বিভিন্ন রোগ আর কুপোষণের হাত থেকে দেশের বাচ্চাদের মুক্তি প্রদান করার স্বপ্ন এবং ভারতকে গোটা বিশ্বে খ্যাতি প্রদান করার স্বপ্ন হচ্ছে প্রমুখ!"

"কিন্তু এর সাথে-সাথেই আমি ভারতকে বিশ্বের 1 নম্বর শক্তি হিসেবেও দেখতে চাই!"

একবার এক সাংবাদিক ওনাকে প্রশ্ন করলেন – "আপনি কি সেই সব কিছু প্রাপ্ত করে নিয়েছেন, যেগুলোর স্বপ্ন আপনি দেখেছিলেন?"

তখন ধীরুভাই উত্তর দিয়েছিলেন – "*না! আমি এখনও পর্যন্ত যা কিছু প্রাপ্ত করেছি, সেগুলো সব ইতিহাস! আমাকে এখনও অনেক পথ পাড়ি দিতে হবে... এক লম্বা সফর পার করতে হবে... কারণ আমি এখনও স্বপ্ন দেখি আর আমার সমস্ত স্বপ্ন সাকার হবে – এমনটা আমার দৃঢ় বিশ্বাস!*"

আর এর পরে ধীরুভাই রিলায়েন্স ইণ্ডাস্ট্রিজ লিমিটেড আর রিলায়েন্স পেট্রোলিয়াম লিমিটেডের বিলয় করে দিয়েছিলেন। এবার রিলায়েন্স 35 লক্ষেরও বেশী শেয়ার হোল্ডারদের কোম্পানী হয়ে উঠেছিল... যার মোট টার্নওভার 59,572 কোটি টাকা হয়ে পড়েছিল।

তারপর ধীরুভাই রিলায়েন্সের বার্ষিক সভায় বলেছিলেন – "*নিজেদের উচ্চতম লালসাগুলোর ওপরে আস্হা রাখুন আর সেগুলোর পেছনে ছুটুন... কারণ স্বপ্ন হচ্ছে আমাদের ভবিষ্যতের শক্তি, যেটা আমাদেরকে সামনের দিকে এগিয়ে চলার সাহস প্রদান করে!*"

আর ওনার স্বপ্নগুলোকে সাকার করে তোলার কাজে ভারতের নিবেশকেরা ধীরুভাই-য়ের পাশে এসে দাঁড়িয়েছিলেন... তারপর অত্যন্ত কম সময়ের ভেতরে রিলায়েন্স স্টক এক্সচেঞ্জের ব্যারোমিটার হয়ে উঠেছিল। যিনি-ই ধীরুভাই-য়ের স্বপ্ন ক্রয় করেছিলেন... তিনি লাগাতার মালদার হয়ে উঠেছিলেন।

ধীরুভাই দেশের নিবেশকদের সততার সাথে বেশী ধন উপার্জন করার পথ দেখিয়েছিলেন! এর পরে রিলায়েন্সের 62 কোটি টাকার বিশাল সাম্রাজ্য স্হাপন হয়ে পড়েছিল... যেটা কর্পোরেট জগতে এক নতুন ইতিহাসের সৃষ্টি করেছিল আর এর সাথে-সাথেই রিলায়েন্স '*ফরচুন 500*' সূচীতে শামিল হয়ে পড়েছিল।

ধীরুভাই-য়ের অভিধানে '*অসম্ভব*' নামের কোন শব্দ মজুদ ছিল না... এজন্য উনি নিজের জীবনে প্রতিটি অসম্ভব লক্ষ্যকে সম্ভবে পরিবর্তিত করেছিলেন আর ভারতের অর্থব্যবস্হাকে মজবুত করে তুলেছিলেন।

ধীরুভাই-য়ের শিল্পনীতি আর উপলব্ধি আমাদের কিছু একটা শেখার প্রেরণা জোগায়। এখানে যদি আমি এমনটা বলি যে, ধীরুভাই-য়ের সিদ্ধান্তগুলো আমাকে ব্যবসা করতে শিখিয়েছে, তাহলে সেটা মোটেই অতিশয়োক্তি হবে না!

কারণ আমি যখন 1984 সালে '*রাজস্হান পেট্রো-সিন্থেটিক্স লিমিটেড, দিল্লী*'-তে পারচেজ অফিসারের চাকরী করতাম... সেই সময় আমার মাথায় এটা এসেছিল যে, ধীরুভাই যদি মাত্র 15 হাজার টাকা দিয়ে

নিজের ব্যবসা শুরু করতে পারেন, তাহলে তেমন কিছু আমি কেন করতে পারব না?

আর তারপর 1993 সালে আমি সাহস করে 10 হাজার টাকা দিয়ে এক ছোট্ট অফিসে ইণ্ডাস্ট্রিয়াল ইলেকট্রিকাল এবং ইলেক্ট্রোনিক্সের সরঞ্জামের ট্রেডিং করা শুরু করে দিই... সেই সময় আমার সেই অফিসের আয়তন ছিল 5 ফুট X 13 ফুট!

সেই অফিসে আমি ধীরুভাই-য়ের মত একটা ছোট টেবিল আর তিনটে চেয়ার রেখেছিলাম আর একটা ফোন লাইনও নিয়ে নিয়েছিলাম... যাতে দূর-দূরান্তের শিল্প-প্রতিনিধিদের সাথে সহজে কথা বলা যেতে পারে।

তখন আমার কোন চাপড়াশীও ছিল না... সব কাজ আমি নিজের হাতেই করতাম... ঠিক ধীরুভাই-য়ের মত!

তার সাথে-সাথে আমি চাকরীও চালিয়ে গিয়েছিলাম, যাতে আমাকে আর্থিক সংকটে না পড়তে হয়। কারণ 1985 সালে আমার বিবাহ হয়ে পড়েছিল আর 1986 সালে আমি এক সন্তানের পিতাও হয়ে পড়েছিলাম!

আমি কিন্তু সাহস হারাইনি আর ধীরুভাই-য়ের সিদ্ধান্ত "*বড় ভাবুন... দ্রুত ভাবুন*"-য়ের প্রয়োগ আমি লাগাতার করে গেছি। তারপর 1993 সালে বিদেশী কোম্পানী "*জীন মুলর জি.এম.বি.এইচ., জার্মানী*"-য়ের সাথে আমি ভারতে সেমি-কণ্ডাকটর ফ্যুজ বিক্রী করার চুক্তি করে নিই এবং 1995 সালে আমি পারচেজ ম্যানেজারের চাকরী ছেড়ে দিয়ে পুরোপুরি নিজের ব্যবসায় ঝাঁপিয়ে পড়ি।

এর পরে আমি আর পেছন ফিরে তাকাইনি। এর পরে আমি 2001 সালে আমার দ্বিতীয় কোম্পানী শুরু করি আর আজ সেই কোম্পানী প্রায় 25-টি বিদেশী কোম্পানীর উৎপাদন ভারতের প্রতিষ্ঠিত শিল্পগুলোকে বিক্রী করছে আর আমাদের গ্রাহকদের সূচীতে রিলায়েন্স গ্রুপ, মারুতি উদ্যোগ, বিড়লা গ্রুপ, মোদী গ্রুপ, টাটা গ্রুপ এবং হীরো হোণ্ডা গ্রুপের নামও শামিল হয়ে পড়েছে।

ধীরুভাই হচ্ছেন আমার প্রেরণা আর ওনার সিদ্ধান্ত আমার উন্নতির পথকে প্রশস্ত করে তুলেছে। লেখা আমার পেশা নয়... কেবলমাত্র শখ বলা যেতে পারে। আমার পেশা হচ্ছে আমদানী-রপ্তানীর বিজনেস... কিন্তু আমি ঠিক সেটাই লিখি, যেটা আমার ভালো লাগে!

অমিতাভ বচ্চনকে আমার ভালো লাগে... সেজন্য আমি "*অমিতাভ থেকে অভিষেক পর্যন্ত*", "*বলিউডের শাহনশাহ অমিতাভ বচ্চন*" এবং

"*অমিতাভ বচ্চন – এক সুপার স্টার, এক ব্যক্তিত্ব*" ইত্যাদি পুস্তকের রচনা করেছি... যেগুলোর প্রকাশন 2008 সালে '*ডায়মণ্ড পকেট বুক্স, নূতন দিল্লী*' এবং '*রাজা পকেট বুক্স, দিল্লী*' দ্বারা করা হয়েছে!

কিন্তু ধীরুভাই আমার ব্যবসাতে পথ-প্রদর্শক হয়েছিলেন... সেজন্য আমি এই পুস্তকের রচনা করেছি। কারণ ধীরুভাই-য়ের জন্মও আমারই মত এক মধ্যবিত্ত বনিয়া পরিবারে হয়েছিল আর তারপর উনি "*সহস্রাব্দির মহান বিজনেস শো-ম্যান*"-য়ের উপাধি প্রাপ্ত করেছিলেন!

ধীরুভাই নিজের জীবনে সুদীর্ঘ পথ পাড়ি দিয়েছিলেন। টেক্সটাইল থেকে পেট্রো-কেমিক্যাল্স পর্যন্ত... অয়েল রিফাইনিং থেকে পাওয়ার জেনারেশন পর্যন্ত আর অয়েল ড্রিলিং থেকে ইনফোকম্ পর্যন্ত – উনি না জানি আরও কত কীর্তি স্থাপন করে গেছেন!

ধীরুভাই নিজের জীবনে প্রচুর অর্থ উপার্জন করেছেন আর সেই অর্থ দ্বারা উনি দু হাত খুলে গরীবদের সহায়তা করেছেন এবং বেশ কিছু সংস্থাকে কোটি-কোটি টাকা দানও করেছেন। কিন্তু উনি কোনদিনও সস্তা জনপ্রিয়তার আশা করেননি আর না-ই লোকেদের থেকে প্রশংসার আশা রেখেছেন!

ওনার এই উদারতা দেখে আমাদের দেশের প্রাক্তণ প্রধানমন্ত্রী শ্রী অটল বিহারী বাজপেয়ী বলেছিলেন – "*ধীরুভাই অম্বানী হচ্ছেন ভারতের কর্পোরেট জগতের এক মহান নেতা! উনি নিজের সফলতা আর উপলব্ধি সত্ত্বেও সারাটা জীবন সাধাসিধে ভাবে কাটিয়ে গেছেন!*"

●

---

*"যে ভাবে একটা বড় পাথর স্থির জলে তরঙ্গের সৃষ্টি করে... ঠিক সেই প্রকার এক বড় চিন্তাধারা ব্যক্তিকে সফলতার সিংহাসনে বসিয়ে দেয়!"*

*– ধীরুভাই অম্বানী*

---

# ধীরুভাই-কে অন্তিম প্রণাম

**ধী**রুভাই-য়ের শরীর 1988 সাল থেকেই খারাপ হয়ে পড়তে শুরু করেছিল... সেই সময় ওনার প্রথম বার হার্ট এ্যাটাক হয়েছিল... যার ফলে ওনার শরীরের বাঁ দিকে অংশ আংশিক রূপে পক্ষাঘাতগ্রস্ত হয়ে পড়েছিল। সেটার থেকে সুস্হ হতে ওনার তিন বছর সময় লেগেছিল... তারপর কিছু দিন উনি স্বাস্থ্য লাভ করার উদ্দেশ্যে সুইট্জারল্যাণ্ডেও ছিলেন।

সেই সময় ওনার নিজের পরিবারের সদস্যদের সঙ্গে লাগাতার যোগাযোগ বজায় ছিল আর ব্যবসার ব্যাপারে উনি মাঝে-মাঝে খোঁজ-খবর নিতে থাকতেন এবং কঠিন সমস্যার সমাধান উনি ফোনের মাধ্যমেই জানিয়ে দিতেন।

তারপর 1989 সালে স্বাস্থ্য লাভ করার পরে উনি আবার একবার মুম্বাই ফিরে এসেছিলেন... সেই সময় ধীরুভাই নিজের পত্নী কোকিলাবেন এবং দুই পুত্র মুকেশ আর অনিল আর তাঁদের পত্নীরা – সকলে একই বাড়ীতে থাকতেন।

ধীরুভাই *'আরাম'*-কে *'হারাম'* বলে মনে করতেন। শারীরিক অক্ষমতা আর ক্রমশঃ বেড়ে চলা বয়স সত্ত্বেও উনি নিজের ব্যবসার ওপরে পূর্ণ দৃষ্টি রাখতেন এবং এমনটা বলতেন – *"আমাদের, ভারতীয়দের সমস্যা হচ্ছে এটা যে, আমরা বড় কিছু চিন্তা করার অভ্যাসটাকে হারিয়ে ফেলেছি!"*

নরিম্যান পয়েন্টে মার্চেন্ট টাওয়ারের চতুর্থ তলে ধীরুভাই-য়ের অফিস ছিল... সেখানে বসে উনি রিলায়েন্স গ্রুপের ভবিষ্যৎ নির্দ্ধারিত করতেন আর গুরুত্বপূর্ণ যোজনাগুলোর ওপরেও নির্ণয় গ্রহণ করতেন।

কিন্তু কোম্পানীর ম্যানেজমেন্ট উনি মুকেশ আর অনিলের ওপরে

ছেড়ে দিয়েছিলেন, যাতে ওনার ওপরে বেশী কাজের চাপ না পড়ে। ধীরুভাই রাতের ভোজন পুরো পরিবারের লোকেদের সঙ্গে এক সাথে করতেন। সেই সময় ওনার 17 তলবিশিষ্ট বাড়ী ছিল... যেখানে উনি নিজের পুরো পরিবারের সাথে থাকতেন।

2002 সালের মার্চ মাসে ওনার হঠাৎ আবার একবার হার্ট এ্যাটাক হয়ে পড়ে... কিন্তু ঈশ্বরের আশীর্বাদে ওনার প্রাণ রক্ষা পায় এবং এর পরে ওনাকে আমেরিকার ক্লেভেল্যাণ্ড হস্‌পিট্যালে এঞ্জিয়োপ্লাষ্টি সাজারী করাতে হয়।

24-শে জুলাই, 2002 ধীরুভাই সকাল থেকেই বড় ভালো মুডে ছিলেন আর উনি নিজের পত্নীর সাথে ড্রইং রুমে বসে কথা বলছিলেন।

হঠাৎই 7:30-টার সময় ওনার শ্বাসকষ্ট শুরু হয়... সেই সময় ওনার দুই পুত্র মুকেশ আর অনিল অফিসে ছিলেন।

তাড়াহুড়ো করে ওনার পত্নী নিজেদের পারিবারিক চিকিৎসককে ডেকে পাঠান... কিন্তু চেক্‌-আপে সব কিছুই স্বাভাবিক আসে। কিন্তু তার এক ঘন্টা পরেই আবার একবার ধীরুভাই-য়ের শ্বাসকষ্ট শুরু হয় আর এবার আগের বারের থেকে কষ্ট বেশী হতে থাকে। তখন ওনাকে দক্ষিণ মুম্বাই-য়ের ব্রীচ ক্যাণ্ডী হস্‌পিট্যালে নিয়ে যাওয়া হয়।

সেখানে পৌঁছনোমাত্রই ধীরুভাই অর্দ্ধচেতনার অবস্থায় এসে পড়েন আর উনি বড়ই অসহজ অনুভব করতে থাকেন। কারণ বাড়ী থেকে হাসপাতালে আসার সময় মাঝপথেই ওনার দু-দুবার জবরদস্ত হার্ট এ্যাটাক হয়ে পড়েছিল।

ডাক্তাররা ওনাকে তৎক্ষনাত আই.সি.ইউ.-তে পাঠিয়ে দেন... তারপর বিশ্বের গন্যমান্য ডাক্তারদের সঙ্গে পরামর্শ করা হয় আর তারপর ধীরুভাই-য়ের চিকিৎসা শুরু করা হয়।

চিকিৎসায় এটা জানতে পারা যায় যে, ধীরুভাই-য়ের মস্তিস্কে রক্তের ক্লট জমে গেছে... যার কারণে জবরদস্ত ব্রেন এ্যাটাকের সাথে-সাথে হার্ট এ্যাটাকও হয়ে পড়েছে। পরে ওনাকে শক্‌ ট্রীটমেন্ট দেওয়া হয় আর ওনার কার্ডিয়াক ম্যাসাজও করানো হয়... তারপর ওনাকে লাইফ সাপোর্ট সিস্টেমে রাখা হয়।

ততক্ষনে ওনার পরিবারের সদস্যরা এক-এক করে সেখানে এসে উপস্থিত হয়ে পড়েছিলেন। মুকেশ আর অনিলের সাথে ওনাদের কিছু পারিবারিক মিত্ররাও ছিলেন... যাঁরা সকলেই ধীরুভাই-য়ের পাশে দাঁড়িয়েছিলেন।

হাসপাতালের বাইরে রিলায়েন্সের কর্মচারী... শেয়ার হোল্ডার... ধীরুভাই-য়ের ব্যবসায়িক সহযোগী... আর ওনার প্রশংসকেরা – সকলে ধীরুভাই-য়ের দ্রুত আরোগ্য কামনা করছিলেন। নেতা আর অভিনেতাদের ভীড় জমা হতে শুরু করে দিয়েছিল। সাংবাদিকরাও ততক্ষনে সেখানে পৌঁছে গিয়েছিলেন। কিছু লোক এমনও ছিলেন... যাঁরা ধীরুভাই-কে নিজেদের ভগবান হিসেবে মানতেন। কিন্তু তাঁদের মধ্যে খুব কম লোকই ধীরুভাই-য়ের সঙ্গে মিলিত হতে পেরেছিলেন আর কিছু লোক বাইরে দাঁড়িয়ে রেডিয়োতে ধীরুভাই-য়ের স্বাস্থ্য সংক্রান্ত খবর শুনছিলেন।

পুরো দিন ধীরুভাই-য়ের স্বাস্থ্যকে কেন্দ্র করে অনিশ্চয়তা বজায় রইল আর পরের দিনও অবস্থা একই রকম রইল। ধীরুভাই 3 দিন জীবন আর মৃত্যুর মাঝে ঝুলে রইলেন। বিশ্ব স্তরীয় ডাক্তারদের এক টীম ওনার স্বাস্থ্যের ওপরে নজর রাখছিলেন... কিন্তু 26-শে জুলাই সন্ধ্যায় ধীরুভাই-য়ের শারীরিক অবস্থা আরও খারাপ হয়ে পড়ল। সেই সময় ওনার হার্ট কাজ করা একেবারে বন্ধ করে দিয়েছিল আর রাত প্রায় 11:50-টায় উনি শেষ নিঃশ্বাস ত্যাগ করলেন।

এর পরে ওনার পুরো পরিবার শোকে ডুবে গেল। ওনার পত্নী কোকিলাবেন হাউ-হাউ করে কাঁদতে লাগলেন... মুকেশ আর অনিলের চোখেও জল এসে গেল। ধীরুভাই-য়ের মৃত্যু এক উজ্জ্বল যুগের সমাপন ছিল।

ধীরুভাই-য়ের মৃত্যু ভারতবাসীদের কাছে চমকে ওঠার মত খবর ছিল! এই ফাঁকে ওনার পার্থিব শরীরকে কোলাবায় অবস্থিত ওনার বাসস্থান *'সী উইণ্ড'*-তে নিয়ে যাওয়া হল।

●

---

*"আমি গীতা শুধু পড়িনি... বরং গীতাকে আমি নিজের জীবনে গ্রহণও করেছি... কারণ গোটা বিশ্বে এর থেকে ভালো আর কোন গ্রন্থ নেই, যেটা আমাদেরকে ভালো ভাবে কাজ করার জন্য প্রেরণা দিতে পারে!"*

*– ধীরুভাই অম্বানী*

---

# ধীরুভাই-য়ের উদ্দেশ্যে সশ্রদ্ধ শ্রদ্ধাঞ্জলি

**ধী**রুভাই অম্বানীর বাসস্থান "সী উইণ্ড"-তে সবার আগে আসা লোকেদের মধ্যে টাটা গ্রুপের চেয়ারম্যান শ্রী রতন টাটা... আদিত্য বিড়লা গ্রুপের চেয়ারম্যান শ্রী আদিত্য বিড়লা এবং গোদরেজ গ্রুপের শ্রী আদি গোদরেজ প্রমুখ ছিলেন। এছাড়াও দেশের প্রতিষ্ঠিত ব্যক্তিত্ব, শিল্পপতি, রাজনৈতিক নেতা, ফিল্মী তারকা, আত্মীয় এবং ওনার মিত্রগণ ওনার উদ্দেশ্যে শ্রদ্ধাঞ্জলি অর্পণ করতে ওনার বাসস্থানে পৌঁছেছিলেন।

ভারতের তৎকালীন প্রধানমন্ত্রী শ্রী অটল বিহারী বাজপেয়ী কোন কারণবশতঃ সেখানে পৌঁছতে পারেননি... কিন্তু উনি ধীরুভাই-য়ের উদ্দেশ্যে শ্রদ্ধাঞ্জলি জ্ঞাপন করার জন্য নিজের বিশেষ দূতকে পাঠিয়েছিলেন।

কংগ্রেস অধ্যক্ষ শ্রীমতি সোনিয়া গান্ধী-ও সেখানে পৌঁছতে পারেননি... ওনার তরফ থেকে শ্রী আর. কে. ধাওয়ান ধীরুভাই-য়ের পার্থিব শরীরে মালা পরিয়ে ওনার প্রতি শ্রদ্ধাঞ্জলি অর্পণ করেছিলেন।

এর পরে আসেন গুজরাটের মুখ্যমন্ত্রী শ্রী নরেন্দ্র মোদী, তৎকালীন তৎকালীন কেন্দ্রীয় মন্ত্রী শ্রী বিনোদ খান্না, মহারাষ্ট্রের তৎকালীন উপ-মুখ্যমন্ত্রী শ্রী ছগন ভুজবল, ভারতের প্রাক্তণ প্রধানমন্ত্রী শ্রী এইচ. ডি. দেবগৌড়া, মধ্য প্রদেশের তৎকালীন মুখ্যমন্ত্রী শ্রী দিগ্বিজয় সিং, এন. সি. পি. নেতা শ্রী শরদ পাওয়ার এবং শ্রী প্রফুল্ল প্যাটেল, কংগ্রেসের নেতা শ্রী আর. কে. ধাওয়ান এবং শ্রী সুশীল কুমার শিন্দে ইত্যাদি ব্যক্তিত্বরা!

এর পরে বি.জে.পি. নেতা এবং ভারতের তৎকালীন উপ-প্রধানমন্ত্রী

শ্রী লালকৃষ্ণ আদবানী মুম্বাই আসেন এবং ধীরুভাই-য়ের প্রতি শ্রদ্ধাঞ্জলি জানিয়ে আবার একবার দিল্লী ফিরে যান। যখন ধীরুভাই-য়ের অন্তিম যাত্রা শুরু হয়, সেই সময় অমিতাভ বচ্চনও সেই যাত্রায় শামিল হয়েছিলেন। অন্তিম যাত্রায় ভারতের শিল্প জগতের বিশিস্ট ব্যক্তিত্ব পরমেশ্বর গোদরেজ, ভেনুগোপাল, আনন্দ মাহিন্দ্রা, যশ আর অবন্তী বিড়লা, হর্ষ গোয়েঙ্কা এবং রাহুল বাজাজও শামিল হয়েছিলেন।

ধীরুভাই ছিলেন আধুনিক ভারতের পুঁজি বাজারের রচনাকার! উনি নিজের সময়ের থেকে অনেক আগে চলতেন। ওনার নেতৃত্বে রিলায়েন্স তীব্র বিকাশ করে নিজেকে সফলতার শীর্ষে স্থাপিত করে নিয়েছিল।

ধীরুভাই-য়ের প্রতি শ্রদ্ধাঞ্জলি অর্পিত করে সি. আই. আই.-য়ের অধ্যক্ষ শ্রী অশোক সোটা বলেছিলেন – *"ভারতে আজ পর্যন্ত বেশ কিছু দূরদর্শী এবং সফল ব্যক্তি জন্মগ্রহণ করেছেন... যাঁদের পারিবারিক পৃষ্ঠভূমি অত্যন্ত সাধারণ ছিল। কিন্তু ধীরুভাই অসাধারণ উপলব্ধি হাসিল করেছিলেন। উনি ছিলেন ভারতবর্ষে আমেরিকার মত সফল আর মহান শিল্পপতি... যিনি নিজের জোরে এগিয়ে চলেছিলেন!"*

এরপর ফিক্কী-র তৎকালীন অধ্যক্ষ শ্রী রাজেন্দ্র এস. লোধা বলেন – *"শ্রী অম্বানী-কে স্বয়ংনির্মিত সফলতার ভাবনার জন্য সর্বদা স্মরণ করা হবে। উনি ভারতীয় শিল্পপতিদের বিশ্ব স্তরে প্রতিষ্ঠা প্রদান করেছেন!"*

পি. এইচ. ডি. সি. সি. আই.-য়ের অধ্যক্ষ শ্রী অরুণ কাপুরের বক্তব্য ছিল – *"শ্রী অম্বানী আমাদের সময়ের আদর্শ পুরুষ ছিলেন। ওনার মৃত্যুতে দেশের বিরাট বড় ক্ষতি হল। উনি সর্বদাই সাহস, ধৈর্য্য, দূরদর্শিতা আর ভালো কিছু করার জন্য আমাদের হৃদয়ের মণিকোঠায় জীবন্ত হয়ে থাকবেন!"*

এসোচেম-য়ের তৎকালীন অধ্যক্ষ শ্রী কে. কে. নোরিয়া বলেন – *"শ্রী অম্বানী ভারতীয় শিল্প জগতের এক উজ্জ্বক নক্ষত্র ছিলেন। ওনার মৃত্যুতে দেশের বিরাট বড় ক্ষতি হল। উনি ভারতের শিল্পপতিদের এক নতুন যুগের পথ প্রদর্শন করেছিলেন!"*

এল্মবিক লিমিটেডের চেয়ারম্যান আর ডায়রেক্টর এবং ফিক্কী-র প্রাক্তণ অধ্যক্ষের বক্তব্য ছিল – *"শ্রী অম্বানী নিজের সময়ের থেকে অনেক আগে চলা ব্যক্তি ছিলেন। উনি ভারতীয় শিল্প জগতের এক যোদ্ধা ছিলেন। উনি ভারতীয় পুঁজি বাজারকে এক নতুন পথ*

*দেখিয়েছিলেন!"*

র‍্যানব্যাক্সী ল্যাবোরেটোরিজের সি.ই.ও. আর ম্যানেজিং ডায়রেক্টর শ্রী ডি. এস. বরার বরেছিলেন – *"শ্রী অম্বানী-র মৃত্যুর মধ্য দিয়ে এক মহাপুরুষের অন্ত হয়ে পড়ল। শ্রী অম্বানী এমন এক ব্যক্তি ছিলেন... যিনি ভারতীয় শিল্প জগতকে এক মজবুত ভিত্তি প্রদান করেছিলেন। ওনার মৃত্যুতে ভারতীয় শিল্প জগতের প্রচণ্ড বড ক্ষতি হল!"*

সত্যম কম্প্যুটারের চেয়ারম্যান শ্রী বি. রামলিঙ্গা রাজু ভাবুক হয়ে বলেছিলেন – *"শ্রী ধীরুভাই অম্বানী ভারতের নতুন শিল্পপতিদের ভাবনার প্রতিনিধিত্ব করতেন। উনি ভারতীয় শিল্পপতিদের বিশ্ব স্তরের শিল্পপতি বানিয়ে তুলেছিলেন। ওনার দূরদৃষ্টি আর নেতৃত্ব ভারতীয় সমাজকে প্রচুর পুঁজির ব্যবস্হা করে দিয়েছিল। উনি কেবলমাত্র ধন দ্বারাই নয়... বরং বিচারধারা, ব্যবহার আর ক্রিয়া দ্বারাও ভারতীয় সমাজকে সমৃদ্ধ করে তুলেছিলেন!"*

ভারতের প্রাক্তণ রাষ্ট্রপতি শ্রী কে. আর. নারায়ণন বলেছিলেন – *"শ্রী অম্বানী-র বিশ্বে প্রমুখ স্হান প্রাপ্ত করা ওনার উদ্যমশীলতার ভাবনার উদাহরণ পেশ করে। উনি দেশের আর্থিক বিকাশে এক অত্যন্ত গুরুত্বপূর্ণ ভূমিকা পালন করেছেন!"*

ভারতের তৎকালীন প্রধানমন্ত্রী শ্রী অটল বিহারী বাজপেয়ী ধীরুভাই অম্বানীর মৃত্যুতে গভীর শোক প্রকাশ করে বলেছিলেন – *"এক অত্যন্ত সাধারণ পরিবারে জন্মগ্রহণ করে এই স্তর পর্যন্ত পৌঁছনোর কাজে ওনার দৃঢ় বিশ্বাস আর উদ্যমশীলতা ওনার জীবনে এক অত্যন্ত গুরুত্বপর্ণ ভূমিকা পালন করেছে!"*

ভারতের তৎকালীন উপ-প্রধানমন্ত্রী শ্রী লালকৃষ্ণ আদবানীর বক্তব্য ছিল – *"শ্রী অম্বানী বিচার আর নিষ্ঠার প্রতিমূর্তি ছিলেন আর উনি সর্বদা অন্যদের কাছে প্রেরণার উৎস হয়ে থাকবেন!"*

কংগ্রেস অধ্যক্ষ শ্রীমতি সোনিয়া গান্ধী ধীরুভাই-য়ের নিধনে নিজের শোক এই ভাবে ব্যক্ত করেছিলেন – *"আজ রিলায়েন্স ভারতীয় শিল্প জগতের কাছে এক উদাহরণ হয়ে উঠেছে আর শ্রী অম্বানী কর্পোরেট উপলব্ধির জন্য আদর্শ হয়ে থাকবেন!"*

শ্রী যশবন্ত সিন্‌হা-র বক্তব্য ছিল – *"শ্রী অম্বানী-র নিধনে ভারতীয় শিল্প জগত এক গতিশীল শিল্পপতিকে হারাল! উনি আধুনিক ভারতীয় শিল্প জগতের কাছে পিতামহ ভীষ্মের সমান ছিলেন!"*

আর শ্রী বিলাসরাও দেশমুখের বক্তব্য ছিল – *"উনি নিজের প্রচেষ্টা আর তীব্র মস্তিষ্কের সহায়তায় ভারতীয় শিল্প জগতকে বিশ্বের মানচিত্রে স্থান করে দিয়েছিলেন !"*

শ্রী এন. চন্দ্রবাবু নায়ডু-র বক্তব্য ছিল – *"দেশ এক অত্যন্ত মহান এবং উদ্যমশীল শিল্পপতিকে হারিয়েছে... যিনি আর কোনদিনও ফিরে আসবেন না !"*

শ্রী ছগন ভুজবলের বক্তব্য ছিল – *"আজ আমরা এক মহান দূরদর্শী ব্যবসায়ীকে হারালাম! এটা ভারতের অত্যন্ত ক্ষতির বিষয়। ধীরুভাই নতুন কোম্পানীগুলোর পক্ষে পথ প্রদর্শকের কাজ করতেন। উনি শূণ্য থেকে শুরু করে নিজের এক বিশাল সাম্রাজ্য স্থাপন করে নিয়েছিলেন !"*

শ্রী এম. ভেঙ্কাইয়া নায়ডু ধীরুভাই-য়ের নিধনে বলেছিলেন – *"শ্রী অম্বানী নিজের যে ব্যবসায়িক সাম্রজ্য স্থাপিত করেছিলেন... সেটা ভারতের অর্থ ব্যবস্থাকে এগিয়ে চলার কাজে অত্যন্ত গুরুত্বপূর্ণ প্রমাণিত হয়েছে ! উনি ভারতীয় শিল্পপতিদের এক নতুন উচ্চতায় প্রতিস্থাপিত করেছিলেন !"*

বি. জে. পি. নেতা শ্রী বিজয় গোয়েলের বক্তব্য ছিল – *"শ্রী অম্বানী-র জীবন এমন এক সফল ব্যক্তির কাহিনী... যিনি সফলতার শীর্ষে পৌঁছনোর পরেও নিজের অতীতকে কখনো ভোলেননি !"*

প্রাক্তণ রাজ্যপাল শ্রী পি. সি. আলেকজাণ্ডার বলেন – *"শ্রী অম্বানী এমন এক নক্ষত্র ছিলেন... যিনি ভারতীয় শিল্প জগতে তিন দশক পর্যন্ত প্রচণ্ড চমকের সৃষ্টি করেছিলেন এবং লাগাতার বিকাশ করে চলে শেষে উনি ধ্রুবতারার মতই শীর্ষে পৌঁছে গিয়েছিলেন !"*

ধীরুভাই-য়ের মৃত্যুতে সুপার স্টার শ্রী অমিতাভ বচ্চন অত্যন্ত শোক বিহ্বল হয়ে উঠেছিলেন এবং উনি ভেজা চোখে ধীরুভাই-য়ের প্রতি শ্রদ্ধাঞ্জলি অর্পিত করে বলেছিলেন – *"আমি শ্রী ধীরুভাই অম্বানী-র সাথে প্রথম বার সেই সময় মিলিত হয়েছিলাম, যখন আমি সংকটের মধ্যে ছিলাম। তারপর আমি ওনার সঙ্গে বেশ কিছু সামাজিক বৈঠকে মিলিত হই। কিন্তু আমি ওনার সঙ্গে তখনই দেখা করতাম, যখন আমি কোন সমস্যায় পড়তাম !"*

শ্রী আর. এস. জোধা বলেছিলেন – *"শ্রী অম্বানী ভারতীয় পুঁজি বাজারের প্রমুখ নির্মাতা ছিলেন !"*

শ্রী আর. পি. গোয়েঙ্কা বলেন – "শ্রী অম্বানী-র নিধনে ভারতীয় শিল্প জগত অনাথ হয়ে পড়ল!"

শ্রী রাহুল বাজাজের বক্তব্য ছিল – "শ্রী অম্বানী-র দৃঢ়তা লাইসেন্স রাজ আর পারমিট রাজের কঠোরতাকে নিজের পথের বাধা হয়ে উঠতে দেননি!"

শ্রী কুমার মঙ্গলম বলেন – "শ্রী ধীরুভাই অম্বানী যে সাম্রাজ্য স্থাপিত করেছিলেন, সেটা হিমালয় পর্বতের মত মজবুত! উনি সর্বদাই এক প্রতীকের রূপে আমাদের মনের মণিকোঠায় অম্লান হয়ে থাকবেন!"

শ্রী আদি গোদরেজ বলেন – "আমরা ব্যাসায় জগতের এক মহান দ্রষ্টাকে আজ হারালাম। আমার দৃঢ় বিশ্বাস যে, ওনার দুই সুযোগ্য পুত্রের নেতৃত্বে দেশ লাগাতার বিকাশের পথে অগ্রসর হতে থাকবে!"

শ্রী জামশেদ গোদরেজ বলেন – "খুব কম লোকই সারা জীবনে এতটা উপলব্ধি প্রাপ্ত করতে পারেন... যতটা শ্রী ধীরুভাই অম্বানী অত্যন্ত কম সময়ে প্রাপ্ত করে নিয়েছিলেন। তার সাথে-সাথে উনি-ভারতীয় শিল্প জগতকে জনপ্রিয়ও করে তুলেছিলেন!"

শ্রী কেতন পারেখের বক্তব্য ছিল – "আজ আমরা এমন এক মহান ব্যক্তিত্বকে হারালাম... যিনি ভারতীয় শেয়ার বাজারকে জনপ্রিয় করে তুলেছিলেন!"

শ্রী বল্লভ ভন্সালী ধীরুভাই-য়ের প্রতি শ্রদ্ধাঞ্জলি অর্পণ করে বলেছিলেন – "ধীরুভাই যে ব্যবসায়িক সাম্রাজ্য স্থাপিত করেছিলেন, সেটার জন্য প্রত্যেক ভারতীয় নিজেদের গর্বিত অনুভব করতে পারেন!"

শ্রী ইউ. আর. ভট্ট বলেন – "উনি ভবিষ্যতের জন্য যোজনা তৈরী করেছিলেন। ওনার দুই সুযোগ্য পুত্র – মুকেশ আর অনিল দুজনে মিলে চিন্তা করলে বড় পরিযোজনাও লাগু হতে পারে!"

টাইমস্ গ্রুপের শ্রীমতি ইন্দু জৈন বলেন – "আমি ধীরুভাই-কে এক আদর্শ পিতা আর কুশল ব্যবসায়ীর রূপে শ্রদ্ধাঞ্জলি অর্পিত করতে চাই। ওনার কুশল নেতৃত্বেই রিলায়েন্স আজ এতটা সমৃদ্ধ আর সফল হয়ে উঠেছে। আমি ওনার পত্নী কোকিলাবেন আর ওনার দুই পুত্র মুকেশ আর অনিল অম্বানী-র থেকে এমনটা আশা করি যে, ওনারাও নিজেদের পিতার মতই কাজ করে চলবেন এবং এক উদাহরণ পেশ করবেন!"

শিল্পপতি শ্রী নন্দন এস. নীলীখানীর বক্তব্য ছিল – "শূণ্য থেকে শুরু করে শ্রী অম্বানী রিলায়েন্সকে এক বিশাল শিল্পের রূপে স্থাপিত

*করেছেন। উনি ভারতীয় পুঁজি বাজারে এক বিপ্লব নিয়ে এসেছিলেন!"*

প্রখ্যান ব্যক্তিত্ব শ্রী এম. বি. সুভই বলেন – *"ধীরুভাই কখনো এমনটা বলেননি যে, আমরা এই কাজটা করতে পারব না। যুবাদের এর থেকে শিক্ষা গ্রহণ করা উচিত!"*

শ্রী তরুণ দাস বলেন – *"এক সাধারণ পরিবারে জন্মগ্রহণ করা ধীরুভাই নিজের জীবনে অসাধারণ উপলব্ধি হাসিল করেছিলেন। উনি সাধারণ লোকেদের চিন্তাধারাকেই পাল্টে দিয়েছিলেন। উনি দেশের সাধারণ লোকেদের পুঁজি বাজারে নিবেশ করার জন্য উৎসাহিত করে তুলেছিলেন!"*

শ্রী অনিল রেড্ডীর বক্তব্য ছিল – *"উনি এটা প্রমাণ করে দিয়েছিলেন যে, ব্যক্তির সফলতার কোন সীমা থাকে না! আমি আশা করি যে, ধীরুভাই-য়ের মৃত্যুর পরে এই দেশে অসংখ্য ধীরুভাই-য়ের জন্ম হবে!"*

শ্রী হেমেন্দ্র কোঠারীর বক্তব্য ছিল – *"ধীরুভাই এক স্বনির্মিত ব্যক্তি ছিলেন! উনি যা কিছু করে গেছেন, সেগুলো অতুলনীয়!"*

ধীরুভাই-য়ের মিত্র শ্রী সুভাষ চন্দ্রা বলেন – *"আজ আমি আমার এক অগ্রজ বন্ধুকে হারালাম... যাঁর থেকে আমি অনেক কিছু শেখার সুযোগ প্রাপ্ত হত!"*

সব শেষে শ্রী সঞ্জীব গোয়েঙ্কা বলেন – *"উনি এক অসাধারণ ব্যক্তিত্ব ছিলেন। উনি দেশের যুবা শিল্পপতিদের কাছে আদর্শ ছিলেন! উনি ভারতীয়দের চিন্তাধারায় এক আমূল পরিবর্তন নিয়ে এসেছিলেন। তাঁদের মধ্যে বড় চিন্তাধারার সৃষ্টি করে তাঁদেরকে বিশ্বের মানচিত্রে স্থান করে দিয়েছিলেন!"*

ধীরুভাই অম্বানীকে বাদ দিয়ে রিলায়েন্সের কল্পনা করাটাই অত্যন্ত কঠিন ব্যাপার! আজ ওনার দুই সুযোগ্য পুত্র – মুকেশ আর অনিল অম্বানী রিলায়েন্স গ্রুপকে উন্নতির পথে এগিয়ে নিয়ে চলেছেন... যেটা হচ্ছে ওনাদের পিতারই শিক্ষার প্রভাব!

•

---

*"আমাদের স্বপ্ন বড় হওয়া উচিত... আমাদের প্রচেস্টা বড় হওয়া উচিত... একমাত্র তাহলেই আমরা ভারতকে বিশ্বের নং 1 দেশ বানাতে পারব!"*

*– ধীরুভাই অম্বানী*

---

# মুকেশ অম্বানী দুনিয়ার 1 নম্বর ধনী ব্যক্তি হলেন

**30**-শে অক্টোবর, 2007 সংবাদপত্রে এই খবর ছাপা হয়েছিল যে, মুকেশ অম্বানী দুনিয়ার সব থেকে ধনী ব্যক্তি হয়ে পড়েছেন। যখনকি ওনার অফিস থেকে এই খবরের খণ্ডন করা হয়েছিল আর বলা হয়েছিল যে, মুকেশ অম্বানী এখনও পর্যন্ত দুনিয়ার সব থেকে ধনী ব্যক্তি হয়ে উঠতে পারেননি... হয়তো ওনার সম্পত্তির মূল্যাংকন করার কাজে কিছু ভুল হয়েছে।

কিন্তু যদি কোন ভারতীয় দুনিয়ার সব থেকে ধনী ব্যক্তি ঘোষিত হন... তাহলে সেই খবরে প্রতিটি ভারতীয়ই আনন্দিত হয়ে উঠবেন!

মুকেশ অম্বানী আজ ভারতের প্রমুখ তেলশোধক কোম্পানী রিলায়েন্স ইণ্ডাস্ট্রিজ, বড়-বড় স্টোরের সিরিজ এবং বিশেষ আর্থিক ক্ষেত্রের মালিক!

আমেরিকার সোফ্‌টওয়্যারের প্রখ্যাত ব্যক্তিত্ব বিল গেটস্... মেক্সিকোর ব্যবসায়ী কার্লোস স্লিম, নিবেশ গুরু বারেন বুফেট এবং ভারতীয় মূলের ব্রিটিশ শিল্পপতি লক্ষ্মী মিত্তলকে আজ মুকেশ অম্বানী পেছনে ফেলে দিয়েছেন!

2007 সালের আগস্ট মাসে প্রকাশিত মিলিয়নার্সদের সূচী অনুসারে মুকেশ অম্বানী দুনিয়ার ধনী ব্যক্তিদের সূচীতে 14-তম স্হানে ছিলেন এবং 2006 সালে ফোর্ব্স পত্রিকা দ্বারা প্রকাশিত পরের তিন মাসের সূচীতে উনি প্রথম স্হানে পৌঁছে গিয়েছিলেন!

যখন কি এই উপলব্ধি নতুন কোন শিল্প লাগানো বা নতুন পুরুষার্থের জন্য নয়... বরং লাগাতার বেড়ে চলা শেয়ার বাজারের কারণে প্রাপ্ত হয়েছিল। 2006 সালের সেপ্টেম্বর মাসে সেনসেক্স কেবলমাত্র 12,000

টাকা ছিল আর 2007 সালের সেপ্টেম্বর মাস আসতে-আসতে সেটা 16,000 টাকা আর 30-শে অক্টোবর সেটা 20,000 টাকা পার করে গিয়েছিল।

অর্থাৎ মুকেশ অম্বানী নিজের বিভিন্ন কোম্পানীর শেয়ারের ক্রমশঃ বেড়ে চলা মূল্যের ভিত্তিতে এক বছরের মধ্যে বিশ্বের 56-তম ধনী ব্যক্তির স্হান থেকে ওপরে উঠে সব থেকে ধনী ব্যক্তি হয়ে উঠেছিলেন! যখন কি ভারতীয় শেয়ার বাজারে বিদেশী সংস্হাগত নিবেশকদের আধিপত্য ছিল আর দেশে শেয়ারের মূল্যের ভিত্তিতে 22 শতাংশ ভাগ এই সব বিদেশী নিবেশকদের হাতে পৌঁছে গিয়েছিল।

এই প্রবৃত্তি লাগাতার বেড়েই চলেছিল আর এটাও সত্য যে, সাধারণ জনতার কাছে ভারতীয় শেয়ার বাজারের মোট মূল্যের মাত্র 10 শতাংশ ভাগই থেকে গিয়েছিল। তবুও ক্রমহ্রাসমান শেয়ার মূল্য আর ক্রমবর্দ্ধমান বিদেশী নিবেশের কারণে শেয়ার বাজার লাগাতার ওপরের দিকে উঠে চলেছিল!

এই ক্রমে মুকেশ অম্বানী আর অনিল অম্বানী অত্যন্ত দ্রুত গতিতে ধনী হয়ে উঠছিলেন।

গোটা দুনিয়ার ধনী ব্যক্তিদের সূচীতে যদি ভারতীয় আর ভারতীয় মূলের ব্যক্তিদের কথা বলা হয়... তাহলে নিঃসন্দেহে সেই সব ব্যক্তিদের দূরদর্শিতা আর কড়া মেহনত ওনাদের কল্পনাগুলোকে সাকার করে তোলার কাজে অতুলনীয় ভূমিকা পালন করেছে!

মুকেশ অম্বানীর রিলায়েন্স রিফাইনারী হোক্ বা অনিল অম্বানীর টেলিকম্ কোম্পানী অথবা নারায়ণমূর্তি দ্বারা স্হাপিত ইন্‌ফোসিস সোফ্‌টওয়্যার বা অজীম প্রেম জী দ্বারা স্হাপিত উইপ্রো কোম্পানী – সকল ভারতীয় প্রতিভা ভারতকে বিশ্বের মানচিত্রে স্হাপিত করেছে! আজ ভারত দুনিয়ার মধ্যে সব থেকে দ্রুত বেড়ে চলা দেশগুলোর মধ্যে চীনের পেছনে দ্বিতীয় স্হানে রয়েছে।

দুনিয়ার অর্থশাস্ত্রীরা বলছেন যে, 2050 সাল আসতে-আসতে ভারতের রাষ্ট্রীয় আয় আমেরিকার রাষ্ট্রীয় আয়কে পেছনে ফেলে দেবে!

দেশের সংসাধনগুলোর ওপরে যে ব্যক্তির সব থেকে বেশী কব্জা থাকে... তিনিই ধনী হয়ে ওঠেন। এজন্যই মুকেশ অম্বানী আর অনিল অম্বানী, অজীম প্রেম জী, রতন টাটা-র মত বড়-বড় শিল্পপতিদের আরও বেশী ধনী হয়ে ওঠাটা অত্যন্ত স্বাভাবিক ব্যাপার!

কিন্তু এর পেছনে কিছু সত্যতাও রয়েছে... যেগুলো মোটেই উপেক্ষা

করা চলে না। কর্পোরেট কৃষি আর অনুবন্ধীয় কৃষি... কোম্পানীগুলোর উৎপাদিত দামী বীজ দ্বারা কৃষকদের শোষণ করা হচ্ছে। এর ফলে শহরী এলাকাগুলোয় লোকেরা ধনী হয়ে উঠছে আর 65 শতাংশ উপার্জন প্রদানকারী কৃষির রাষ্ট্রীয় আয়ে অংশীদারী মাত্র 19 শতাংশ হয়ে পড়েছে।

স্বাস্থ্য... শিক্ষা... বিদ্যুত আর জলের ক্রমবর্দ্ধমান মূল্য সাধারণ লোকেদের আরও বেশী গরীব করে তুলছে।

সম্প্রতি প্রকাশিত অসংগঠিত ক্ষেত্রগুলোর ওপরে করা সর্বেক্ষণ অনুসারে আজও ভারতে 77 শতাংশ জনসংখ্যাকে দৈনিক মাত্র 20 টাকায় দিন চালাতে হচ্ছে!

অসমানতার এক মাপদণ্ড হচ্ছে গিনী ইণ্ডেক্স... যেটা গত 11 বছরে গ্রামীণ এলাকাগুলোয় 28.6 শতাংশ থেকে বেড়ে 30.5 শতাংশ এবং শহরী এলাকাগুলোয় 34.4 শতাংশ থেকে বেড়ে 37.6 শতাংশ হয়ে পড়েছে।

প্রথমে গিনী ইণ্ডেক্স কিছুটা কমে আসছিল আর রাষ্ট্রীয় আয় বাড়ছিল। তখন উপার্জনের সুযোগ বাড়ছিল না... কিন্তু এখন উপার্জনের সুযোগ অত্যন্ত দ্রুত হারে বেড়ে চলেছে।

যার ফলে আগত দিনগুলোয় অসংখ্য অম্বানী... প্রেম জী... নারায়ণমূর্তি... বাজাজ আর টাটা তৈরী হবেন! কিন্তু প্রশ্ন হচ্ছে এটা যে, এই সব ধনী ব্যক্তিরা কি দেশে ব্যাপ্ত ভীষণ দারিদ্রতাকে মিটিয়ে ফেলার দায়িত্ব পালন করছেন?

যখন কি যদি এমন মিলিয়নর্স ব্যক্তিরা এক সাথে মিলে দেশ থেকে দারিদ্রতা মেটানোর নির্ণয় নেন... তাহলে ভারত পূর্ণ রূপে দুনিয়ার "মুকুট" হয়ে উঠবে!

এমনটা বলা হয়ে থাকে যে, লক্ষ্মী দেবী চঞ্চলা হন... তাঁর মন কখনো এক জায়গায় স্হির হয়ে থাকে না। এজন্য তাঁকে প্রসন্ন করার জন্য ব্যক্তির ভেতরেও অধৈর্য্য থাকা উচিত। দেশের সবাধিক ধনী শিল্পপতি মুকেশ অম্বানীর এটাই হচ্ছে মন্ত্র!

এই মন্ত্র উনি নিজের পিতা ধীরুভাই অম্বানীর থেকে প্রাপ্ত করেছিলেন। যে কোন কাজ দ্রুত শেষ করার অধীরতা ধীরুভাই-য়ের কার্যশৈলীর হলমার্ক ছিল!

মুকেশ অম্বানীর এই গুণকে লোকেরা সংক্রামক অধৈর্য্য বলেন... কিন্তু কেবলমাত্র কোম্পানীর টপ লীডারের মনেই অধীরতা থাকলে চলবে

না... সেটাকে এক সংক্রামক রোগের মত কোম্পানীর প্রতিটি কর্মচারীর মধ্যেই ছড়িয়ে দিতে হবে... একমাত্র তাহলেই কোম্পানী লাগাতার উন্নতির পথ বেয়ে তরতর করে সামনের দিকে এগিয়ে চলতে লাগবে।

মুকেশ অম্বানী এর জন্য মোটিভেশনকে সব থেকে গুরুত্বপূর্ণ কারক হিসেবে মানেন। ওনার বক্তব্য হচ্ছে – *"বাবা পোলিয়েস্টারের সাথে-সাথে আরও দুটো জিনিষ তৈরী করেছিলেন আর সেই দুটো জিনিষ হচ্ছে – সম্পর্ক আর বিশ্বাস! রিলায়েন্স সেই সংক্রামক অধৈর্য্য, সম্পর্ক আর বিশ্বাসকে নিজেদের কার্য সংস্কৃতির মূল মন্ত্র হিসেবে মেনে নিয়েছে!"*

*"সফল হওয়ার জন্য চেষ্টা তো সকলেই করেন... কিন্তু সফলতা সেই ব্যক্তিই প্রাপ্ত করেন, যিনি নিজের কাজ সম্পন্ন করার জন্য পূর্ণ রূপে প্রতিবদ্ধ হয়ে থাকেন!"*

*"যেহেতু আন্তরিক ভাবে না করা কোন কাজ সফল হয় না আর দেওয়ালীতে আমরা সকলে মা লক্ষ্মীর কাছে সুখ-সমৃদ্ধির প্রার্থনা জানাই... কিন্তু আমাদের ইচ্ছা আর প্রার্থনার জবাব একমাত্র তখনই পাওয়া যায়, যখন সেটার সাথে আমাদের কাজের সামঞ্জস্য থাকে!"*

*"আমরা যা কিছু হাসিল করতে চাই, তার জন্য কেবলমাত্র চেষ্টা করলেই হবে না... বরং কাজকে সঠিক ভাবে করার জন্য প্রতিবদ্ধও হতে হবে!"*

যেসব গরীব ব্যক্তির কাছে টাকা-পয়সা থাকে না... তিনি মা লক্ষ্মীর কৃপা কি ভাবে হাসিল করবেন? এমন লোকেদের জন্য নোবেল পুরস্কারে সম্মানিত প্রখ্যাত অর্থশাস্ত্রী মোহম্মদ ইউনুস বলেছেন – *"মাইক্রো ক্রেডিট নিন আর দারিদ্রতা দূর করুন!"*

---

*"আপনাদের স্বপ্ন আপনার নাগালের মধ্যে থাকা উচিত... শূণ্যে ভাসতে থাকা উচিত নয়! কারণ আপনারা নিজেদের সেই স্বপ্নকে একমাত্র তখনই সাকার করতে পারেন, যখন আপনারা সেটাকে নিজেদের সামর্থ্যের মধ্যে দেখতে পান!"*

– **ধীরুভাই অম্বানী**

# অম্বানী ভাইয়েরা ভারতকে বিলিয়নার্সদের দেশ করে তুললেন

**লো**কেরা এমনটা বলেন যে, পুঁজি ভাগ হয়ে পড়লে শক্তিও শেষ হয়ে পড়ে! কিন্তু অম্বানী ভাইয়েরা এই পারম্পরিক চিন্তাধারাকে বদলে দিয়েছেন!

ভাগ-বাঁটোয়ারার পরে অম্বানী ব্রাদার্সের শক্তি শেষ তো হয়-ই নি... বরং পারস্পরিক প্রতিদ্বন্দ্বিতা তাঁদের সাম্রাজ্যকে এমন ভাবে বাড়িয়ে তুলেছে যে, তাঁরা এখন বিশ্বের সব থেকে ধনী ব্যক্তিদের সূচীতে নম্বর 1 আর নম্বর 2-য়ের আসনে আসীন হয়ে পড়েছেন। মুকেশ অম্বানী আর অনিল অম্বানীর ব্যক্তিগত সম্পত্তি ক্রমশঃ 55 আর 45 মিলিয়ন ডলার হয়ে পড়েছে!

যদি অম্বানী ব্রাদার্স পরস্পরের সাথে মিলিত হয়ে পড়েন, তাহলে ওনারা আজকের তারিখে দুনিয়ার সব থেকে বড় ধনী হয়ে পড়বেন!

যখন হাজার কোটি টাকার সব থেকে উঁচু দাম লাগিয়ে মুম্বাইয়ের ঠিক প্রাণকেন্দ্রে অবস্হিত প্রতিষ্ঠিত বান্দ্রা-কুর্লা কম্প্লেক্সের মালিকানা অধিকার হাসিল করা হয়েছিল... সেই সময় এই ডীল মুম্বাইয়ের মত দেশের ব্যবসায়িক রাজধানীতে রীয়েল এস্টেট প্রাইসের সমস্ত প্যারামিটার্সই বদলে দিয়েছিল। এমন কি এই ডীলের পরে মহারাষ্ট্র সরকারকে ভূমি সম্বন্ধ আইনে সংশোধন নিয়ে আসতে হয়েছিল!

এটা হচ্ছে মুক্ত অর্থ ব্যবস্হারই পরিণাম যে, আজ ভারতে প্রতি দিন নতুন-নতুন কোটিপতি সৃষ্টি হচ্ছেন আর তাঁরা রাতারাতি মিলিয়নার্স হয়ে পড়ছেন!

আমেরিক্যান ফোর্ব্স পত্রিকা অনুসারে এটা এই জিনিষটার প্রতীক

যে, আজকাল ভারতীয় বাজারের প্রতিষ্ঠা বিশ্ব স্তরে বেড়ে চলেছে আর অর্থ ব্যবস্থা নতুন রূপ গ্রহণ করছে। এখন ভারতীয়দের ভেতরে এগিয়ে চলার আর বড় কিছু করার ভাবনা জন্ম নিচ্ছে!

ভারতীয় যুবারা এখন বিজনেসকে নিজেদের কেরিয়ার বানাচ্ছেন। নতুন-নতুন প্রয়োগ হচ্ছে আর প্রতি দিন নতুন-নতুন কোম্পানীর জন্ম হচ্ছে। সফলতার নতুন পক্ষের স্থাপনা করা হচ্ছে আর ভারতীয়রা কোটিপতি আর মিলিয়নার্সদের সূচীতে নিজেদের নাম লেখাচ্ছেন!

কিন্তু ভারতীয়দের ধনাঢ্য হয়ে ওঠার প্রমুখ কারণ হচ্ছে ভারতে ব্যবসা করার সুযোগ বেড়ে ওঠা! ইন্সটিটিউট অফ্ এ্যাপ্লায়েড ম্যানপাওয়ার রিসার্চের এক রিপোর্ট অনুসারে ভারতীয়দের মধ্যে অতীতেও ট্যালেন্টের কোন অভাব ছিল না। কিন্তু নিজেদের দেশে সেটার সঠিক প্রয়োগ হতে পারছিল না। কারণ বাজার গুটিয়ে এসেছিল আর এগোনোর সুযোগ কম ছিল।

কিন্তু যখন সুযোগ পাওয়া গেল... তখন ভারতীয়দের ট্যালেন্ট নিজের খেল্ দেখাল এবং তারপর দেশী আর বিদেশী কোম্পানীগুলো ভারতীয় বাজারে আসতে লাগল। তারপর ভারতীয়দের তাঁদের ট্যালেন্টের হিসেবে শুধু উপার্জনের সুযোগই প্রাপ্ত হল না... বরং কিছু করে দেখানোর সুযোগও প্রাপ্ত হতে লাগল। এর পরিণাম এটাই হল যে, আজ ভারতীয়রা ধনকুবের হয়ে উঠছেন!

এসব কোটিপতি আর মিলিয়নার্সদেরই কামাল যে, দেশের সকল ঘরোয়া উৎপাদন জি.ডি.পি.-তে আই.টি. আর সার্ভিস সেক্টরের অবদান 50 শতাংশ পার করে গেছে।

এর গুরুত্বপূর্ণ কারণ হচ্ছে এই সব ক্ষেত্রগুলোয় ভারতীয় শিল্পপতিদের রেকর্ড ব্রেকিং প্রদর্শন! আজ থেকে কয়েক বছর আগেও কেউ এমনটা চিন্তা করতে পারত না যে, ইন্‌ফোসিস, এইচ.সি.এল. আর উইপ্রো-র মত কোম্পানীগুলো মাইক্রোসোফ্ট-য়ের মত কোম্পানীর মোকাবিলা করতে পারবে!

ভারত এখন এশিয়াতে বিজনেস ডাটা প্রোসেসিং-য়ের হাব্ হয়ে উঠবে... তারপর চীনকেও এমনটা বলতে হবে যে, আই.টি. আর সার্ভিস সেক্টরে ভারতের কোন জবাব নেই! কিন্তু এসবই সম্ভব হয়েছে

বড় চিন্তাধারা আর মেহনত দ্বারা... যেটা লাগাতার জারী রয়েছে!

বিজনেস সেক্টরে শিল্পপতিদের মিলিয়নার্স হয়ে ওঠার লাভ এখন দেশের যুবা আর পেশাদার ব্যক্তিদের প্রাপ্ত হতে শুরু করেছে। এখন সালারী লাখ বা কোটি টাকায় পৌঁছে গেছে। রিজার্ভ ব্যাঙ্ক অফ্ ইণ্ডিয়ার প্রাক্তণ গভর্নর ডাঃ চক্রবর্তী রঙ্গরাজন বলেছেন – *"বর্তমান যুগে ভারতীয় বাজারের বিশেষত্ব হচেছ এটা যে, যদি আপনার মধ্যে ট্যালেন্ট থাকে... তাহলে লাখ টাকা মাইনের চাকরীর অফার আপনি পেতে পারেন!"*

কোম্পানীগুলো আপনাদের দু হাতে পয়সা দেওয়ার জন্য প্রস্তুত হয়ে রয়েছে! এটা সত্য যে, ভারতের এক বিরাট বড় অংশ এখনও পর্যন্ত দারিদ্রতা সীমার নীচে বাস করছে... কিন্তু তা সত্ত্বেও ইকোনোমী সেক্টরে যে পরিবর্তন আসছে... তার ভিত্তিতে এমনটা বলা যেতে পারে যে, আজ থেকে কয়েক বছর পরে ভারত বিশ্বের এক আর্থিক মহাশক্তি হয়ে উঠবে!

এই পরিবর্তন ভারতে দারিদ্রতা দূর করবে... কারণ এটা যুবাদের নিজেদের ট্যালেন্ট বিকশিত করার জন্য উৎসাহিত করা শুরু করে দিয়েছে। কমিশনের রিপোর্টে এটাও লেখা হয়েছে যে, দেশের সকল ঘরোয়া উৎপাদন অর্থাৎ জি.ডি.পি.-র 20 শতাংশের বেশী ভাগ দেশের 36 বিলিয়নার্সদের কাছে রয়েছে। তাঁদের মধ্যে বিশ্বের 3 সর্বাধিক ধনী ব্যক্তির মধ্যে মুকেশ আর অনিল অম্বানীর নাম রয়েছে।

7 সংখ্যাকে সংখ্যাতত্ত্বে অত্যন্ত শুভ হিসেবে মানা হয়ে থাকে। 7 সংখ্যা আমাদের দেশের পক্ষেও শুভই প্রমাণিত হয়েছে আর কম পক্ষে মুকেশ অম্বানীর পক্ষে তো এই সংখ্যাটা বিশেষ হয়ে উঠেছে।

29-শে অক্টোবর, 2007 শেয়ার বাজার যখন 20,000-য়ের পরিসংখ্যান পার করল, তখন রিলায়েন্স ইণ্ডাস্ট্রিজের চেয়ারম্যান মুকেশ অম্বানী দুনিয়ার সব থেকে ধনী ব্যক্তি হয়ে উঠলেন।

সেই সময় ওনার মোট সম্পত্তি 63.2 মিলিয়ন ডলার পর্যন্ত পৌঁছে গিয়েছিল। সেই সময় রিলায়েন্স ইণ্ডাস্ট্রিজে মুকেশের ভাগীদারী 48 শতাংশ ছিল, যার মোট মূল্য হচেছ 55.8 মিলিয়ন ডলার!

এটাকে *'রিলায়েন্স'* শব্দের জাদু বলুন বা অন্য কিছু... বাস্তব তথ্য হচ্ছে এটা যে, রিলায়েন্স এখন গোটা দুনিয়া জুড়ে গ্রহণযোগ্য হয়ে উঠেছে।

মুকেশ আর অনিল অম্বানীর মালিকানা অধিকারের রিলায়েন্স গ্রুপের কথা হোক্ বা আমেরিকান কোম্পানী রিলায়েন্স স্টীল এ্যাণ্ড এ্যালুমিনিয়ামের... *'রিলায়েন্স'* ব্রাণ্ড নেমের এক আলাদা মূল্য রয়েছে!

আমেরিকার প্রখ্যাত বিজনেস ম্যাগাজিন ফোর্ব্স রিলায়েন্স স্টীল এ্যাণ্ড এ্যালুমিনিয়াম-কে আমেরিকার *'বেস্ট ম্যানাজড্ কোম্পানী'*-গুলোর সূচীতে স্হান করে দিয়েছে। লস্ এ্যাঞ্জেলসের এই কোম্পানীকে মেটিরিয়াল্স সেক্টরের *'বেস্ট ম্যানেজড্ কোম্পানী'*-গুলোর সূচীতে প্রথম সোপানে রাখা হয়েছে। বিগত 5 বছরের ইক্যুইটি রিটার্ন, টার্নওভার আর প্রফিটের ভিত্তিতে কোম্পানীকে এই স্হান প্রদান করা হয়েছে।

নামের প্রথম অক্ষরে সমানতা থাকা ছাড়া ভারতের রিলায়েন্স গ্রুপ আর এই আমেরিকান কোম্পানীর মধ্যে আর কোন সমানতা নেই। এই স্টীল কোম্পানী ভারতের অম্বানী ব্রাদার্সের কোম্পানীর তুলনায় অনেকটাই ছোট! এই কোম্পানীর মার্কেট ক্যাপিট্যাল কেবলমাত্র 4,000 মিলিয়ন ডলার... যখন কি মুকেশ অম্বানীর রিলায়েন্স ইণ্ডাস্ট্রিজের মার্কেট ক্যাপিট্যাল 1,00,000 ডলারেরও বেশী!

অনিল অম্বানীর কোম্পানীর মার্কেট ক্যাপিট্যালও এই কোম্পানীর থেকে বেশী! যেহেতু অনিল আর মুকেশ অম্বানীর কোন কোম্পানীই স্টীল আর এ্যালুমিনিয়ামের ব্যবসা করে না... তাই এই মামলায় আমেরিকার রিলায়েন্স স্টীল আর ভারতের রিলায়েন্স গ্রুপের মধ্যে কোন সমানতা নেই।

কিন্তু এতটা সমানতা অবশ্যই আছে যে, ফোর্ব্স ম্যাগাজিন সম্প্রতি দুনিয়ার সব থেকে ধনী ব্যক্তিদের যে সূচী প্রকাশ করেছিল... তাতে মুকেশ আর অনিল – দুজনেরই নাম ছিল। এবার এই আমেরিকান কোম্পানী ফোর্ব্স ম্যাগাজিনের লিস্টে স্হান পেয়েছে। মুকেশ আর অনিল অম্বানী-র গ্রুপের বেশ কিছু কোম্পানীর নাম *'রিলায়েন্স'* শব্দ দিয়েই শুরু হয়।

ফোর্ব্স ম্যাগাজিন দুনিয়ার ধনী সি.ই.ও.-দের সূচীতে শীর্ষ 10 জনের

মধ্যে 4 জন ভারতীয়কে শামিল করেছে। বিখ্যাত ইস্পাত ব্যবসায়ী লক্ষ্মী মিত্তল... যিনি এখন বেশ কিছু জায়গায় *'আরসেলর'* নামেও পরিচিত হচেছন, তিনি এই সূচীতে দ্বিতীয় স্থান প্রাপ্ত করেছেন।

এই পত্রিকার মূল্যাংকন অনুসারে আরসেলর মিত্তল কোম্পানীর প্রমুখ হিসেবে লক্ষ্মী মিত্তলের কাছে 32 বিলিয়ন আমেরিকান ডলারের সম্পত্তি রয়েছে! এই সূচীতে ষষ্ঠ আর সপ্তম স্থানে অম্বানী ভাইদের রাখা হয়েছে।

মুকেশ অম্বানীর কাছে 20.1 মিলিয়ন আমেরিকান ডলারের সম্পত্তি রয়েছে আর অনিল অম্বানীর কাছে 18.2 মিলিয়ন আমেরিকান ডলারের সম্পত্তি রয়েছে। উইপ্রো প্রমুখ প্রেম জী এই সূচীতে নবম স্থান প্রাপ্ত করেছেন এবং ওনার কাছে 17.1 মিলিয়ন আমেরিকান ডলারের সম্পত্তি রয়েছে।

ফোর্ব্স পত্রিকা এই সূচীকে 2008 সালের সেপ্টেম্বর মাসে তৈরী 400 আমেরিকান ধনী ব্যক্তি এবং 2008 সালের মার্চ মাসে প্রস্তুত *"বিলিয়নার্স"*-য়ের বার্ষিক সূচীর ওপরে ভিত্তি করে তৈরী করেছে।

এর কিছুদিন আগেই অনিল অম্বানী নিজের আই.পি.ও.-তে অপ্রত্যাশিত আর্থিক মুনাফা অর্জন করেছিলেন।

এমনটা বলা হতে লাগে যে, এই ক্ষেত্রে অনিল অম্বানী নিজের বড় ভাই মুকেশ অম্বানীকে পেছনে ফেলে এগিয়ে গেছেন। যখন কি পুঁজিবাদী বাজারে... যেখানে পুঁজির বাজী ধরা হয় – সেখানে পরিভাষা বদলাতে থাকে। এজন্য লর্ড মেঘনাদ দেশাই বলেছেন – *"ওঠা-নামা হচেছ পুঁজিবাদের এক অভিন্ন অঙ্গ!"*

সম্প্রতি বেশ কিছু রাষ্ট্রীয় আর আন্তজার্তিক প্রকাশন অনিল অম্বানীকে বিশ্বের সব থেকে ধনী ব্যক্তির উপাধি দিয়েছিল।

মার্কেট ক্যাপিটালের ভিত্তিতে মুকেশের গ্রুপের কোম্পানীগুলোর মোট সম্পত্তি 44,000 হাজার মিলিয়ন থেকে 60,000 হাজার মিলিয়ন ডলারের মাঝে অনুমান করা হচেছ। মুকেশকে *'দুনিয়ার সব থেকে ধনী ব্যক্তি'*... *'পয়সা বানানোর মেশিন'*... এমন কি *'ধন-দৌলতের দেবতা'*-ও বলা হচেছ।

90-য়ের দশকের মাঝামাঝি সময় পর্যন্ত লক্ষ্মী মিত্তল এবং ধীরুভাই

আর কোকিলাবেনের দুই উত্তরাধিকারীকে কেউই জানত না। কিন্তু আজ দুই অম্বানী বিশ্বের নম্বর 1 ধনী হয়ে উঠেছেন!

গ্লোবালাইজেশনের এই যুগে আজ পয়সা কামানো কোন চ্যালেঞ্জিং কাজ নয়। শেয়ার মার্কেট আর শেয়ার হোল্ডাররা যাকে চাইবেন, সেই দুনিয়ার ওপরে রাজত্ব করবে।

পুরোন জগতে আমাদের মুক্ত অর্থ ব্যবস্থার ভাষণ শোনানো হত। কিন্তু আজ বাজারে নিজের ক্রমশঃ বেড়ে চলা যোগ্যতার সাথে পরিচিত আর আর্থিক কূটনীতিতে অভিজ্ঞ ভারতীয়রা গোটা দুনিয়াকে নিজেদের আসল যোগ্যতা দেখানো শুরু করে দিয়েছেন।

আজ পুরো খেলাটাই পয়সার খেলা হয়ে উঠেছে আর আমাদের বৈশ্বিক ধনকুবেররা পয়সার ভাষা আর পয়সা বানানোর কলা খুব ভালো করেই জানেন।

এখন ভারত এমন এক জায়গা হয়ে উঠতে লেগেছে, যেখানে প্রভাবশালী হয়ে ওঠার জন্য বয়সের থেকে বেশী উদ্যমশীলতা আর উচ্চাকাংখা, কঠোর নৈতিকতা আর বিবিধতাপূর্ণ ব্যবসা ভারতকে বিশ্বের মধ্যে এক রোল মডেল করে তুলেছে!

আজ মুকেশ অম্বানীর রিলায়েন্স ইণ্ডাস্ট্রিজ লিমিটেড *(আর.আই.এল.)* প্রতি ঘন্টায় 1.5 কোটি টাকার লাভ অর্জন করছে আর 70 হাজার কোটি টাকা মূল্যের উৎপাদনের সাথে মুকেশ অম্বানী ভারতের সব থেকে বড় রপ্তানীকারক হয়ে উঠেছেন!

মুকেশ নিজের গ্রুপের কারবারকে 1,25,000 কোটি টাকায় পৌঁছে দিয়েছেন... যেটা ভাগ-বাঁটোয়ারার আগের স্তরের থেকে অনেকটাই বেশী! বাজারে আই.আই.এল.-য়ের পুঁজিকরণকে প্রায় 2,50,000 কোটি টাকায় পৌঁছে দেওয়ার জন্য উনি নিজের গ্রুপের বৃদ্ধির হারে তীব্রতা নিয়ে এসেছেন এবং রিফাইনারী, পেট্রো-কেমিক্যাল, তেল আর গ্যাসের খোঁজ, রিটেল আর সেজে বিস্তারের জন্য মুকেশ অম্বানী 1 লক্ষ কোটি টাকা নিবেশ করবেন।

মুকেশ অম্বানীর পরবর্তী যোজনা হচ্ছে 1 লক্ষ 12 হাজার কোটি টাকার সাথে খুচরো বাজারে প্রমুখ কোম্পানীগুলোর অধিগ্রহণ করা আর ওয়ালমার্ট দোকানগুলোর সিরিজ এবং কৃষি উৎপাদনের রপ্তানী করা।

অনিল অম্বানীও নিজের বড় ভাই-য়ের থেকে কোন অংশে পেছিয়ে নেই। উনিও নিজের জোরে রিলায়েন্স কম্যুনিকেশন্সের পুঁজিকরণকে 1 বছরের থেকেও কম সময়ে 1 লক্ষ কোটি টাকা পর্যন্ত পৌঁছে দিয়েছেন আর অধিগ্রহণের কারণে উনি নিজের *'অনিল ধীরুভাই অম্বানী গ্রুপ'*-কে ভারতের তিন শীর্ষ ব্যবসায়িক ঘরানায় শামিল করে নিয়েছেন এবং 18.2 হাজার মিলিয়ন ডলারের সম্পত্তির সাথে দেশের সব থেকে ভালো কোম্পানীগুলোর সূচীতে শামিল নিজের গ্রুপের পুঁজিকরণকে 1 লক্ষ 17 হাজার কোটি টাকায় পৌঁছে দিয়েছেন।

44,600 কোটি টাকার সাথে *'রিলায়েন্স মিউচুয়াল ফাণ্ড'* দেশের সব থেকে বড় মিউচুয়াল ফাণ্ড হয়ে উঠেছে আর উত্তর প্রদেশের দাদরীতে গ্যাসের ওপরে আধারিত বিশ্বের সব থেকে বড় বিদ্যুত ইউনিট লাগানো হচ্ছে অনিল অম্বানীর সব থেকে উচ্চাকাংখী পরিযোজনা! এই কাজে 25 হাজার কোটি টাকা খরচ হবে... যেখানে 8 হাজার মেগাওয়াট বিদ্যুত উৎপাদন হবে।

•

---

*"সর্বদা ভালো মালের উৎপাদন করুন আর প্রতিদ্বন্দ্বীর থেকে কম দামে বেচুন... একমাত্র তাহলেই আপনাদের গ্রাহকদের সংখ্যা বৃদ্ধি পাবে! কারণ উৎপাদন বৃদ্ধি পেলে তবেই দাম কম করা যেতে পারে!"*

– **ধীরুভাই অম্বানী**

# অনিল অম্বানীর দৈনিক জীবনযাত্রা

**2008** সালে অনিল অম্বানীর মোট সম্পত্তি ছিল 38.5 হাজার মিলিয়ন ডলার এবং ওনার কোম্পানীগুলোর নাম হচেছ রিলায়েন্স ক্যাপিটাল, রিলায়েন্স কম্যুনিকেশন, রিলায়েন্স এনার্জী আর রিলায়েন্স ন্যাচারাল রিসোর্সেস লিমিটেড। কিন্তু খুব কম লোকই এটা জানেন যে, উনি মুম্বাই বিশ্ববিদ্যালয় থেকে বি.এসসি. পাশ করেছিলেন আর ইউনিভার্সিটি অফ্ পেনসিলভেনিয়ার ভর্টন স্কুল থেকে উনি এম.বি.এ. ডিগ্রী প্রাপ্ত করেছিলেন... এর পরে উনি 1983 সালে রিলায়েন্সের সাথে যুক্ত হন। সেই সময় ওনার পত্নী টিনা মুনিম বলিউডের প্রসিদ্ধ অভিনেত্রী ছিলেন। এখন ওনার দুই পুত্র রয়েছে। অনিল অম্বানীর পরিচিত লোকেদের মধ্যে প্রমুখ হচেছন অমিতাভ বচ্চন এবং অমর সিং-য়ের মত প্রসিদ্ধ ব্যক্তিত্বরা!

সমাজবাদী পার্টির প্রমুখ এবং উত্তর প্রদেশের প্রাক্তণ মুখ্যমন্ত্রী শ্রী মুলায়েম সিং যাদব-ও অনিল অম্বানীর অত্যন্ত ঘনিস্ট... এজন্য ওনাকে উত্তর প্রদেশ বিকাশ পরিষদের সদস্যও বানানো হয়েছিল।

কিন্তু ওনার বাড়ীতে যখন পার্টির আয়োজন করা হয়, তখন পার্টির পরে উনি নিজের বন্ধুদের নিজে ড্রাইভ করে তাঁদের বাড়ী পর্যন্ত পৌঁছে দেন আর উনি উচ্চ স্তরের জীবন যাপন করতে অত্যন্ত ভালোবাসেন।

কিন্তু ওনার ভেতরে ফিট্‌নেসের প্রতি এক অদ্ভূত নেশা ভরা রয়েছে। এক সময় ওনার ওজন ছিল 115 কিলো... কিন্তু এখন উনি প্রতি দিন বেশ কয়েক কিমি দৌড়োন। ওনার লম্বা ম্যারাথন রেসে অংশ নেওয়ার শখও রয়েছে।

আজকের যুগের শহরী জীবনের এই প্রতিষ্ঠিত ব্যক্তির ব্যাপারে যে

কাহিনীটা প্রায়ই শুনতে পাওয়া যায়... সেটা আধুনিক যুগে ফিট্‌নেসের গুরুত্বকেই প্রমাণিত করে। এই সত্য কাহিনীর হীরো হচ্ছে অনিল অম্বানী!

এমনটা বলা হয়ে থাকে যে, অনিল অম্বানী আমেরিকায় নিজের গ্রুপে বিদেশী নিবেশের সমাবেশ করার জন্য এক প্রেস কন্‌ফারেন্সে অংশ নিতে সেখানে গিয়েছিলেন। কন্‌ফারেন্স শেষ হওয়ার পরে আয়োজিত সাংবাদিক সম্মেলনে এক যুবা সাংবাদিক অনিল অম্বানীকে প্রশ্ন করেন – "*আপনি এত মোটা কেন?*"

সেই সাংবাদিকের প্রশ্নটাকে উপেক্ষা করে অনিল অম্বানী চুপ করে থাকেন। কিন্তু সেই সাংবাদিক নিজের জেদে অটল হয়ে থাকেন আর উনি বার-বার নিজের সেই একই প্রশ্নের পুনরাবৃত্তি করে চলেন। এবার অনিল অম্বানী রাগে ভরে উঠে বলেন – "*এই মুহূর্তে আপনার এমন প্রশ্ন করার কি গুরুত্ব রয়েছে?*"

সেই সাংবাদিক বলেন – "এক অসুস্থ আর নিজের শরীরের প্রতি অমনোযোগী শিল্পপতি কখনোই নিজের কোম্পানীকে বিশ্ব স্তরের উচ্চতায় নিয়ে যেতে পারেন না!"

সেই সাংবাদিকের কথা শুনে অনিল অম্বানী নিজের স্থূলতার ব্যাপারে ভাবনা-চিন্তা করার জন্য বাধ্য হয়ে ওঠেন আর উনি নিজের মনে এই দৃঢ় নিশ্চয় করে আমেরিকা থেকে দেশে ফিরে আসেন যে, এবার উনি নিজের ব্যক্তিত্বে পরিবর্তন অবশ্যই নিয়ে আসবেন।

তারপর থেকে উনি প্রতি দিন সকালে মুম্বাই শহরের এক কোনায় অবস্থিত কাফ প্যারেডের নিজের বাড়ী থেকে সিদ্ধি বিনায়ক মন্দির পর্যন্ত পায়ে হেঁটে আসা-যাওয়া করা শুরু করে দেন। কিন্তু একটা গাড়ী ওনার পেছনে-পেছনে চলত আর আজও উনি নিজের এই রুটীন চালিয়ে যাচ্ছেন এবং শরীরের ফালতু ওজন কমিয়ে এনে উনি এখন ফিট্ হয়ে উঠেছেন।

অনিল অম্বানী বলেন – "*আমি প্রতি দিন দু ঘন্টা এক্সারসাইজ করি... সন্তুলিত ভোজনের সেবন করি আর সুস্থ থাকার জন্য কাজ করি!*"

অনিল অম্বানীর বিশাল বাড়ী "*সী উইণ্ড*"-তে এক বিশাল বড় জিম রয়েছে... যেটা সমস্ত প্রকারের আধুনিক উপকরণে যুক্ত আর এই

জিমের লাভ ওনার পরিবারের সকল সদস্যরা ওঠান।

অনিল অম্বানীর পত্নী টিনা আর পরিবারের অন্যান্য সদস্যরা নিজেদের ব্যক্তিগত প্রশিক্ষকের সহায়তায় নিজেদের শারীরিক আকার ঠিক রাখার জন্য এই জিমের উপযোগ করেন।

অনিল অম্বানীর পরিবারের মত বিভিন্ন শিল্পপতি, সমাজের প্রতিষ্ঠিত ব্যক্তিত্বদের আর ফিল্মী তারকাদেরও ব্যক্তিগত জিম আর প্রশিক্ষক রয়েছে। শাহরুখ খান, ঋত্বিক রোশন এবং সান্নি দেওলের বিশাল প্রাসাদোপম বাড়ীতে তাঁদের ব্যক্তিগত জিম রয়েছে।

ওনারা যেসব জায়গায় ফিল্মের শুটিং করার জন্য যান, সঙ্গে করে নিজেদের জিম আর প্রশিক্ষকদেরও নিয়ে যান, যাতে ওনাদের এক্সারসাইজের রুটীনে কোন ব্যবধান না আসে।

শাহরুখ খানের পত্নী গৌরী খান নিজের ফিট্নেস সচেতনতার কারণে প্রসিদ্ধ। ঠিক তেমনই অনিল কাপুরের পত্নী সুনীতা কাপুর প্রসিদ্ধ... যিনি পার্টনারশিপে *"আইডিয়া"* নামক এক জিমের সঞ্চালন করেন।

আমাদের দেশের বেশ কিছু ব্যক্তিত্ব দেশের সব থেকে খরচসাপেক্ষ জিম, যেগুলো ফাইভ স্টার হোটেল আর রিসর্টে অবস্থিত... সেগুলোর সদস্য হয়ে পড়েন, যেমন – রেনেসাঁ, জে. ডব্লিউ. মেরিয়ট, হায়াত রিজেন্সী আর গ্র্যাণ্ড মারাঠা শেরেটন।

টিনা অম্বানী দেশের সব থেকে ধনী পরিবারের পুত্রবধূ হওয়া সত্ত্বেও উনি নিজের ব্যক্তিগত পরিচিতির রূপে কেবলমাত্র এই পয়েন্টে সন্তুষ্ট নন... উনি নিজের ব্যক্তিত্বকে নিজস্ব পদ্ধতিতে ডিফাইন করতে জানেন!

টিনা বলেছেন – *"বেশ কয়েক বছর আগে আমি এক পেন্টিংস্ এক্সজিবিশনের আয়োজন করেছিলাম... যাতে আমি নিজের প্রায় 500 পেন্টিংস্ রেখেছিলাম। এই দেখে আমার ছেলে প্রচণ্ড অবাক হয়ে উঠে প্রশ্ন করেছিল – "মা! আমি তো তোমাকে এত পেন্টিংস্ তৈরী করতে কখনো দেখিনি... তাহলে তুমি এত পেন্টিংস্ কি করে তৈরী করলে?"*

*"তখন আমি এটা অনুভব করেছিলাম যে, তার পক্ষে এটা জানা কত জরুরী যে, আমি 'মা'-য়ের ভূমিকা পালন করা ছাড়াও আরও অনেক কিছু করতে চাই!"*

"এখন আমার ছেলে বড় হয়ে উঠেছে আর এখন ও এই জিনিষটা ভালো করেই জানে যে, তার মা যখন বাড়ীর বাইরে বেরোয়... তখন ওর মায়ের মাথায় অনেক কিছু জিনিষ ঘুরে বেড়ায়। ও এখন প্রায়ই আমার শো-তে আসে আর সেখানে প্রাণ খুলে এঞ্জয় করে!"

টিনা অম্বানীর ব্যক্তিত্বকে কাছ থেকে জানা ব্যক্তিরা এটা জানেন যে, ওনার পার্সোনালিটির ওপরে ওনার শ্বশুরবাড়ীর এক গভীর প্রভাব রয়েছে!

টিনা নিজে জানিয়েছেন – "আমার শাশুড়ী কোকিলাবেন হচ্ছেন আমার আদর্শ! উনি এটার এক বিরাট বড় উদাহরণ যে, বয়স বেড়ে চলা সত্ত্বেও আপনি নিজেকে কতটা গুরুত্বপূর্ণ বানিয়ে লোকেদের সামনে পেশ করতে পারেন!"

"উনি নিজেকে সর্বদাই এমন সব কাজে ব্যস্ত রেখেছেন, ওনার দৃষ্টিতে যেগুলোর এক বিরাট বড় সামাজিক গুরুত্ব রয়েছে। এমনিতে তো আমি ওনার থেকে অনেক কিছুই শিখেছি... কিন্তু সব থেকে গুরুত্বপূর্ণ ব্যাপার হচ্ছে এটা যে, আমাদের প্ল্যান-প্রোগ্রাম অবশ্যই তৈরী করা উচিত আর তারপর লক্ষ্যকে প্রাপ্ত করার জন্য কাজে লেগে পড়া উচিত। আপনারা যখন নিজেদের লক্ষ্যের পথে এগিয়ে চলবেন, তখন অন্য লোকেরাও আপনাদের পাশে অবশ্যই এসে দাঁড়াবেন!"

টিনা অম্বানী নিজের জীবনকে এমন এক ক্যানভাসের রূপে ডিফাইন করেন, যাতে সমস্ত প্রকারের রং রয়েছে। হিন্দী ফিল্ম ইণ্ডাস্ট্রিকে উনি এমনই এক রং হিসেবে মনে করেন। টিনা কি নিজের ফিল্মী কেরিয়ারকে আবার একবার নতুন করে শুরু করার ব্যাপারে কোন প্ল্যান-প্রোগ্রাম তৈরী করছেন?

এই প্রশ্নের উত্তরে টিনা বলেছেন – "না! যেসব ভূমিকায় কোন সময় আমি অন্ স্ক্রীণ অভিনয় করতাম... এখন সেই সব ভূমিকাই আমি অফ্ স্ক্রীণ অভিনয় করছি! ফিল্মে কাজ করাটা আমার জীবনের একটা ফেজ ছিল, যেটাকে আমি অত্যন্ত ভালো ভাবে এঞ্জয় করেছি... কিন্তু এখন আমি সেই পথ ছেড়ে দিয়েছি। আমার মনে হয় যে, জীবনে এখনও আমার অনেক কিছু করা বাকী রয়ে গেছে!"

এটা আমরা সকলেই জানি যে, টিনা অম্বানী আজকাল আর্ট এ্যাণ্ড

কালচার ছাড়াও সমস্ত প্রকারের সামাজিক বিষয়ের সাথে যুক্ত হয়ে রয়েছেন। উনি বলেছেন – *"জীবনের সকল ক্ষেত্রেই ইন্‌ভেস্টমেন্ট একটা অত্যন্ত গুরুত্বপূর্ণ বিষয় হয়। ভারতীয়দের কাছে এখন অনেক পয়সা রয়েছে আর লোকেরা এখন নিজেদের রুচি অনুসারে আর্টেও পয়সা ইন্‌ভেস্ট করছেন!"*

*"এমনিতে আমি যে আর্টের ক্ষেত্রে সক্রিয় হয়ে রয়েছি... সেটার অর্থ এই নয় যে, আমি যে কোন আর্টওয়ার্ক কিনি। যখন আমার সেটা পছন্দ হয়, একমাত্র তখনই আমি সেটা কিনি আর আমি আর্টিস্টকেও উৎসাহিত করে তুলি, যাতে তিনি পুরো এক্সপোজার পান!"*

*"আর ইন্‌ভেস্টমেন্টের প্রশ্নে জানাই যে, আমিও ইন্‌ভেস্টমেন্ট করি... কিন্তু সেটা লোকেদের মধ্যে... আইডিয়াতে... স্বপ্নে... আশায় আর বিশ্বাসে!"*

টিনা মুনিম গ্ল্যামারের দুনিয়ায় প্রথম পদক্ষেপ *"ইন্টারন্যাশনাল টীন প্রিন্সেস কন্‌টেস্ট"*-য়ের মাধ্যমে রেখেছিলেন। এই কন্‌টেস্টে উনি সর্বশ্রেষ্ঠ পাঁচ জনের মধ্যে নির্বাচিত হয়েছিলেন। এর পরে দেব আনন্দ ওনাকে নিজের ফিল্ম *'দেশ-পরদেশ'*-য়ের জন্য বেছে নিয়েছিলেন।

টিনা বলিউডে ভালোই সফলতা প্রাপ্ত করেছিলেন... কিন্তু উনি বলিউডে নিজের ফিল্মী কেরিয়ার অপূর্ণই ছেড়ে দিয়েছিলেন আর এখন উনি ডিজাইনার হয়ে উঠেছেন এবং কাপড়ের এক্সপোর্ট বিজনেসের সাথেও যুক্ত হয়ে রয়েছেন।

অনিল অম্বানীর সাথে বিবাহের পরে এবং আনমোল-অংশুলের জন্ম হওয়ার পরে উনি নিজের পুরো সময় নিজের পরিবার আর ছেলেদের দিয়েছেন।

ছেলেরা কিছুটা বড় হয়ে ওঠার পরে টিনা *"অম্বানী ফাউণ্ডেশন"*-য়ের সাথে যুক্ত হয়ে পড়েছেন। উনি এই ফাউণ্ডেশনের মাধ্যমে আর্ট-কে যথেষ্ট উৎসাহ প্রদান করেছেন।

টিনা অম্বানীর *"অম্বানী ফাউণ্ডেশন"* নতুন শিল্পীদের নিজেদের কলার প্রদর্শন করার জন্য এক মঞ্চ প্রদান করে। ফাউণ্ডেশনের 12 বছর পূর্ণ হওয়া উপলক্ষে 2007 সালে যে শো-য়ের আয়োজন করা হয়েছিল... সেটা টিনা অম্বানীর প্রচেষ্টার কারণেই সফল হয়ে পড়েছিল। এখনও পর্যন্ত কলা জগতে এটাই ভারতে সব থেকে বড় ব্যক্তিগত শো

ছিল।

"*অম্বানী ফাউণ্ডেশন*" নতুন শিল্পীদের সাথে-সাথে প্রসিদ্ধ পেন্টারদেরও নিজেদের সঙ্গে যুক্ত করে। টিনা অম্বানী নিজের ফাউণ্ডেশনের ভবিষ্যত যোজনার ব্যাপারে জানিয়েছেন – "*আমরা নিজেদের এই লক্ষ্য স্থির করেছি যে, প্রতি বছর আমরা এই ধরণের আয়োজন করব... যাতে ভারতীয় শিল্পীদের সঙ্গে আমাদের একটা ভালো সম্পর্ক গড়ে ওঠে আর আর্টের প্রতি লোকেদের মধ্যে বেশী মাত্রায় জাগরুকতার সৃষ্টি হয়!*"

টিনা অম্বানী মুম্বাইয়ের রাষ্ট্রীয় কলা সংগ্রহালয় এবং আহমেদাবাদের ন্যাশনাল ডিজাইন ইন্সটিটিউটের সদস্যও থেকেছেন। টিনা অম্বানী আর্টের সাথে-সাথে ভারতের হেরিটেজ সাইটস্‌গুলোর সংরক্ষণেও পূর্ণ সহযোগ প্রদান করছেন।

মুম্বাইয়ের এলিফেন্টা গুহা আর গুজরাটের চম্পানের পাওয়াগঢ় হেরিটেজ সিটিকে ওনার ফাউণ্ডেশনের প্রচেস্টায় ইউনেস্কো ওয়ার্ল্ড হেরিটেজ সাইটসের সূচীতে শামিল করে নিয়েছে।

কলা আর হেরিটেজের ক্ষেত্রে সহযোগ প্রদান করার সাথে-সাথে টিনা অম্বানী রিলায়েন্স গ্রুপের বেশ কিছু কোম্পানীর বোর্ড অফ্ ডায়রেক্টর্স-য়ের সাথেও যুক্ত হয়ে রয়েছেন। টিনা অম্বানী নিজের পতির কাজেও পূর্ণ সহযোগ করেন আর '*হার্মনী*'-র মাধ্যমে নিজের মনের মত কাজগুলোও করেন। এক প্রকারে উনি নিজের শাশুড়ী কোকিলাবেনের জন্য এক আদর্শ পুত্রবধূ এবং আনমোল-অংশুলের জন্য এক সমর্পিত মায়ের ভূমিকা পালন করছেন!

---

*"আপনারা যখন দৃঢ় সংকল্প আর দৃঢ় বিশ্বাসের সাথে কোন কাজ করেন, তখন সফলতা আপনাদের চরণ স্পর্শ করে... কারণ সফলতা সেই সব ব্যক্তিরাই প্রাপ্ত করেন, যাঁরা নিজেদের সব কিছু বাজী রাখার সাহস রাখেন!"*

*– ধীরুভাই অম্বানী*

# মুকেশ অম্বানীর থেকে দু পা এগিয়ে অনিল অম্বানী

**ধী**রুভাই অম্বানীর উত্তরাধিকার যবে থেকে মুকেশ আর অনিল অম্বানীর মধ্যে ভাগ হয়ে পড়েছে... তবে থেকে পরস্পরকে পেছনে ফেলে দেওয়ার জন্য দু ভাই-য়ের মধ্যে এক প্রতিযোগিতার সূত্রপাত হয়ে পড়েছে। ভাগ-বাঁটোয়ারার পরে প্রাপ্ত দৌলতের সাথে ওনারা দুই ভাই অনেক কিছুই যুক্ত করেছেন আর তারপর 2008 সালে এমন একটা সময় এল... যখন অনিল অম্বানী নিজের বড় ভাইয়ের থেকে কেবলমাত্র এক পা পেছনে থেকে গিয়েছিলেন।

তখন অনিল অম্বানী সাংবাদিকদের এমনটা বলেছিলেন – *"এবার এ.ডি.এ.জি. গ্রুপ মার্কেট ক্যাপিটালের হিসেবে দেশের দ্বিতীয় সব থেকে বড় কর্পোরেট হাউস হয়ে উঠেছে। এ.ডি.এ.জি.-র মার্কেট ক্যাপিটালে রিলায়েন্স পাওয়ার 1.07 লক্ষ কোটি... রিলায়েন্স এনার্জী 50,234 কোটি... আর.এন.আর.এল. 33,602 কোটি আর রিলায়েন্স কম্যুনিকেশন 1.44 লক্ষ কোটি টাকার যোগদান দিয়েছে।"*

এই ফাঁকে কোম্পানী আই.পি.ও.-য়ের মূল্য 450 টাকা স্হির করে দিয়েছিল। কোম্পানী রিটেল ইন্‌ভেস্টরদের 20 টাকার ডিসকাউন্ট দিয়েছিল। এর ফলে রিটেলার্সরা সেই শেয়ার 430 টাকায় পেয়েছিলেন। রিলায়েন্স পাওয়ারের শেয়ারের লিস্টিং 2008 সালের ফেব্রুয়ারী মাসের প্রথম সপ্তাহে হয়ে পড়েছিল।

আই.পি.ও. এ্যাপ্লিকেশনের মাধ্যমে রিলায়েন্স পাওয়ার প্রায় 7.5 লক্ষ কোটি টাকা প্রাপ্ত করেছিল... যেটার থেকে অর্দ্ধেক অংশ বিদেশী সংস্হাগত নিবেশকদের এফ.আই.আই.-য়ের ছিল।

এই ইশ্যুর জন্য 73 গুণেরও বেশী এ্যাপ্লিকেশন প্রাপ্ত হয়েছিল... অর্থাৎ 22.8 কোটি শেয়ারের অফারের ওপরে রিলায়েন্স পাওয়ার 1,665 কোটি এ্যাপ্লিকেশন প্রাপ্ত করেছিল। রিটেল ইন্‌ভেস্টরদের অংশের জন্য কোম্পানী 14 গুণ বেশী এ্যাপ্লিকেশন পেয়েছিল।

অনিল অম্বানীর নেতৃত্বের রিলায়েন্স পাওয়ারের মুখপাত্র বলেছেন – "কোম্পানী বিদ্যুত উপকরণ নির্মাণ ক্ষেত্রে প্রবেশ করার জন্য বিভিন্ন আন্তর্জার্তিক ফার্মের সাথে আলাপ-আলোচনা চালাচেছ। কোম্পানী আগামী পাঁচ বছরে 28,000 মেগাওয়াট বিদ্যুত উৎপাদন করার লক্ষ্যমাত্রা স্হির করে রেখেছে!"

রিলায়েন্স এ.ডি.এ.জি.-র অধ্যক্ষ অনিল অম্বানী বলেন – "*আমরা বিশ্বের 2 - 3 বড় নির্মাতা কোম্পানীর সাথে সহযোগ চুক্তি করার ব্যাপারে কথাবার্তা চালাচিছ।*"

"*সেই চুক্তি টারবাইন আর বয়লারের মত উপকরণের জন্য সংযুক্ত উদ্যম সোর্সিং বা কন্ট্র্যাক্টের রূপে হতে পারে। এছাড়া আই.পি.ও.-র মাধ্যমে কোম্পানী 11,700 কোটি টাকা জোটানোর লক্ষ্যও স্হির কনের রেখেছে!*"

"*প্রস্তাবিত এই পদক্ষেপ দ্বারা উপকরণ প্রতিযোগিতামূলক দামে পাওয়া যাবে আর উচ্চাকাংখী লক্ষ্যকেও পূরণ করা যাবে। তারপর আল্ট্রা মেগা বিদ্যুত পরিযোজনার মাধ্যমে উৎপাদিত বিদ্যুতের মূল্য প্রতি ইউনিট 19 পয়সা হবে, যেটা 25 বছর পর্যন্ত বজায় থাকবে এবং কৃষ্ণাপট্টিনম্ বিদ্যুত ইউনিট থেকে উৎপাদিত বিদ্যুত প্রতি ইউনিট 2.30 টাকা হারে পাওয়া যাবে!*"

"*কিন্তু ভূমি অধিগ্রহণ করার ওপরে সঠিক ক্ষতিপূরণ... প্রশিক্ষণ... উপার্জন আর নতুন কারবার শুরু করার কাজে সহায়তা ইত্যাদি সমাধান খুঁজে বার করতে হবে। প্রতিটি রাজ্য, জেলা আর তালুকের এমনটা অনুভব করা উচিত এবং পরিযোজনার জন্য গ্যাস পাওয়ার ব্যাপারে বেশ কিছু গ্যাস উৎপাদক কোম্পানীর সাথেও যোগাযোগ করা হয়েছে!*"

অনিল অম্বানী গ্রুপের রিলায়েন্স পাওয়ার দ্বারা দেশের সব থেকে বড় প্রারম্ভিক সার্বজনিক প্রস্তাব আই.পি.ও.-র পুঁজি বাজারে পা রাখায় ব্যাঙ্কাররা এমনটা অনুমান লাগাচেছন যে, এই সার্বজনিক

প্রস্তাব প্রায় 2,00,000 কোটি টাকার চাহিদা সৃষ্টি করবে এবং আই.পি.ও.-র মাধ্যমে প্রায় 11,700 কোটি টাকা সংগ্রহ করার কোম্পানীর পরিকল্পনা রয়েছে'। কিন্তু ব্যাঙ্কারদের বক্তব্য হচ্ছে এই যে, আই.পি.ও.-র সফলতার সাথে যুক্ত পরিণামকে বাদ দেওয়া উচিত।

কারণ সেটা রপ্তানীর মাধ্যমে এখনও পর্যন্ত বিশালতম চাহিদাকে কেন্দ্রে রেখে বুলি লাগাচেছ এবং আই.পি.ও.-র জন্য এখনও পর্যন্ত বিশালতম চাহিদা মুদ্রা পোর্ট এ্যাণ্ড সেজ গত বছর লাগিয়েছিল... সরকারী মালিকানার পাওয়ার গ্রীড কর্পোরেশনের আই.পি.ও.-ও মুদ্রা পোর্টের মত বেশী চাহিদা আর উচ্চ স্তরে পৌঁছেছিল।

অনিল অম্বানী-ও নিজের আলাদা গ্রুপ বানিয়েছিলেন... যাতে অনিল অম্বানী 2005 সালে নিজের 3 কোম্পানীকে বাজারে লিস্টেড করিয়েছিলেন। সেই সময় অনিল অম্বানী গ্রুপের মার্কেট ক্যাপিটাল কেবলমাত্র 15 হাজার কোটি টাকা ছিল... পরে গ্রুপ নিজের কোম্পানী রিলায়েন্স কম্যুনিকেশনকে মার্কেটে লিস্টেড করিয়ে এ.ডি.এ.জি.-র সব থেকে বড় কোম্পানীতে পরিবর্তিত করে দিয়েছিল।

•

*"নিজের স্বপ্নের সুতো মজবুত হাতে ধরে থাকুন... কারণ স্বপ্নই আপনাকে লক্ষ্যে পৌঁছে দেওয়ার কাজ করে!"*

*– ধীরুভাই অম্বানী*

# অনিল ধীরুভাই অম্বানী গ্রুপের বিস্তার

**অ**নিল ধীরুভাই অম্বানী গ্রুপ *(এ.ডি.এ.জি.)*-র মার্কেট ক্যাপিটাল গত মাসে 3 ট্রিলিয়ন অর্থাৎ 3 লক্ষ কোটি টাকাকে পার করে গিয়েছিল... কিন্তু কারবারের শেষে সেটা কিছুটা নীচে 2.98 কোটিতে এসে বন্ধ হয়েছিল। তারপর এ.ডি.এ.জি. মার্কেট ক্যাপিটালের হিসেবে অন্য আর সব বড় বিজনেস গ্রুপগুলোকে পেছনে ফেলে এই স্থান অধিকার করে নিয়েছিল।

টাটা গ্রুপের কোম্পানীগুলোর মার্কেট ক্যাপিটাল সব মিলিয়ে 2.96 লক্ষ কোটি টাকা ছিল। এ.ডি.এ.জি.-র থেকে আগে রয়েছে মুকেশ অম্বানীর রিলায়েন্স ইণ্ডাস্ট্রিজ লিমিটেড *(আর.আই.এল.)* গ্রুপ... যার মার্কেট ক্যাপিটাল হচ্ছে 5 ট্রিলিয়ন অর্থাৎ 5 লক্ষ কোটি টাকারও বেশী!

কিন্তু অনিল ধীরুভাই অম্বানী গ্রুপের মোট 5-টি কোম্পানী স্টক মার্কেটে লিস্টেড হয়ে রয়েছে, যাদের মধ্যে রিলায়েন্স কম্যুনিকেশন্স, রিলায়েন্স এনার্জী, রিলায়েন্স ক্যাপিটাল, রিলায়েন্স ন্যাচারাল রিসোর্সেস আর এ্যাডল্যাব্স ফিল্ম রয়েছে।

অনিল অম্বানীর কোম্পানী রিলায়েন্স কম্যুনিকেশন্স *(আর. কম্.)* দিল্লী হাই কোর্টে এক এফিডেবিট দায়ের করেছিল... যার পেছনে উদ্দেশ্য এটাই ছিল যে, যদি জি.এস.এম. অপারেটর স্পেকট্রম এ্যালট করার মামলায় টি. ডি. সেটের ফয়সালার বিরুদ্ধে হাই কোর্টের শরণাপন্ন হয়... তাহলে হাই কোর্ট আর. কম্.-কেও যেন নিজেদের স্বপক্ষে বক্তব্য পেশ করার অনুমতি প্রদান করে।

যখন কি জি.এস.এম. অপারেটরদের সংগঠন সেল্যুলার অপারেটর এ্যাসোসিয়েশন অফ্ ইণ্ডিয়া *(সি.ও.এ.আই.)* টি. ডি. সেটের ফয়সালার

বিরুদ্ধে এখনও পর্যন্ত হাই কোর্টের শরণাপন্ন হয়নি।

নতুন কোম্পানীগুলোকে স্পেক্ট্রম এ্যালট করায় সরকারের ফয়সালার ওপরে স্থগিতাদেশ লাগানোর সি.ও.এ.আই.-য়ের আবেদন টেলিকম্ ট্রাইব্যুনাল টি. ডি. সেট প্রত্যাখ্যান করে দিয়েছিল।

এর পরে সি.ও.এ.আই. এমন সংকেত দিয়েছিল যে, সে সি. ডি. সেটের ফয়সালার বিরুদ্ধে হাই কোর্টে যেতে পারে। কিন্তু ঘটনাক্রমের খবর রাখা সূত্র এটা জানিয়েছে যে, সি.ও.এ.আই. হাই কোর্টে পৌঁছনোর আগেই আর. কম্. রক্ষাত্মক পদক্ষেপের অন্তর্গত হাই কোর্টে এফিডেবিট দায়ের করে দিয়েছে।

তারপর সরকার টি. ডি. সেটের সামনে নিজের পক্ষ সমর্থন করে বলে যে, সরকার নতুন টেলিকম্ গাইডলাইনে করা দ্বৈত প্রযুক্তির ব্যবস্থার অন্তর্গত রিলায়েন্স কম্যুনিকেশন সমেত নতুন কোম্পানীদের স্পেক্ট্রম এ্যালট করার কাজ শুরু করবে।

টি. ডি. সেট-ও নিজেদের ফয়সালায় সরকারের এই ফয়সালার ওপরে স্থগিতাদেশ জারী করতে অস্বীকার করে দিয়েছিল। দ্বৈত প্রযুক্তির ব্যবস্থার অন্তর্গত জি.এস.এম. পরিষেবা প্রদানকারী টেলিকম্ কোম্পানীগুলোকে সি.ডি.এম.এ. বা সি.ডি.এম.এ. পরিষেবা প্রদানকারী টেলিকম্ কোম্পানীগুলোকে জি.এস.এম. পরিষেবা শুরু করার অনুমতি এবং নতুন টেলিকম্ গাইডলাইন সরকার দিয়েছিল।

নতুন কোম্পানীগুলোকে লাইসেন্স দেওয়ার প্রক্রিয়া আটকানোর জি.এস.এম. কোম্পানীগুলোর সংগঠন সি.ও.এ.আই.-য়ের আবেদনে টি. ডি. সেট বলেছিল – *"এটা হচ্ছে পাব্লিক পলিসির ব্যাপার। এর ওপরে ফয়সালা নেওয়া আমাদের কাজ নয়... সুতরাং এই ব্যাপারে সরকারেরই ফয়সালা নেওয়া উচিত।"*

যখন কি নতুন কোম্পানী বলতে সরকারের অভিপ্রায় ছিল এমন কোম্পানী... যেগুলো জি.এস.এম. বা সি.ডি.এম.এ. সার্ভিস শুরু করার লাইসেন্স হাসিল করার জন্য প্রথম বার আবেদন করেছে।

সরকারের নতুন কোম্পানীগুলোর গণ্ডীতে এমন কোম্পানীও আসবে... যারা আগে থেকে জি.এস.এম. পরিষেবা প্রদান করে আসছে আর এখন সি.ডি.এম.এ. পরিষেবা শুরু করতে চায় এবং এমন কোম্পানীও আসবে... যারা আগে থেকে সি.ডি.এম.এ. পরিষেবা প্রদান করে আসছে আর এখন জি.এস.এম. পরিষেবাও প্রদান করতে চায়।

যখন কি রিলায়েন্স কম্যুনিকেশন্স আগে থেকেই সি.ডি.এম.এ.

পরিষেবা প্রদান করে আসছে। নতুন টেলিকম্ গাইডলাইন ঘোষণার পরে গ্রুপ জি.এস.এম. সার্ভিস শুরু করার জন্য আবেদন করেছিল আর 14-টি সার্কেলে জি.এস.এম. সার্ভিস শুরু করার অনুমতিও পেয়ে গেছিল।

এর পরে জি.এস.এম. সার্ভিসের জন্য রিলায়েন্স কম্যুনিকেশন্স নতুন কোম্পানীর শ্রেণীতে আসবে আর তাকে স্পেক্ট্রম এ্যালট করা হবে।

কিন্তু সম্প্রতি শিখ সম্প্রদায়ের সঙ্গে যুক্ত সংস্থা লখনউ গুরুদ্বারা প্রবন্ধক কমিটি অনিল ধীরুভাই অম্বানী গ্রুপের চেয়ারম্যান অনিল অম্বানীর বিরুদ্ধে এক এফ.আই.আর. দায়ের করিয়েছিল।

মামলা ছিল শিখ সম্প্রদায়ের সাথে যুক্ত এক জোকের... যেটা রিলায়েন্সের মোবাইল নেটওয়ার্ক থেকে প্রসারিত করা হয়েছিল আর সেই জোকটাকে শিখ সম্প্রদায় নিজেদের অপমান হিসেবে গ্রহণ করেছিল।

যদিও মোবাইল কোম্পানীর বক্তব্য ছিল যে, এই জোকের সামগ্রীর জন্য দায়ী ভেণ্ডার আগেই ক্ষমা চেয়ে নিয়েছে। কিন্তু শিখ কমিটি এই ব্যাপারে অনিল অম্বানীর পক্ষ থেকে লিখিত রূপে ক্ষমা দাবী করেছিল।

কমিটির প্রেসিডেন্ট শ্রী রাজেন্দ্র সিং বগ্গা বলেছিলেন – "*এই ধরণের জোকের কারণে গোটা শিখ সম্প্রদায় অপমানিত হয়েছে। এটাকে বর্দাস্ত করা যায় না। আমরা রিলায়েন্স গ্রুপের চেয়ারম্যানের থেকে লিখিত রূপে ক্ষমা দাবী করছি। উনি যদি এমনটা না করেন, তাহলে রিলায়েন্স কোম্পানীর বিরুদ্ধে গোটা দেশ জুড়ে বিরোধ প্রদর্শন করা হবে। আমরা রিলায়েন্স কোম্পানীর প্রোডাক্ট বয়কট করতেও পেছু হটব না!*"

এর ওপরে রিলায়েন্স কম্যুনিকেশন্স বলেছিল – "*এস.এম.এস.-য়ের মাধ্যমে যেসব জোক পাঠানো হয়, সেগুলোর সামগ্রীর জন্য আলাদা সার্ভিস দায়ী হয়! এমন পরিস্থিতিতে সেই জোকের জন্য আমাদের কোন ভাবেই দায়ী করা চলে না!*"

"*আমরা নিজেদের কন্টেন্ট সার্ভিস প্রোভাইডার, ওয়ান 97-কে আগেই লীগ্যাল নোটিশ পাঠিয়ে দিয়েছি এবং আমাদের কোম্পানী লোকেদের ধার্মিক ভাবনার সম্মান করে আর আমরা এই ব্যাপারে আগেই বিনা সংকোচে ক্ষমা চেয়ে নিয়েছি!*"

নব্বই-য়ের দশক থেকে শুরু হওয়া আর্থিক উদারীকরণ দেড় দশক পুরো হতে-হতে ভারতীয় অর্থ ব্যবস্থাকে সেই জায়গায় নিয়ে গিয়ে দাঁড় করিয়েছিল... যেখানে মজবুত-মজবুত অর্থ-তন্ত্রগুলোর পক্ষেও সেটাকে উপেক্ষা করা সহজ ছিল না। এই ফাঁকে ভারত জি.ডি.পি. থেকে শুরু

করে বিদেশী ব্যবসাতে পর্যন্ত এক অভূতপূর্ব উন্নতি করে নিয়েছিল।

এই লাগাতার বেড়ে চলা আর্থিক শক্তির দুনিয়ার অন্য দেশগুলোয় কেমন গুরুত্ব প্রাপ্ত করেছিল... সেটা মুম্বাই শেয়ার বাজারের সংক্ষিপ্ত ইতিহাস থেকে বোঝা যেতে পারে। 1990 সালে সেন্সেক্স 1,000 অঙ্ক পার করে গিয়েছিল।

সেই সময় শেয়ারের খেল্ সাধারণ লোকেদের আয়ত্তের মধ্যে ছিল না। কিন্তু বড় ঝুঁকি ওঠাতে সক্ষম নিবেশকরা এতে নিজেদের উজ্জ্বল ভবিষ্যত দেখতে পেয়েছিলেন আর সেটাকে তাঁরা জারী রেখেছিলেন।

তারপর 1999 সালে 5,000 অঙ্কও হাসিল করে নেওয়া হল। সেন্সেক্সের উঁচুতে লাফ মারার এই কাহিনী জারী রইল আর 2006 সালে সেন্সেক্স 16,000 অঙ্কও ছুঁয়ে ফেলল।

ততদিনে গোটা দুনিয়ার নিবেশকদের মধ্যে ভারতীয় শেয়ার বাজার এতটা বিশ্বস্ত ক্ষেত্র হয়ে উঠেছিল যে, পরের ফলাফলও লাগাতার চমকের সৃষ্টি করে চলল। 1,000 থেকে শুরু করে 10,000 পর্যন্ত অর্থাৎ 9,000 অঙ্কের সফর মাত্র 9 বছরে শেষ করে ফেলা হয়েছিল আর তারপর 10,000 থেকে 19,000 পর্যন্ত দূরত্ব কেবলমাত্র 3 বছরে পার করে নেওয়া হয়েছিল।

রিলায়েন্স এ.ডি.এ.জি.-র অধ্যক্ষ অনিল অম্বানী বলেছিলেন – *"ভারত নিজের শক্তিশালী আর্থিক পরিকাঠামোর দৌলতে আগামী তিন দশকে বিকশিত রাষ্ট্রের মর্যাদা হাসিল করে নেবে। কিন্তু বিকাশের এই গতিকে দেখে যদি সেই সময়টা আরও কমে আসে... তাহলে আশ্চর্য হওয়ার মত কিছুই নেই!"*

*"যদি দুনিয়ার সব থেকে তীব্র গতিতে আর্থিক বিকাশ করা দেশগুলোকে দেখা হয়, তাহলে 8 থেকে 10 শতাংশের বিকাশ হার জারী রাখা খুব একটা সহজ কাজ মোটেই নয়। দক্ষিণ কোরিয়া আর সিঙ্গাপুরের মত দেশগুলো হচ্ছে এটার বড় উদাহরণ... যেখানে দু দশকেরও বেশী সময়ে এমনটা হতে পেরেছিল।"*

*"কিন্তু ভারতের পরিস্থিতি অনেকটাই আলাদা। ভারতের আর্থিক উপার্জনে এখনও পর্যন্ত সব থেকে বড় অংশীদারী সেবা ক্ষেত্রগুলোরই রয়েছে।"*

*"যখন কি অন্যান্য বিকাশশীল দেশগুলোয় উপার্জনের এক বড় অংশ নির্মাণ ক্ষেত্রের বিকাশ থেকে আসে... কিন্তু ভারতে এর ওপরে অপেক্ষাকৃত কম মনোযোগ দেওয়া হয়েছে।"*

*"এজন্য এই তীব্র বিকাশ সত্ত্বেও বিকাশের বড় সম্ভাবনা এখনও পর্যন্ত সুরক্ষিত রয়েছে আর এমনটাও হতে পারে যে, ভারত সেই রেকর্ড ভেঙে দেবে... যেটা অনুসারে উচ্চ বিকাশ হার বেশী সময় পর্যন্ত কায়েম হয়ে থাকতে পারে না!"*

আপাততঃ সব থেকে তীব্র বিকাশ করা দেশগুলোর মধ্যে চীনের কোন তুলনাই নেই। কিন্তু সম্ভাব্য রূপে এই উচ্চ বিকাশ হার বেশী সময় পর্যন্ত বজায় থাকবে না... কারণ চীনের বিভিন্ন সম্ভাবনাশীল ক্ষেত্রগুলোর বিকাশ হচেছ।

কিন্তু এমনটা হওয়া সত্ত্বেও চীনের ঘরোয়া উৎপাদন ভারতের জি.ডি.পি.-র আড়াই গুণ বেশী থাকবে। কিন্তু যদি ভারত লাগাতার বিকাশ হার 10 শতাংশকে বজায় রাখে আর চীনের বিকাশ হারকে 6 শতাংশ মেনে নেওয়া হয়... তাহলে চীনের অর্থ ব্যবস্থার বরাবরী করতে ভারতের প্রায় 30 বছর সময় লেগে যাবে। আর যদি ভারত 10 শতাংশের ওপরে স্থির হয়ে থাকে, তাহলে এই সফর মাত্র 24 বছরেই শেষ হয়ে পড়তে পারে।

কিন্তু অনিল অম্বানীর বক্তব্য হচেছ – *"এই পরিসংখ্যান আর অনুমান আমাদের ভবিষ্যতের সঙ্গে যুক্ত হয়ে রয়েছে... যেখানে আমাদের অবস্থা সব থেকে ভালো হবে! কিন্তু এই সব কিছুই এক মজবুত আধারসম্পন্ন বর্তমানের মাধ্যমেই ভাবা যেতে পারে আর আমাদের স্বপ্নের ভারত এই পথে এগিয়ে চলবে আর তখন আমাদের দেশের ছবি অত্যন্ত সুন্দর হবে!"*

●

---

*"দান সেটা হয় না, যেটা সবাইকে দেখিয়ে দেওয়া হয়... বরং দান হচেছ সেটা, যার দ্বারা গরীবদের মুখে হাসি ফুটে ওঠে আর আমি এই ধরণের দানেই বিশ্বাস করি!"*

*– ধীরুভাই অম্বানী*

# ধীরুভাই-য়ের স্বপ্ন সাকার হল

**ভা**রত দুনিয়াকে বহু যুগ আগে থেকেই অভিভূত করে এসেছে! কখনো নিজের সংস্কৃতি দ্বারা... তো কখনো নিজের ইতিহাস দ্বারা! কিন্তু নিজের মস্তিস্কের ক্ষমতা গোটা দুনিয়ার সামনে তুলে ধরার পরে এবার ভারত অর্থ জগতের ওপরে কব্জা করে নিতে চাইছে।

এর সূত্রপাত সেন্‌সেক্স 20,000-য়ের জাদু অঙ্ককে স্পর্শ করার মাধ্যমে ইতিমধ্যেই করে দিয়েছে। এই ফাঁকে ধনী হয়ে ওঠার স্বপ্ন দেখা ব্যক্তিদের প্রেরণার উৎস ধীরুভাই অম্বানীর পুত্র মুকেশ অম্বানী এক নতুন ইতিহাস রচনা করে গোটা দুনিয়াকে চমকে দিয়েছেন!

সব থেকে ধনী হওয়ার সিরিজে রিলায়েন্স ইণ্ডাস্ট্রিজের প্রমুখ মুকেশ অম্বানী বিল গেটস্ আর কার্লোস স্লিমের মত ধনী ব্যক্তিদেরও নিজের পেছনে ফেলে দিয়েছেন আর তারপর 63 হাজার মিলিয়ন 20 কোটি ডলারের সম্পত্তির সাথে দুনিয়ার সব থেকে ধনী ব্যক্তি হয়ে উঠেছেন।

এর পরে মুকেশ অম্বানী আন্তর্জার্তিক শিল্প জগতে এক পরিচিত নাম হয়ে ওঠেন... যখন কি রিলায়েন্স ইণ্ডাস্ট্রিজ ভারতের সব থেকে বড় পাব্লিক সেক্টরের কোম্পানী হয়ে ওঠে।

মুকেশ অম্বানীর নাম বিশ্বের সব থেকে ধনী ব্যক্তিদের লিস্টে আসামাত্রই বিকশিত ভারতের সেই ছবি গোটা বিশ্বের সামনে ভেসে উঠল... যে ছবিতে আন্তর্জার্তিক স্তরে নিজের ক্ষমতা প্রকাশ করার যোগ্যতা রয়েছে!

ধীরুভাই অম্বানীর ড্রীম প্রোজেক্ট – রিলায়েন্স ইন্‌ফোকম্-য়ের দায়িত্বে প্রথমে মুকেশ অম্বানীই ছিলেন। কিন্তু বিভাজনের পরে রিলায়েন্স ইন্‌ফোকম্ অনিল অম্বানীর অংশে চলে যায়।

ভাগ-বাঁটোয়ারার পরে মুকেশ অম্বানী রিটেল ক্ষেত্রে ভারী নিবেশ করেন। এবার উনি দেশের বেশ কিছু রাজ্যে বিশেষ আর্থিক জোন গড়ে তোলার অনুমতিও পেয়ে গিয়েছিলেন।

নিজের কার্যক্ষমতা আর কৌশলের কারণে মুকেশ অম্বানী রাষ্ট্রীয় আর আন্তজার্ত্তিক জগতে প্রচণ্ড খ্যাতি প্রাপ্ত করেছিলেন। 2007 সালে ইকোনোমিক টাইমস্ ওনাকে *'বিজনেস লীডার'* নির্বাচিত করেছিল। বিশ্বের 42-জন শীর্ষস্হানীয় শিল্পপতিদের মাঝে ওনার নামও রয়েছে আর এখন তো উনি দুনিয়ার সব থেকে ধনী ব্যক্তি হয়ে উঠেছেন।

মুকেশ অম্বানী যখন 1981 সালে রিলায়েন্সের সাথে যুক্ত হয়েছিলেন, সেই সময় উনি রিলায়েন্সকে টেক্সটাইল থেকে পোলিয়েস্টার ফাইবার আর পেট্রোকেমিক্যান্সের পথে নিয়ে যান। উনি 10 লক্ষ টনের থেকে কম উৎপাদন ক্ষমতাকে 60 নতুন ম্যানুফ্যাকচারিং ইউনিটের মাধ্যমে বাড়িয়ে তুলে 120 লক্ষ টন পর্যন্ত পৌঁছিয়ে দিয়েছিলেন। উনি নিজের নির্দেশনায় রিলায়েন্স কম্যুনিকেশন্সের রূপে ভারতে সব থেকে বড় টেলিকম্ কোম্পানী দাঁড় করিয়েছিলেন।

ওনার পত্নী নীতা অম্বানী রিলায়েন্স ইণ্ডাস্ট্রিজে সামাজিক আর চ্যারিটির সাথে যুক্ত কাজকর্ম দেখাশোনা করেন। ওনাদের দুই পুত্র আর এক কন্যা রয়েছে।

মুকেশ অম্বানী নিজের ভেতরেই সীমিত হয়ে থাকেন। উনি হচ্ছেন এক লজ্জালু প্রকৃতির ব্যক্তি এবং উনি মীডিয়ার থেকেও দূরত্ব বজায় রেখে চলেন। উনি এক পারম্পরিক হিন্দুর জীবন কাটান... নিরামিশাষী হওয়ার সাথে-সাথে উনি মদ্যপান থেকেও নিজেকে দূরে সরিয়ে রেখেছেন। উনি *'ছোট'*-র পরিবর্তে 'বড়'-র ওপরে বেশী বিশ্বাস করেন।

এজন্য ওনার নামের সাথে সব থেকে বড় কোম্পানী... সব থেকে বড় রিফাইনারী আর সব থেকে বড় পরিবার যুক্ত হয়ে রয়েছে।

ওনার কাছে নিজস্ব হাওয়াই জাহাজ রয়েছে আর মুম্বাইতে অফিস যাতায়াত করার জন্য উনি নিজের বেল হেলিকপ্টারের ব্যবহার করেন।

ওনার হিন্দী ফিল্ম দেখার প্রচণ্ড শখ রয়েছে এবং চাট, ফুচকা, ইডলী-সাম্ভর দেখলে ওনার জিভে জল চলে আসে।

সরকারী গ্যাস কোম্পানী গেল ইণ্ডিয়া লিমিটেড পশ্চিম এশিয়া, মধ্য

এশিয়া এবং রাশিয়ায় পেট্রো-কেমিক্যাল প্ল্যান্ট স্থাপিত করার জন্য মুকেশ অম্বানীর রিলায়েন্স ইণ্ডাস্ট্রিজের সাথে হাত মিলিয়েছে।

এর জন্য চুক্তিতে দুই কোম্পানীর প্রতিনিধি – রিলায়েন্সের এক্জিকুটিভ ডায়রেক্টর শ্রী নিখিল আর. মেসবানী আর গেলের ডায়রেক্টর *(বিজনেস ডেভেলপমেন্ট)* শ্রী এ. কে. পুরবাহ হস্তাক্ষর করেছেন।

গেলের সি.এম.ডি. শ্রী ইউ. ডি. চৌবে জানিয়েছেন – *"দুই কোম্পানী এক সাথে মিলে রাশিয়া, কাতার, সৌদী আরব, সংযুক্ত আরব আমীরশাহী, আলজেরিয়া, নাইজেরিয়া আর পূর্ব সোভিয়েত সঙ্ঘের দেশগুলোয় পেট্রো-কেমিক্যাল কম্প্লেক্স বানানোর সম্ভাবনার ব্যাপারে সন্ধান চালাবে!"*

ঐই চুক্তিতে হস্তাক্ষর করার পরে মুকেশ অম্বানী বলেন – *"এই দুই কোম্পানী হচেছ ইন্ফ্রাস্ট্রাকচার আর এনার্জী সেক্টরের দুই প্রমুখ কোম্পানী আর এই চুক্তির মাধ্যমে আমরা পেট্রো-কেমিক্যাল সেক্টরে বিশ্বে মজুদ সুযোগগুলোর লাভ ওঠানোর চেষ্টা চালাব এবং 3 দেশে প্ল্যান্ট বেছে নেওয়ার জন্য জয়েন্ট ওয়ার্কিং গ্রুপ তৈরী করা হবে!"*

*"এছাড়াও দুই কোম্পানী ঘরোয়া বাজারেও সম্ভাবনার সন্ধান করবে। তারপর আমরা নাফ্থা বা প্রাকৃতিক গ্যাসের মত ফিড্রস্টকের উৎপাদনের সাথে যুক্ত পরিযোজনাগুলোর জন্যও এক সাথে মিলে কাজ করতে পারবে আর যদি গ্যাস ক্ষেত্রের আবন্টন হয়, তাহলে সেটাকেও সংযুক্ত রূপে বিকশিত করে তোলা হবে!"*

*"যদিও বিগত ছয় দশকে ভারতে অনেক পরিবর্তন এসেছে... কিন্তু আমার মতে পরিবর্তনের গতি আরও তীব্র হওয়া উচিত আর এটাও অত্যন্ত জরুরী যে, বিকাশের লাভ যেন সকলের প্রাপ্ত হয়!"*

*"যদি ভারতকে বিশ্বে নিজের সমুচিত স্থান প্রাপ্ত করতে হয়, তাহলে এখনও পর্যন্ত যেমনটা চলে এসেছে... তেমনটা জারী রেখে সেই স্থান প্রাপ্ত করা যাবে না!"*

*"তার জন্য আমাদের ভারতীয় রাজনীতি, অর্থ ব্যবস্থা আর সমাজে পরিবর্তন নিয়ে আসতে হবে। তার জন্য এটা অত্যন্ত জরুরী যে, আমরা নিজেদের চিন্তাধারায় পরিবর্তন নিয়ে আসব। মামুলী পরিবর্তন আনলে হবে না। তার জন্য এটা অত্যন্ত আবশ্যক যে, আমাদের নতুন ভারতের পরিকল্পনা যেন 'সর্বজন হিতায়' হয়!"*

"আমাদের এমন ভারত গড়ে তুলতে হবে, যেখানে প্রতিটি নাগরিক সমর্থ হবেন... যেখানে জনতা নতুন প্রযুক্তি আর যোগ্যতা হাসিল করতে পারবেন এবং উদ্যমশীল পুরুষ আর মহিলারা ভালো সুযোগ প্রাপ্ত করবেন!"

"আসল সামর্থ্য তো সেই সময় প্রাপ্ত হবে, যখন প্রতিটি ব্যক্তি নিজের ভাগ্যের নির্মাতা নিজে হবেন। প্রযুক্তির গুরুত্বও সেই সময় প্রমাণিত হবে, যখন ব্যাপক স্তরে সমস্যার সমাধান লাগু করার যোগ্যতা হাসিল করা যাবে। এসবের আসল মূল্যও সেই সময় পাওয়া যাবে, যখন সেটা সামাজিক পরিবর্তনের মাধ্যম হয়ে উঠতে পারবে!"

"ভারতে সুযোগ মুষ্টিমেয় কিছু লোকেদের মধ্যেই সীমিত থাকা উচিত নয়। প্রতিটি যোগ্য ব্যক্তি পর্যন্ত সেই সব সুযোগ পৌঁছনো উচিত। সত্যিকারের সুযোগ একমাত্র তখনই বলা যাবে... যখন সম্পন্নতা আর বিপন্নতার মাঝে কোন খাদ থাকবে না... যখন তথ্য আর সাধনসম্পন্ন ব্যক্তিরা এবং সেগুলোর থেকে বঞ্চিত ব্যক্তিদের মধ্যে কোন পার্থক্যই থাকবে না!

"আমার এমনটা মনে হয় যে, এক নতুন ভারতের উদয় হচ্ছে! প্রযুক্তির দৌলতে প্রত্যেক ব্যক্তি আরও বেশী সমর্থ হয়ে উঠেছেন আর এখন তাঁরা ভালো নির্বাচন, সঞ্চার, অংশীদারী আর সৃজনের অবস্থায় পৌঁছে গেছেন। রচনাত্মকতা, উৎপাদন আর বিতরণের ক্ষেত্রগুলোর গণতন্ত্রীকরণ হওয়া শুরু হয়ে পড়েছে!"

"আমার এটাও মনে হয় যে, ভারত আর গোটা বিশ্বের বিকাশ পরস্পরের সাথে যুক্ত হয়ে রয়েছে। এর কারণ হচ্ছে এটা যে, দুনিয়ার প্রতি 6-জন ব্যক্তির মধ্যে একজন ব্যক্তি হচ্ছেন ভারতবাসী অথবা ভারত বিশ্বের তৃতীয় মহাশক্তি হয়ে উঠতে চলেছে বা বিশ্বে সম্পদ নির্মাণের প্রক্রিয়ার কেন্দ্র পশ্চিম থেকে সরে এসে পূর্ব, এশিয়া, চীন আর ভারতে স্থানান্তরিত হচ্ছে!"

"সব থেকে গুরুত্বপূর্ণ হচ্ছে এটা যে, একবিংশ শতাব্দীকে সাজিয়ে তোলা শক্তিগুলোর মধ্যেই গুণাত্মক পরিবর্তন হচ্ছে। বর্তমান জ্ঞান যুগে অভিলাষা আর তথ্য পরিবর্তনের দুটো আরও গুণ রয়েছে। অভিলাষা না তো কম হবে আর না-ই সেটা একেবারে থেমে যাবে। এখন অত্যন্ত দ্রুত গতিতে তথ্যের গণতন্ত্রীকরণ হচ্ছে। এমন এক বিশ্বে... যেখানে

ব্যাপক দারিদ্রতা রয়েছে আর বিষমতার সাম্রাজ্য রয়েছে... সেখানে এই দুটো জিনিষ প্রচণ্ড হৈ-চৈ ফেলে দিয়েছে!"

"দ্বিতীয় বিশ্বযুদ্ধের শেষে এখনও পর্যন্ত বিশ্বে দারিদ্রতা উন্মূলনের জন্য প্রায় 2.5 লক্ষ ডলার খরচ করা হয়েছে। তা সত্ত্বেও দারিদ্রতার বিরুদ্ধে যুদ্ধ এখনও পর্যন্ত অপূর্ণ রয়ে গেছে।"

"দুনিয়ার বিকশিত দেশগুলোয় বাস করা কেবলমাত্র 15 - 20 শতাংশ ব্যক্তিই সম্পন্নতার সাথে দিন কাটাচ্ছেন... যখন কি বিশ্বের বিকাশশীল দেগুলোয় বাস করা 75 - 80 শতাংশ জনসংখ্যা অভাবের মধ্যে দিন কাটাচ্ছেন। এটা হচ্ছে বিষমতায় পরিপূর্ণ দুনিয়া!"

"দুনিয়ায় বাস করতে থাকা 6 হাজার মিলিয়ন লোকেদের মধ্যে 5 হাজার মিলিয়ন লোক সম্পন্নতার এই দৌড়ের থেকে বাইরে রয়েছেন। প্রায় 20 শতাংশ বা 1.2 হাজার মিলিয়ন ব্যক্তি প্রতি দিন কেবলমাত্র 1 ডলার উপার্জনের সাথে অত্যন্ত দারিদ্রতার মধ্যে দিন কাটাচ্ছেন। 3 হাজার মিলিয়ন লোকেরা সুরক্ষিত এবং স্বচ্ছ জল পর্যন্ত পাচ্ছেন না!"

"এই পরিসংখ্যান আমাদের অন্তরাত্মাকে নাড়া দেওয়ার পক্ষে পর্যাপ্ত! গোটা বিশ্ব জুড়ে ছড়িয়ে থাকা দারিদ্রতা আমাদেরকে আশ্চর্যচকিত করে তোলে!"

"বিশ্বব্যাপী এই বিষমতা না তো যুক্তিসঙ্গত আর না-ই স্বীকার্য! আগামী 25 বছরে গোটা বিশ্বের জনসংখ্যায় 2 হাজার মিলিয়নের বৃদ্ধি হবে – তাৎক্ষনিক পদক্ষেপ নেওয়া প্রয়োজন!"

"পরিস্থিতির সঙ্গে মোকাবিলা করার জন্য বিকাশের পরিকাঠামোর প্রসঙ্গে আমূল পরিবর্তনের প্রয়োজন! বিশ্বের প্রসঙ্গে আমাদের নিজেদের ঘরের আশপাশে উঁকি মারতে হবে। ভারত নিঃসন্দেহে ইতিহাসের এক নতুন অধ্যায়ের রচনা করছে... কিন্তু কেবলমাত্র একটা অধ্যায় দ্বারা সম্পন্নতা আসবে না। আমাদের এখনও অনেক অভাবের মোকাবিলা করতে হবে।"

"বেশ কিছু ক্ষেত্রে পরিস্থিতি অত্যন্ত চিন্তাজনক হয়ে রয়েছে। শিক্ষা, স্বাস্থ্য, সুরক্ষা, খাদ্যান্ন সুরক্ষা, এনার্জী সুরক্ষা ইত্যাদি ক্ষেত্রে আমরা বিভিন্ন সমস্যার সঙ্গে লড়াই করছি। আমাদের অনেক কাজ এখনও অপূর্ণ হয়ে রয়েছে... যেগুলোকে কুশলতাপূর্বক এবং শীঘ্র পূর্ণ

করতে হবে।"

"এই সব কিছু করার জন্য ভারতকে এক বিস্তৃত দৃষ্টিভঙ্গী... কুশল নেতৃত্ব আর অসাধারণ কার্য প্রণালীর ওপরে আধারিত বিকাশের নতুন মডেলের প্রয়োজন রয়েছে। এখনও পর্যন্ত বিকাশ মডেল বঞ্চিতদের ভাতা আর অনুদানের ওপরেই টিকে ছিল!"

"সুতরাং বিকাশের নতুন মডেলের আধার দুর্বল ব্যক্তিদের শক্তিশালীকরণ হওয়া উচিত। বর্তমান মডেলে যেসব ব্যক্তি সক্ষম নন, তাঁদের জন্য অনুদানের ব্যবস্থা রয়েছে। বিকাশের নতুন মডেলের অন্তর্গত কম ক্রয় শক্তিসম্পন্ন ব্যক্তিদের আমদানী বাড়ানোর প্রচেস্টা চালানো হবে!"

"স্বাধীনতার পরে ভারতীয় বিকাশের জন্য যে মডেলকে বেছে নেওয়া হয়েছিল... তার অন্তর্গত আর্থিক বিকাশের ভিত্তি সার্বজনিক উপক্রম ছিল। আজকের ভারতে বিকাশের নতুন মডেলের অন্তর্গত ভারতীয় অর্থ ব্যবস্থাকে বিশ্বের শীর্ষে নিয়ে যাওয়ার জন্য ব্যক্তিগত সংস্থাগুলোকে শক্তিশালী করে তুলতে হবে... কারণ ব্যক্তিগত সংস্থাগুলোর বর্তমান ব্যবস্থার অন্তর্গত এই লক্ষ্যকে প্রাপ্ত করা সম্ভব নয়!"

●

"আপনারা যদি নিজেদের পথভ্রস্ট কোন বন্ধুকে সঠিক পথ দেখাতে পারেন... তাহলে এমনটা ধরে নিতে পারেন যে, আপনারা নিজেদের সফলতায় এক নতুন সাথী পেয়ে গেছেন!"

– ধীরুভাই অম্বানী

# বিশ্বের অর্থ ব্যবস্থায় মুকেশ অম্বানীর প্রতিপত্তি

মুকেশ অম্বানীর রিলায়েন্স ইণ্ডাস্ট্রিজ আমেরিকা আর ইউরোপে তেল বিক্রী করার বিকল্পগুলোর ওপরেও চিন্তা-ভাবনা করছে! কোম্পানী নিজের জামনগর রিফাইনারী আর শীঘ্রই শুরু হতে চলা নতুন ইউনিট থেকে ইন্ধন নিজের স্তরে আমেরিকা আর ইউরোপে বিক্রী করতে চায়।

কোম্পানী আমেরিকা আর ইউরোপে সরাসরি খুচরো বিক্রেতাদের ইন্ধন বিক্রী করা বা নিজের রিটেল চেন তৈরী করার বিকল্পের ওপরেও ভাবনা-চিন্তা করছে।

বর্তমানে রিলায়েন্স নিজের মোট উৎপাদনের প্রায় 80 শতাংশ "*ফ্যুল ট্রেডার্স*"-কে এক্সপোর্ট করে। এই ট্রেডার্স আমেরিকা, ইউরোপ, মিডল ইস্ট আর ল্যাটিন আমেরিকায় ইন্ধন বিক্রী করে!

কিন্তু 40 থেকে 50 লক্ষ টন পেট্রোল আর কম মাত্রায় এভিয়েশন টারবাইন "*ফ্যুল আমেরিকা*" পৌঁছে দেয়।

এক্সপোর্টের কথা মাথায় রেখে স্থাপিত কোম্পানীর নতুন রিফাইনারী 2008 সালের শেষ নাগাদ পুরোপুরি তৈরী হয়ে পড়েছিল... যার উৎপাদন ক্ষমতা হচ্ছে প্রতি দিন 5 লক্ষ 80 হাজার ব্যারেল।

এতে আমেরিকান কোম্পানী শেরভন কোর-য়েরও 5 শতাংশ অংশীদারী রয়েছে। এই ইউনিট আগের ইউনিটের ঠিক পাশেই তৈরী করা হয়েছে।

মুকেশ অম্বানীর কোম্পানী রিলায়েন্স এখন ফ্যাশন সেক্টরে নতুন উচ্চতা স্পর্শ করার প্রস্তুতি নিচ্ছে। রিলায়েন্স রিটেলের নতুন কোম্পানী রিলায়েন্স ব্রাণ্ডস্ প্রাইভেট লিমিটেড ইতালীর ফ্যাশন গ্রুপ "*সিক্সটী*"-র সাথে জয়েন্ট ভেঞ্চার তৈরী করার ফয়সালা নিয়েছে।

তারপর কোম্পানী ভারতে মিস্ সিক্সটী, এনার্জী, কিল্লাহ, মর্ফী এবং নাই-য়ের মত ব্রাণ্ডস্ পেশ করতে পারবে এবং ইতালীর এই ফ্যাশন কোম্পানীর ব্রাণ্ড হলিউডে যথেস্ট জনপ্রিয়!

সেই জয়েন্ট ভেঞ্চারে সিক্সটী গ্রুপের অংশীদারী 51 শতাংশ হবে আর রিলায়েন্সের অংশীদারী 49 শতাংশ থাকবে। এই জয়েন্ট ভেঞ্চারের অন্তর্গত এফ.আই.ডি. রুটের অন্তর্গত সিক্সটীর ব্রাণ্ডের এক্সক্ল্যুসিভ স্টোর্স খোলার পরিকল্পনা রয়েছে। সেই স্টোর্সে 4 ব্রাণ্ডসের ওপরে ফোকাস করা হবে।

এতে সিক্সটী, এনার্জী, কিল্লাহ, মর্ফী এবং নাই শামিল রয়েছে এবং সেই সব স্টোর্সকে কোম্পানী দ্বারা অপারেট করা হবে।

এবং ফ্যাশন জগতের বিখ্যাত দর্শন মেহতা চার ব্রাণ্ডের প্রমুখদের সাথে এই জয়েন্ট ভেঞ্চারে এক অত্যন্ত গুরুত্বপূর্ণ ভূমিকা পালন করবেন। মুকেশ অম্বানী অরবিন্দ মিলের টপ ফ্যাশন ডিজাইনার দর্শন মেহতার সাথে মিলে রিলায়েন্স ব্রাণ্ড তৈরী করেছিলেন।

কোম্পানীর দেশ-বিদেশে ফ্যাশন ব্রাণ্ডস্গুলোর অধিগ্রহণ করার পরিকল্পনাও রয়েছে। এর সাথে-সাথে গ্লোবাল ফ্যাশন লীডার্সদের সাথে ঘরোয়া বাজারে জয়েন্ট ভেঞ্চারও কোম্পানী স্হাপিত করবে।

সিক্সটী গ্রুপ হচেছ ইতালীর ট্রেড সেটার ফ্যাশন কোম্পানী এবং পুরো দুনিয়ায় 100 দেশে সিক্সটী গ্রুপের ব্রাণ্ডসের বিক্রী হয়।

এত সব কিছু হওয়ার পরেও মুকেশ অম্বানী বলেছেন – *"আমি যখন মীডিয়ায় নিজের সম্পত্তিকে কেন্দ্র করে ছাপা খবর দেখি, তখন আমি অত্যন্ত আশ্চর্য হয়ে উঠি। কারণ আমি কোনদিন নিজের ব্যাপারে এই ভাবে চিন্তাই করিনি আর না-ই কখনো এমন উদ্দেশ্যে কাজ করেছি। কারণ আপনি যে সম্পত্তি অর্জন করেন, সেটা শুধু আপনাকে... নিজেকে... অন্যদের থেকে কিছুটা আলাদা করার সুযোগ প্রদান করে!"*

*"কিন্তু এমনটা একমাত্র তখনই সম্ভবপর হতে পারে, যখন আমরা এই সুযোগের উপযোগ নিজেদের রাস্ট্রকে সম্পন্ন করে তুলতে আর নিজেদের সামাজিক দায়িত্বগুলোকে পূরণ করার কাজে করব!"*

*"আমি নিজের সফলতাকে সেই মূল্যে মূল্যাংকন করি, যেটা আমি রিলায়েন্সের জন্য প্রস্তুত করেছি আর এক কোম্পানীর রূপে নিজের সম্পত্তিকে পুরো রাস্ট্রের জন্য গড়ে তুলেছি!"*

*"আমাদের প্রত্যেকের... যাঁরা কোন-না-কোন রূপে রিলায়েন্সের*

সঙ্গে যুক্ত... প্রত্যেকের সম্পত্তি পূর্ণ রূপে পরস্পরের বিকাশের সাথে যুক্ত হয়ে রয়েছে!"

"যদি রিলায়েন্স এগিয়ে চলে আর ভারত সম্পন্ন হয়ে ওঠে... তাহলে এতে আমার কিছুই যায়-আসে না যে, আমার ব্যক্তিগত সম্পত্তির মূল্যাংকন কোটি টাকায় করা হবে, না মিলিয়নে!"

"সম্পদ হচ্ছে সেটা, বাস্তবিক সম্পত্তি যেটা তৈরী করে... সংস্থাগুলো যেটা বিকশিত করে আর যেটা চারতরফা সমৃদ্ধিতে অবদান রাখে আর আপনারা নিজেদের কি ভাবে সম্পন্ন আর সমৃদ্ধশালী করে তোলেন!"

"সম্পত্তির থেকে বেশী আমি নিজের সেই মানবিক পুঁজির ওপরে গর্বিত অনুভব করি, যেটা তৈরী করতে আমি সহায়তা করেছি। আমি সেই সব হাজারো নবযুবকের ওপরে গর্বিত অনুভব করি... যাঁরা রিলায়েন্সকে আরও উঁচুতে পৌঁছে দেওয়ায় সহায়তা করেছেন। আমার কাছে সত্যিকারের সম্পত্তি হচ্ছে সেটা... যেটা আমি রিলায়েন্সের জন্য তৈরী করেছি। এর জন্য আমি রিলায়েন্সের মাধ্যমে ভবিষ্যতেও কাজ করে চলব!"

"কারণ এটা হচ্ছে সেই শিক্ষা... যেটা আমি ধীরুভাই অম্বানীর থেকে শিখেছিলাম... তিনি আমার পিতা, শিক্ষক আর নেতা – সব কিছুই ছিলেন। ওনার সেই ভাবনাই হচ্ছে রিলায়েন্সের শক্তি! উনি আমাদের জন্য এক অদ্বিতীয় এবং অমূল্য উত্তরাধিকার ছেড়ে গেছেন। আমার কাছে সেটা অন্য যে কোন জিনিষের থেকে বেশী মূল্যবান!"

"ওনার কাছে রিলায়েন্স আর ভারতের জন্য অনেক বড় স্বপ্নকে বাস্তবে রূপান্তরিত করার সাহস ছিল। আমি পুরো রিলায়েন্স পরিবারকে... ওনার সেই সব স্বপ্নগুলোকে সাকার করে তোলার ব্যবস্থা আর প্রক্রিয়াকে সংস্থাগত করে তোলার পথে এগিয়ে নিয়ে যেতে লেগেছি আর আমার দৃঢ় বিশ্বাস যে, এই কাজে আমি সকলের সহযোগ... অটুট বিশ্বাস আর শুভ কামনা অবশ্যই প্রাপ্ত করব!"

"রিলায়েন্সের সফলতার জন্য আমি আমার সকল সহযোগী, কর্মচারী, কেন্দ্র সরকার এবং সকল রাজ্য সরকার এবং সেই সব দেশের সরকার, যেসব দেশে রিলায়েন্স কাজ করছে... আমাদের কোম্পানীর শেয়ার হোল্ডার্স, নিবেশক, ব্যাঙ্কার, আর্থিক সংস্থান, ঋণদাতা আর গ্রাহকদের প্রতি কৃতজ্ঞ!"

"রিলায়েন্সের সফলতা পুরো টীমের সমর্পণ, মেহনত আর সততার

প্রয়াসের সাথে যুক্ত হয়ে রয়েছে। আমার এমনটা মনে হয় যে, যে কোন ব্যবসায়ের সফলতার জন্য এটাই প্রাথমিক শর্ত হয় – যতটা প্রতিশ্রুতি দেবেন, তার থেকে বেশী লোকেদের দিন। রিলায়েন্স এই ব্যাপারে পুরোপুরি সফল হয়েছে!"

সম্প্রতি পুকেশ অম্বানীর মোট সম্পত্তির মূল্যাংকন 2 লক্ষ 49 হাজার কোটি টাকা করা হয়েছিল... যেটার কৃতিত্ব উনি রিলায়েন্সের পুরো টীমকে দিয়েছেন... কারণ যুবাদের ওপরে ওনার সব থেকে বেশী ভরসা রয়েছে।

এটা মুকেশ অম্বানী নিজেও স্বীকার করেন – "এবার আমি রিলায়েন্সের সেই বিশেষত্বের উল্লেখ করতে চাইব... যার দ্বারা আপনাদের এই অনুমান হয়ে পড়বে যে, রিলায়েন্স নিজের প্রতিশ্রুতি কি ভাবে রক্ষা করে আর বিশ্বে রিলায়েন্সের অংশীদারী কি ভাবে লাগাতার বেড়ে চলেছে!"

"বিশ্বব্যাপী ব্যবস্থায় নিজের নেতৃত্বকারী ভূমিকা দ্বারা কি ভাবে রিলায়েন্স ভারতকে এক আর্থিক মহাশক্তি হিসেবে গড়ে তুলতে উৎপ্রেরকের রূপে কাজ করে চলেছে। আর এই জিনিষটার ভিত্তি স্থাপন আমাদের পিতা আর কোম্পানীর সংস্থাপক অধ্যক্ষ ধীরুভাই অম্বানী করেছিলেন!"

"ওনার সেই ভাবনা আমাদের নতুন উচ্চতা স্পর্শ করার জন্য সর্বদাই প্রেরিত করে!"

"টেক্সটাইল... পেট্রো-কেমিক্যাল্স আর পেট্রো-রিফাইনারীর ক্ষেত্রে আমরা অভূতপূর্ব সফলতা প্রাপ্ত করেছি। এবার তেল-গ্যাস... সংগঠিত রিটেল বিজনেস... গঠনপ্রণালীগত সুবিধা ক্ষেত্রেও আমরা ঐতিহাসিক সফলতা পেয়েছি। গঠনপ্রণালীগত সুবিধা ক্ষেত্র আর কৃষি-গ্রামীণ ক্ষেত্রের মত নতুন ব্যবসাতে আমরা এবার প্রবেশ করেছি!"

"এই সব ক্ষেত্রে ভারতের আর্থিক আর সামাজিক প্রয়োজন আর গঠনপ্রণালীগত সুবিধার বিস্তারকে পূরণ করার দায়িত্বও আমাদের ওপরেই রয়েছে!"

"আমরা এমনটা বলতে পারি যে, বিকাশের প্ল্যাটফর্মের ওপরে দাঁড়িয়ে থাকা রিলায়েন্স এবার এক লম্বা লাফ দেওয়ার জন্য প্রস্তুত! আমি পূর্ণ বিশ্বাসের সাথে এমনটা বলতে পারি যে, আগামী কয়েক বছরে রিলায়েন্স ভারত আর গোটা বিশ্বে নিজের তীব্রগামী প্রচেষ্টা দ্বারা বেশ কিছু সম্ভাবনার দ্বার উন্মুক্ত করে দেবে!"

*"দৃঢ় সংকল্প,. দূরগামী প্রকল্প আর লক্ষ্যের প্রতি সত্যিকারের সমর্পণের মাধ্যমে রিলায়েন্স ভারতের আসল মাল্টি-ন্যাশনাল কোম্পানীর রূপে বিশ্বের আর্থিক মানচিত্রে নিজের স্থান পাক্কা করে নিচেছ!"*

মুকেশ অম্বানীর জীবনের পাঁচ সিদ্ধান্ত হচেছ –

01. কাজ করুন... যাতে অন্যদের কিছু দিতে পারেন!
02. আপনার মুখের শব্দই হচেছ সব থেকে বড় দস্তাবেজ!
03. নিজের চিন্তাধারাকে বৈশ্বিক রাখুন... কিন্তু সেটাকে দার্শনিকের মত প্রয়োগ করুন!
04. উন্নতির জন্য অন্যদের সাথে অংশীদারী করুন!
05. এগিয়ে চলার পথে ভয়কে আসতে দেবেন না!

ওনার পিতার জীবনের সিদ্ধান্ত ছিল –

চ্যালেঞ্জকে স্বীকার করুন আর নতুন সম্ভাবনাকে ভয় পাবেন না!

যেটার থেকে মুকেশ অম্বানী অনেকটাই প্রেরণা প্রাপ্ত করেছিলেন আর এটা হচেছ এমন এক সিদ্ধান্ত... যেটা শিল্প-সফলতার সব থেকে মহান কাহিনীকে প্রেরণা আর উৎসাহ প্রদান করেছিল!

মুকেশ অম্বানী বলেছেন – *"এক ভারতীয় হওয়ার সুবাদে আমি নিজেকে গর্বিত অনুভব করি!"* অন্য দিকে উনি নিজের পত্নী নীতা অম্বানীকে এমন এক বার্থডে গিফ্‌ট দিয়েছিলেন... যেটাকে প্যাক করার প্রয়োজনই পড়েনি অর্থাৎ সেটা আকারে এতটাই বড় ছিল যে, সেটা রাখার জন্য এক গোটা স্টেডিয়ামের প্রয়োজন পড়েছিল!

সেই উপহার ছিল 242 কোটি টাকা মূল্যের এক কর্পোরেট জেট এয়ারবাস-319 প্লেন!

সেই অতুলনীয় উপহার... দিল্লীর ইন্দিরা গান্ধী এয়ারপোর্টে আসার পরে মুম্বাই পৌঁছেছিল।

কিন্তু নীতা অম্বানী মুম্বাইতে, নিজেদের বাড়ীতে নিজের জন্মদিন পালন করেছিলেন আর সেই বিশেষ সন্ধ্যার গান ছিল – *"আমার পতি আমার পরমেশ্বর!"*

হবে না-ই বা কেন? সেই জন্মদিন সেই কাহিনীগুলোর কথা মনে পড়িয়ে দেয়... যেসব কাহিনী পেট্রো ডলারের মাধ্যমে হঠাৎ করে ধনী হয়ে ওঠা বেশ কিছু আরব শেখেদের ব্যাপারে প্রচলিত বা ইংরাজদের শাসনকালে ভারতীয় রাজা আর নবাবদের ব্যাপারে শোনা যেত।

যেসব কাহিনীকে দেওয়ান জমনাদাসের মত লেখকেরা নিজেদের

পুস্তক "*মহারাজা*" আর "*মহারানী*"-তে স্থান করে দিয়েছেন।

কিন্তু যে কোন পরিপক্ক আর ভদ্র আর্থিক সংস্কৃতিতে টাকা-পয়সার সার্বজনিক প্রদর্শন আর বাজে খরচকে স্বীকার করা হয় না। তা তিনি প্রাচীন ভারতের এমন ব্যবসায়ী হলেও... যিনি আজও ইংল্যাণ্ডের রানীকে ঋণ দেওয়ার মত যোগ্যতা রাখেন!

কিন্তু বিল গেটস্ আর নারায়ণমূর্তির মত ধনী শিল্পপতিরা সাধাসিধে জীবন কাটাতেই পছন্দ করেন।

কিন্তু যে উপহার মুকেশ অম্বানী নিজের পত্নীকে দিয়েছিলেন... সেটা তাজমহলের থেকে কোন অংশে কম ছিল না!

মুকেশ অম্বানীর 50-তম জন্মদিনে ওনার পত্নী নীতা অম্বানীও নিজের পতিকে এক অত্যন্ত আকর্ষণীয় উপহার প্রদান করেছিলেন।

"*রং দে বাসন্তী*" ফিল্মের পরিচালক রাকেশ ওমপ্রকাশ মেহরা ধীরুভাই অম্বানীর মৃত্যুর পরে মুকেশ অম্বানীর জীবনকে প্রায় 40 মিনিটের ফিল্মে ফুটিয়ে তুলেছিলেন। সেই ফিল্ম রিলায়েন্সের জামনগরের ফ্যাক্টরীতে মজদুর আর বিশেষ অতিথিদের দেখানো হয়েছিল।

মুকেশ অম্বানী নিজের পত্নীর আরেকটি জন্মদিনেও এমন এক পার্টির আয়োজন করেছিলেন... যাতে ব্রিটেনের ক্রাউন প্রিন্স এ্যাণ্ড্রু বিশেষ অতিথির রূপে উপস্থিত ছিলেন এবং বলিউডের বাদশাহ শাহরুখ খান নিজের ডান্স দ্বারা সন্ধ্যাটাকে রঙ্গীন করে তুলেছিলেন!

এবার মুকেশ অম্বানী নিজের পত্নী নীতা অম্বানীকে ওনার জন্মদিন উপলক্ষে 27 তলবিশিষ্ট এক বাংলো বাড়ী উপহার দেওয়ার প্রস্তুতি নিচ্ছেন... যেটা 2008 সালের শেষ নাগাদ মুম্বাইয়ের পেডার রোডে তৈরী হয়ে পড়েছে!

●

---

*"কোন কাজ মুশ্কিল হতে পারে... কিন্তু কোন কাজই অসম্ভব হয় না! কারণ আপনাদের আত্মবিশ্বাসই কোন কাজকে মুশ্কিল বা অসম্ভব করে তোলে!"*

***– ধীরুভাই অম্বানী***

---

# মুকেশ অম্বানীর রিলায়েন্স ফ্রেশ

**পা**রম্পরিক রূপে আগেকার দিনে সব্জীর ব্যবসার প্রতি এমন লোকেদের আগ্রহ থাকত... যাঁদের সমাজে তেমন কোন মর্যাদা থাকত না... কিন্তু সম্প্রতি বাজারবাদ আর উপভোক্তাবাদ গতি প্রাপ্ত হওয়ায় এবং শহরের মধ্যবিত্ত লোকেরা মজবুত ভাবে ওপরের দিকে উঠে আসায় সব্জী বিক্রেতারাও এখন আড়মোড়া ভাঙতে শুরু করেছেন!

এই জিনিষটার প্রভাবও দেখতে পাওয়া যাচ্ছে আর দেখতে-দেখতে সব্জীওয়ালারা 'তুই' থেকে 'ভাই' হয়ে উঠেছেন!

কিন্তু ওনারা এটা জানতেন না যে, ওনাদের আগের মর্যাদাও এবার হারিয়ে যেতে বসেছে আর ওনাদের জায়গায় সব্জী নিয়ে আসবেন... অন্য আরেক 'ভাই' অর্থাৎ মুকেশ অম্বানী!

মুকেশ অম্বানীর কোম্পানী রিলায়েন্স ফ্রেশের সাথে-সাথে কুল ওয়ার্ল্ড, সুভিক্ষা, ত্রিনেত্র, বিগ বাজার, ফুড বাজার, স্পীন্যাক, স্পেন্সর্স হায়পার মার্কেট, শপার্স স্টপ, শপরাইট, হায়পার সিটি, ফিউচার গ্রুপ, মেট্রো ইত্যাদি বড় গ্রুপগুলো এই ক্ষেত্রে প্রবেশ করে গেছে আর আদিত্য বিড়লা রিটেল আর আরও বেশ কিছু বড় গ্রুপের রিটেল ব্যবসাতে প্রবেশ জারী রয়েছে... যার ফলে গণিত আর অর্থশাস্ত্র – দুটোরই বদলে যাওয়ার পাক্কা সম্ভাবনা দেখা দিতে পারে।

এখন আর সেদিন নেই... যখন সব্জীর অর্থশাস্ত্র এটা বলত যে, যদি পকেটে পয়সা না থাকে আর ব্যবসা করতে মন চায়... তাহলে সব্জীর ব্যবসা আপনাদের স্বাগত জানাচ্ছে!

আগে গ্রাম থেকে উপার্জনের সন্ধানে শহরে আসা, অত্যন্ত কম শিক্ষিত ব্যক্তিদের জন্য কেবলমাত্র এই একটাই ব্যবসা ছিল।

যেখানে তাঁরা ব্যবসা করার অনুভূতি প্রাপ্ত করতেন... কিন্তু পরিবর্তিত পরিস্থিতিতে তাঁদের এই অনুভূতিও পুরোন দিনের স্মৃতি হয়ে থেকে যাবে। আজ থেকে কয়েক বছর আগে পর্যন্ত এমনটা হয়তো কেউ-ই ভাবেননি যে, মুকেশ অম্বানীর মত লোকও সব্জী বিক্রী করার ব্যবসা করবেন।

কেউ যদি এমন কথা বলেও থাকেন... তাহলে তাঁর সামনের ব্যক্তি নিশ্চয়ই এমনটা বলে থাকবেন – *"ঠাঠা কোর না! মুকেশ অম্বানী এতটা বোকা নন যে, উনি এই দু পয়সার ব্যবসা শুরু করবেন! ওনার কাছে তো আগে থেকেই উচ্চ প্রযুক্তি আধারিত দুনিয়ার হাজারো ব্যবসা রয়েছে!"*

এমন লোকও নিশ্চয়ই হবেন... যাঁরা এই শুনে দাঁত দিয়ে নিজেদের জিভ কামড়ে ধরেছেন আর এমনটা চিন্তা করতে লেগেছেন যে, যাঁরা চড়া রোদে রাস্তার ধারে বসে দু বেলা দু মুঠো খাবার জোটানোর জন্য সব্জী বিক্রী করছেন, তাঁদের এবার কি হবে?

কিন্তু এখন সেই সব লোকেদের প্রতিক্রিয়া রাস্তাতেই দেখতে পাওয়া যাচেছ... যেটার বাস্তবিক উদাহরণ হচেছ রাঁচী, ইন্দোর আর দিল্লীর মত জায়গায় রিলায়েন্স ফ্রেশের রিটেল স্টোর্সগুলোতে হতে থাকা ভাঙচুর আর হাঙ্গামা!

সব কিছু দেখে এমনটাই মনে হয় যে, এটা হচেছ কেবলমাত্র বিরোধিতার এক স্ফুলিঙ্গ মাত্র... আগুন ভেতরে-ভেতরে দাউদাউ করে জ্বলছে এবং যে কোন দিন সেটা এক বিরাট বিস্ফোরণের রূপে ফেটে পড়তে পারে।

সাধারণ সব্জী বিক্রেতারা... যাঁরা সারাটা দিনের মেহনতের পরে কয়েকটা টাকা কামিয়ে নিজের আর নিজের পরিবারের অন্যান্য সদস্যদের পেট ভরাতেন... এখন তাঁরা কি ভাবে নিজেদের পরিবারের পালন-পোষণ করবেন? এটা সত্যি ভেবে দেখার মত বিষয়!

তাঁরা এখন কি করবেন? কোথায় যাবেন? ঘর-বাড়ীকে তো তাঁরা অনেক আগেই বিদায় জানিয়ে দিয়েছিলেন... খালি পকেটে এবার তাঁরা কোন্ পেশা গ্রহণ করবেন?

এমন পরিস্থিতিতে তাঁরা যদি রিলায়েন্স ফ্রেশ বা অন্য কোন রিটেল শপের ওপরে নিজেদের ক্রোধ ব্যক্ত করেন, তাহলে এতে অবাক হওয়ার

মত কি আছে ?

কিন্তু সব্জীর এই ব্যবসার পেছনের খেলাটাকে জানা অত্যন্ত আবশ্যক... যার কারণে আজ দেশের এক বড় ব্যবসায়িক ঘরানা এই ব্যবসায় পা রাখার জন্য আপ্রাণ চেস্টা চালাচ্ছে।

এর কারণ হচ্ছে এই যে, সাধারণ ব্যক্তি থেকে শুরু করে বিশেষ ব্যক্তি পর্যন্ত – সকলেই মূল্যবান পোশাক... চকমকে গাড়ী আর বিলাসবহুল প্রাসাদের মত উপকরণের বিকল্প তো খুঁজে নিতে পারেন... কিন্তু সব্জীর মত বুনিয়াদী বস্তুর বিকল্প সন্ধান করা কারো সাধ্য নয়!

কারণ এমন আবশ্যকতার বাজারে কখনোই স্যাচুরেশন পয়েন্ট আসতে পারে না আর এই মনোবিজ্ঞানের লাভ এখন এই সব কোম্পানীগুলো ওঠাতে চলেছে।

আমেরিকার প্রাক্তণ রাস্ট্রপতি ফ্র্যাঙ্কলিন ডি. রুজভেল্ট বলেছিলেন – *"যে জিনিষটা সকলে জানেন... কিন্তু সেটাকে ক্রিয়ান্বিত করেন না – সেটাই হচ্ছে আমার সফলতার রহস্য!"*

সেই ফর্মূলাকেই দেশ আর দুনিয়ার এই সব কোম্পানী পরিবর্তিত বৈশ্বিক পরিপ্রেক্ষিতে নিজেদের বিকাশের গুরুমন্ত্র বানিয়ে নিয়েছে।

এতে কোন সন্দেহই নেই যে, ক্রমবর্দ্ধমান বৈশ্বিকরণ আর বাজারবাদ খুচরো বাজারকে সম্ভাবনার সব থেকে বড় সংসার করে তুলেছে আর আকাশের উচ্চতাকে স্পর্শ করতে উদ্গ্রীব এই ক্ষেত্রের মোটা মুনাফা পকেটে পোরার জন্য দেশী-বিদেশী কোম্পানীগুলো অনেক আগে থেকেই প্রচেস্টা চালিয়ে আসছে... তাহলে আমাদের দেশের শিল্পপতিরাই বা কেন পেছিয়ে থাকবেন ? অন্য দিকে লাখো সংখ্যায় ছোট দোকানদার, কৃষক আর সব্জী বিক্রেতা নিজেদের অস্তিত্ব রক্ষার লড়াই চালিয়ে যাচ্ছেন।

মুনাফা আর অস্তিত্বের মাঝের এই সংঘর্ষে কোম্পানী, কৃষক আর দালালরা পরস্পরের পুখোমুখি হয়ে পড়েছেন।

রিলায়েন্স ফ্রেশে ভাঙচুরের পরে খুচরো ব্যবসায়ের স্বরূপ আর ভবিষ্যতকে কেন্দ্র করে বেশ কিছু প্রশ্ন মাথা চাড়া দিয়ে উঠেছে। কিন্তু সভ্য সমাজের লোকেরা এমনটা মনে করেন যে, এমনটা সময়ানুকূল... এজন্য এটাকে উৎসাহ প্রদান করার জন্য সরকারের নিয়মগুলোকে আরও উদার করা উচিত।

রিটেল ব্যবসায়ের অর্থশাস্ত্রকে ভালো করে জানা শ্রী অলোক

অগ্রবালের বক্তব্য হচ্ছে – *"সরকার যতই এই ক্ষেত্রকে উৎসাহ প্রদান করার নীতি গ্রহণ করে উপার্জন বাড়ানোর কথা বলুক... কিন্তু বাস্তবে সরকারের নীতির কারণেই প্রতি দিন অসংখ্য লোক রাস্তায় এসে পড়ছেন আর প্রজন্মের-পর-প্রজন্ম ধরে মুদীর দোকান আর সব্জীর দোকান চালিয়ে আসা লোকেদের ওপরে আর তাঁদের পরিবারের ওপরে বেকারত্ব আর অনাহারের সংকট সৃষ্টি হয়ে পড়ছে!"*

যখন কি ছোট ব্যবসায়ীরা এই প্রশ্ন ওঠাচ্ছেন যে, এত বড় স্তরে প্রচার-প্রসার অভিযান আর অন্যান্য গতিবিধি চালিয়ে এই সব কোম্পানীগুলো খদ্দেরদের কল্যাণ কি করে করতে পারবে? এটা অত্যন্ত আশ্চর্য হওয়ার মত ব্যাপার যে, এই সব কোম্পানীগুলো বিরোধিতা প্রদর্শন করা লোকেদের *"দালাল"* বা *"মিডল ম্যান"* বলে বিরোধিতার সার্থকতার ওপরেই প্রশ্নের সৃষ্টি করছে!

তাদের মতে কৃষকদের শোষণ করতে থাকা লোকেরাই খুচরো ব্যবসাকে উঁচুতে পৌঁছে দেওয়ার এই প্রচেস্টার বিরোধিতা করছেন। এটা ঠিক যে, সব্জীর এই ব্যবসায় আগেও মিডল ম্যানেরা ছিলেন... কিন্তু তাঁরা বহু বছর ধরে কৃষকদের থেকে সব্জী কেনা আর সেই সব্জী খরিদ্দারদের কাছে পৌঁছে দেওয়ার চেনের এক অংশ হয়ে থেকেছেন!

আর মিডল ম্যানেরা কোন কোটি-কোটি টাকা কামানো দালাল নন... বরং তাঁরা কোন প্রকারে দু বেলা দু মুঠো খেয়ে দিন চালানো লোক। এর বিপরীত এই সব কোম্পানীগুলো এমন প্রচার চালাচ্ছে যে, এখনও পর্যন্ত কৃষকদের থেকে জলের দরে সব্জী আর শস্য কিনে আর সেগুলো বেশী দামে বিক্রী করে ভারী মুনাফা কামানো লোকেরাই এখন কৃষকদের জন্য কুমীরের অশ্রু বিসর্জন দিচ্ছেন!

এই সব কোম্পানী আর তাদের পক্ষ সমর্থন করতে থাকা লোকেদের যুক্তি থেকে এটা পরিস্কার হয়ে ওঠে যে, দেশে 24 শতাংশেরও বেশী হারে উন্নতি করে চলা উপভোক্তা বাজারে নামা কোম্পানীগুলো বিরোধিতার হাত থেকে বাঁচার জন্য কৃষকদের নিজেদের সুরক্ষা বর্মের রূপে ব্যবহার করছে।

কোম্পানীগুলোর এমনও বক্তব্য যে, বিরোধিতার এই খেলায় এখনও পর্যন্ত কৃষকদের ভূমিকা দেখতে পাওয়া যায়নি আর এই খেলা কেবলমাত্র মিডল ম্যানেরাই খেলে চলেছেন।

যাই হোক... এতটা নিশ্চিত যে, দুই পরিস্থিতিতেই কৃষকদের শোষণ হবে... কারণ তাঁদের কাছে শহর পর্যন্ত নিজেদের মাল পৌঁছে দেওয়া আর বেশী মুনাফা কামানোর পর্যাপ্ত সংসাধন নেই। এজন্য তাঁদের শোষণ লাগাতার জারী রয়েছে।

সম্প্রতি এক মাল্টি-ন্যাশনাল কোম্পানীর সঙ্গে করা চুক্তির কারণে টম্যাটোর চাষ করা পাঞ্জাবের কৃষকেরা বর্বাদ হয়ে পড়েছেন... কারণ কোম্পানী পরে তাঁদের উৎপাদনের গুণবত্তার ভিত্তিতে খারিজ করে দিয়ে সেই উৎপাদন নিতেই অস্বীকার করে দিয়েছিল।

বাজারের বিস্তার আর উপার্জনের সম্ভাবনার নামে সরকার যতই উদারবাদী মনোভাব গ্রহণ করুক না কেন... পরোক্ষ বা প্রত্যক্ষ রূপে সেই নীতির শিকার হচ্ছেন সরল-সাধাসিধে কৃষক আর সমাজের অন্যান্য দুর্বল শ্রেণীর লোকেরা... যাঁদের মধ্যে মজদুর আর ছোট রিটেল ব্যবসা করতে থাকা লোকেরা শামিল রয়েছেন।

বাজারের শক্তি এমনটাও মানে যে, রিলায়েন্সের স্টোর্সে হামলা করার খেলার পেছনে ব্যবসায়িক ষড়যন্ত্র রয়েছে... কারণ অন্য কোম্পানীগুলো দ্বারা চালানো স্টোরগুলোর ওপরে এর আগে এমন হামলা কখনো হয়নি আর এটাও ঠিক যে, সংগঠিত খুচরো কারবার দ্বারা খরিদ্দার, উৎপাদক আর কৃষক – তিনজনেরই লাভ হবে।

যদি কারো লোকসান হচ্ছে, তাহলে সেটা মিডল ম্যানেদের হচ্ছে আর এজন্য তাঁরা এই পুরো মামলাকে বিগড়ে দেওয়ার প্রচেস্টা চালাচ্ছে।

তাঁদের যুক্তি হচ্ছে এটাও যে, এই সব স্টোর্সগুলোয় দেশী-বিদেশী সকল প্রকারের জিনিষ রয়েছে... যার ফলে লোকেদের কাছে বেছে নেওয়ার জন্য এক সাথে বেশ কিছু বিকল্প থাকে।

কিন্তু এই সব যুক্তি সেই সব লোকেদের জন্য হয়, যাঁদের কাছে আগে থেকেই বেশী কিছু উপভোক্তা বিকল্প থাকে... কিন্তু তাঁদের কি হবে, যাঁদের কাছে এক দিনের ভোজনের মতও কোন বিকল্প নেই?!

দেশের খুচরো জগতে আসা এই বিপ্লবের সব থেকে বেশী শিকার গলির ছোট দোকানদারেরা হচ্ছেন... কারণ মূল্যের ব্যাপারে বড় কোম্পানীগুলোর মোকাবিলা করতে তাঁরা পুরোপুরি অক্ষম! তাঁরা যেসব বস্তু বিক্রী করেন, সেগুলোর ওপরে সাপ্লাই চেনের প্রতিটি স্তরে – কৃষক থেকে শুরু করে মিডল ম্যান পর্যন্ত... ভারী মুনাফা কামানো

হয়।

বস্তুর মূল্য বেড়ে ওঠে... কিন্তু সেটা অসংখ্য লোকেদের পেটও ভরে, যেটা ভারতের মত বিশাল জনসংখ্যার দেশের পক্ষে এব প্রাসঙ্গিক ব্যবস্হা হয়!

এর ঠিক বিপরীত রিলায়েন্স আর বিগ বাজার সরাসরি নির্মাতাদের থেকে জিনিষ কেনে... যার ফলে দু-তিনজন মিডল ম্যান এই চেনের বাইরে চলে যান আর সেই মুনাফা রিলায়েন্স নিজেদের খদ্দেরদের প্রদান করতে চায়।

কিন্তু এর থেকে এটা পরিস্কার হয়ে ওঠে যে, এই প্রক্রিয়ায় কেবলমাত্র এক ধরণের শক্তির জনই স্হান রয়েছে আর সেটা হচেছ বাজারের শক্তি এবং মাল কেনার ক্ষমতা রাখা সমাজের সেই শ্রেণীর লোকেরা হচেছন দেশের জনসংখ্যার প্রায় 50 শতাংশ!

কিন্তু ছোট মুদীর দোকানদারদের ক্ষেত্রে একটা বড় লাভ হচেছ এটা যে, তাঁরা খদ্দেরদের ধারেও মাল দেন... যখন কি রিটেল কোম্পানীগুলো ধার একেবারেই দেয় না।

কিন্তু ক্রেডিট কার্ডে জিনিষ কেনা আর ফ্রী হোম ডেলিভারীর সুবিধা প্রদান করে রিটেল কোম্পানীগুলো ছোট মুদীর দোকানদারদের এই বিশেষত্বকে শেষ করে দিয়েছে। যার ফল এটাই হয়েছে যে, নির্মাতা আর খদ্দেররা তো খুশী হয়েছেন... কিন্তু ছোট-ছোট দোকানদার, ঠেলাওয়ালা আর মিডল ম্যানেরা নিজেদের মাথা চাপড়াচেছন।

নতুন ব্যবস্হায় মালের দাম কমানোর সাথে-সাথে কৃষকদেরও ফসলের সমুচিত মূল্য প্রাপ্ত হবে... যেটা এখনও পর্যন্ত তাঁরা পেতেন না. আর এই ভাবে কৃষকেরা বাজারের অনিশ্চয়তার হাত থেকেও মুক্তি পেয়ে যাবেন।

এখনও পর্যন্ত এটা ধারের ব্যবসা হয়ে থেকেছে... কিন্তু কোম্পানীগুলোর প্রচেষ্টায় কৃষকদের মধ্যে আর্থিক সুরক্ষার ভাবনা বেড়ে উঠেছে। কিন্তু সব্জী বিক্রেতা আব্দুল গফ্ফারের বক্তব্য হচেছ – "*আমাদের মত লোকেরা এখন নিজেদের অত্যন্ত দুর্বল অনুভব করছি! আগে আমরা কৃষকদের সাথে মিলে মোটা মুনাফা কামাতাম... কিন্তু এখন বাজারের শক্তির মোকাবিলা করার মত সাহস আমাদের মধ্যে নেই!*"

এক রিটেল আউটলেটে ম্যানেজারের পদে চাকরী করতে থাকা রাঘব আজকের যুগের সব থেকে প্রচলিত শব্দ "*লাইফ স্টাইল*"-য়ের কথা

বলেছেন। ওনার বক্তব্য হচ্ছে – *"নতুন ব্যবস্থায় খরিদ্দারদের শপিং করার স্টাইল এখন পুরোপুরি পাল্টে যাচ্ছে। এখন তাঁরা নিজেদের চমকাতে থাকা গাড়ীকে কোন ঠেলা বা গুমটির সামনে নয়... বরং দূর থেকে চমকাতে থাকা বিরাট বড় কোন রিটেল স্টোরের সামনে দাঁড় করিয়ে... ঠিক কোন রাজা-মহারাজার মতই সব্জী আর অন্যান্য জরুরী জিনিষ কেনা-বেচা করেন। তাঁদের সামনে এখন একই জায়গায় কেবলমাত্র আপেলের বিভিন্ন প্রজাতিই নয়... বরং গোটা দুনিয়ার ব্রাণ্ডেড উৎপাদন থরে-থরে সাজানো থাকে!"*

বড় কর্পোরেট কোম্পানীগুলোর সব্জীর ব্যবসাতে আসার সূত্রপাত জার্মানীতে অনেক আগেই হয়ে পড়েছিল... যেটা অবশ্য সফল হয়নি। এবার ভারতীয় কোম্পানীগুলোর পালা!

•

---

*"আমরা যখন নিজেদেরকে কোন ব্যবসাতে নামাই... তখন আমাদের সংস্পর্শে আসা প্রত্যেক ব্যক্তিরই লাভ হয়! কারণ পরিবর্তনই আবিস্কারের জননী হয় আর পরিবর্তন ছাড়া বড় কোন লক্ষ্য প্রাপ্ত করাটা মুশ্কিল হয়!"*

**– ধীরুভাই অম্বানী**

---

# শেষে আমি বলতে চাই যে...

**অ**বিশ্বসনীয় কাহিনী কি ভাবে তৈরী হয়? সেটা এই ব্যাপারটা জানতে পারা যায়! সেটা হচ্ছে এই যে, আজ থেকে কিছু দিন আগে মুকেশ অম্বানী মুম্বাই স্টেডিয়ামে নিজের ব্যক্তিগত বক্সে বসে ক্রিকেট ম্যাচ দেখছিলেন।

সেই সময় স্টেডিয়ামে ওনার নিজের ক্রিকেট টীম ম্যাচ খেলছিল। ওনার পুরো পরিবার ওনার সঙ্গে বসেছিল আর ওনার ছেলে চিৎকার করে টীমের উৎসাহ বর্দ্ধন করছিল।

কিন্তু ওনার পত্নী নীতা অম্বানীর ক্রিকেট ম্যাচের প্রতি কোন আগ্রহই ছিল না। উনি নিজের পতির পাশে বসে ওনার সঙ্গে কথাবার্তায় মশগুল হয়ে ছিলেন। হীরের অলংকারে সজ্জিতা নীতা অম্বানী নিজের পতির সাথে কথা বলার কোন সুযোগ হারাতে চাইছিলেন না। কিন্তু ওনাদের মেয়ে ঈশা ক্রিকেট ম্যাচের পুরো আনন্দ উপভোগ করছিল।

পেছনের এক সারিতে ভৃত্য আর বডিগার্ডেদের ফৌজ দাঁড়িয়েছিল... যারা নিজেদের চেয়ারম্যানের এক ইশারায় নিজেদের প্রাণের ঝুঁকি পর্যন্ত নিতে প্রস্তুত হয়ে ছিল। হঠাৎ ওনাদের মেয়ে ঈশা নিজের পিতা মুকেশ অম্বানীকে প্রশ্ন করল – *"বাবা! আমাদের টীম কি এই ম্যাচে সেঞ্চুরী বানিয়ে এক নতুন রেকর্ড তৈরী করবে?"*

*"নিশ্চয়ই!"* মুকেশ অম্বানী হেসে উঠে বললেন – *"রিলায়েন্স সর্বদাই নিজেদের পুরোন রেকর্ড ভেঙে নতুন রেকর্ড বানিয়ে এসেছে! এজন্য আমাদের ক্রিকেট টীমও সেঞ্চুরী বানিয়ে নতুন কীর্তিমান স্হাপিত করবে!"*

সেই সময় মুকেশ অম্বানী ঠিকই বলেছিলেন। রিলায়েন্স প্রায় প্রতি দিনই নতুন-নতুন কীর্তিমান স্হাপিত করেছে আর অম্বানী এ্যাণ্ড অম্বানী এমন এক সাম্রাজ্য স্হাপিত করেছে, যেটা আমাদের মহাত্মা গান্ধীর

সাম্রাজ্যের কথা মনে করিয়ে দেয়!

অম্বানী পরিবার ব্যবসায়িক বিপ্লবের দ্বারা নিজেদের বিশ্ব অর্থ ব্যবস্থার চ্যাম্পিয়ন করে তুলেছে আর গান্ধী জী নিজের বৈপ্লবিক বিচারধারার দ্বারা নিজেকে ভারতীয় রাজনীতির চ্যাম্পিয়ন ঘোষিত করেছিলেন।

কিন্তু এটা বড়ই আশ্চর্যের ব্যাপার যে, ওনারা দুজনেই গুজরাটের মোধ বনিয়া পরিবারের সাথে সম্পর্ক রাখতেন আর গান্ধী জী-র মত মুকেশ অম্বানীও শুদ্ধ নিরামিশাষী। উনি ইংরাজী ভাষা অনর্গল বলতে পারেন... কিন্তু উনি নিজের মাতৃভাষা গুজরাটীকে কখনো ভোলেননি।

যখনই উনি বাড়ীতে থাকেন... তখন উনি বেশীর ভাগ বার্তালাপ গুজরাটীতেই করেন। ওয়েস্টার্ন সুট ওনার খুব পছন্দ... কিন্তু সাদা শার্ট, কালো প্যান্ট আর কালো জুতোই ওনার প্রাথমিকতা রয়ে গেছে।

আমার একটা কাহিনী মনে পড়ে যাচেছ। সেটা ছিল 1980 সাল... যখন মুকেশ অম্বানী মুম্বাই থেকে দিল্লী যাওয়ার বিমানে সফর করছিলেন! কিন্তু দিল্লীর ঘন কুয়াশার কারণে বিমানকে আহমেদাবাদে নিয়ে যেতে হয় আর মুকেশ অম্বানী এর ফলে সমস্যায় পড়ে যান। ওনাকে সেই সময় নিজের এক সহযাত্রীর থেকে কিছু টাকা-পয়সা ধার নিতে হয়। সেই সময় ওনার কাছে না ছিল টাকা-পয়সা... না-ই ছিল ক্রেডিট কার্ড!

আজও মুকেশ অম্বানী... যাঁকে দুনিয়ার সব থেকে ধনী ব্যক্তি হিসেবে মানা হয়ে থাকে... দেশের ভেতরে বা বাইরে, যে কোন জায়গায় সফর করার সময় নিজের সাথে নগদ টাকা-পয়সা বা ক্রেডিট কার্ড রাখেন না।

এমনটা এজন্য যে, মুকেশ অম্বানী যখন নিজে দৌলতের নির্মাণ করেন, তখন ওনার নিজের সাথে টাকা-পয়সা নিয়ে সফর করার প্রয়োজন পড়ে না... কারণ টাকা-পয়সা ওনাকে সঙ্গে নিয়ে চলে!

আমি কোন ছোটখাটো দৌলতের কথা বলছি না... বরং বাজারের পুঁজিকরণের হিসেবে শিখরে অবস্থিত বিশ্বের সব থেকে ধনী ব্যক্তির কথা বলছি... যাঁর নিবেশের মূল্যের মোট যোগফল *(যাতে রিলায়েন্স ইণ্ডাস্ট্রিজে ওনার অংশীদারী শামিল রয়েছে)* 60 হাজার মিলিয়ন ডলার *(2,40,000 কোটি টাকা)*-র থেকেও বেশী হয়ে পড়েছে।

যদি মুকেশ অম্বানী কোন রাষ্ট্র হতেন আর ওনার দৌলত ওনার জি.ডি.পি. হত... তাহলে উনি কয়েক হাজার মিলিয়ন দিয়ে-নিয়ে 181 দেশের সূচীতে শীর্ষস্থানী 50 দেশের মধ্যেই থাকতেন।

আপনারা যদি এই ধরণের গণনা করতে মুশ্কিল হয়, তাহলে এটাকে পরীক্ষা করে দেখুন।

যদি আপনাদের ডলার গুনতে এক সেকেণ্ড সময় লাগে, তাহলে আপনাদের 10 লক্ষ ডলার গুনতে 15 দিন সময় লাগবে আর এক হাজার মিলিয়ন ডলার গুনতে আপনাদের 30 বছর লেগে যাবে। কিন্তু যদি 60 হাজার মিলিয়ন ডলারকে টাকায় পরিবর্তিত করে দেওয়া হয়, তাহলে সেটা এক বছরে একত্রিত হওয়া মোট আয়করের দ্বিগুনের সমান হবে।

কিন্তু মুকেশ অম্বানী এই চিৎকার-চেঁচামেচিতে সন্তুস্ট নন আর উনি বলেছেন – "*যদি কারবার করার অর্থ কেবলমাত্র টাকা-পয়সা কামানো হয়, তাহলে সেটা হচেছ কারবারের সব থেকে খারাপ মডেল... আপনারা যদি লাখো লোকেদের জীবনকে উন্নত না করে তুলতে পারেন, তাহলে সব প্রচেস্টাই বৃথা!*"

যখন কি রিফাইনারীর বিস্তারের কাজ শেষ হয়ে পড়ার পরে সেটার দুনিয়ার ষষ্ঠ সব থেকে বড় তেলশোধক কারখানা হয়ে ওঠার কথা ছিল। জামনগরে অবস্হিত এই রিফাইনারীতে প্রতি দিন 5,80,000 ব্যারেল কাঁচা তেলের শোধন হবে আর রিলায়েন্স গ্রুপের এই দ্বিতীয় রিফাইনারী 2008 সালের শেষ নাগাদ তৈরী হয়ে পড়েছে। এটা ছিল মুকেশ অম্বানীর সব থেকে উচচাকাংখী পরিযোজনা! কারণ আর.আই.এল. ভারত আর বিদেশে তো আর গ্যাসের সন্ধান করছে আর ভারতে 61 শতাংশ গ্যাস ভাণ্ডারের খোঁজ পাওয়া গেছে।

মুকেশ অম্বানীর আর.আই.এল. অত্যন্ত দ্রুত গতিতে এগিয়ে চলা বাজারে প্রবেশ করতে চায় এবং এক বছরেরও কম সময়ে রিলায়েন্স 12 রাজ্য আর 30 শহরে 300 দোকান খুলে নিয়েছে... তার সাথে-সাথে খুচরো ব্যবসার মাধ্যমে রিলায়েন্স 5 লক্ষ চাকরী নির্মাণ করার পরিকল্পনাও তৈরী করছে। সেই সব দোকানে তাজা সব্জী থেকে শুরু করে রেডিমেড পোশাক পর্যন্ত বিক্রী করা হবে।

এর সাথে-সাথে রিলায়েন্স হরিয়াণা আর গুজরাটে দুটি বড় এস.ই.জেড.-য়ের নির্মাণ করছে এবং মুকেশ অম্বানী নিজের মিত্র শ্রী আনন্দ জৈনের সাথে মিলে ঝজ্জর, জামনগর, রায়গঢ়, নবী মুম্বাইতে এস.ই.জেড.-য়ের নির্মাণ করছেন। 30,000 হেক্টর জমি জুড়ে বিস্তৃত এই এস.ই.জেড.-তে শিল্প ইউনিট আর বাড়ীও থাকবে।

রিলায়েন্সে দৌলতের অর্থ পরিসংখ্যান হয় না... বরং সেটার বাস্তবিকতা হয়! মুকেশ অম্বানী যখন এটা দেখলেন যে, ওনার 5 কোটি টাকার

নতুন গাড়ী মুম্বাইয়ের রাস্তায় ছুটে চলতে পারবে না... তখন উনি তৎক্ষনাত সেটা ফিরিয়ে দিলেন আর তার জায়গায় মাসিডিজ গাড়ী নিয়ে নিলেন... আর সেটায় নিজের আবশ্যকতা অনুসারে কিছু-কিছু পরিবর্তনও করিয়ে নিলেন।

লোকেরা এমনটা বলেন যে, উত্তর মুম্বাইয়ের বান্দ্রায় তৈরী হতে থাকা ওনার অফিসের নতুন পরিসর দিল্লীর নর্থ ব্লক আর সাউথ ব্লকের থেকেও বড় হবে! আর আল্ট্রা মাউন্ট রোডে তৈরী হতে থাকা ওনার নতুন বাড়ীর জন্য 1000 কোটি টাকা খরচ হওয়ার সম্ভাবনা রয়েছে। উনি নিজের 4.5 কোটি ডলার *(180 কোটি টাকা)*-র গ্লোবাল এক্সপ্রেস এয়ারক্র্যাফ্টের 6-টি বিমানের মধ্যে একটি বিমান – যাতে খুব শীঘ্রই এক এয়ারবেস কর্পোরেট আর একটি গ্লোবাল এক্স.আর.এস.-ও যুক্ত হতে চলেছে – চেপে সমস্ত দুনিয়া ঘুরে বেড়ান!

কিন্তু ওনার কাছে এটা হচ্ছে বিজনেস টুরের এক সাধন... যাতে উনি সেই সব জায়গায় পৌঁছতে পারেন।

উনি ঠিক কোন ঘড়ির মতই কাজ করে চলেন... যার থেকে এটা জানতে পারা যায় যে, কাজ শেষ করার জন্য উনি কতটা সময় বাঁচান!

মুকেশ অম্বানী সেই সব কথায় উপহাস করেন... যেগুলোকে ওনার মিত্ররা "*মুকেশবাদ*" বলেন!

মুকেশ অম্বানী বলেন – "*আমরা নতুন মানদণ্ড তৈরী করছি! টাকা-পয়সা তো কেবলমাত্র উপ-উৎপাদন হয়... যেটা আমার অনুমানিত হয়!*"

এটাও সত্য যে, সম্পত্তির নির্মাণ কেবলমাত্র কল্পনা হয় না... বরং মুকেশ অম্বানীর কাছে সেটা ধর্মের মত হয়! উনি বলেছেন – "*আমাদের কাহিনী হচ্ছে ভারতের কাহিনী! ভারত এখন দ্রুত গতিতে এগিয়ে চলেছে! আমাদের কাছে উচ্চ শ্রেণীর টীম রয়েছে... যাঁরা বিশ্বের অর্থ ব্যবস্থার ওপরে নজর রাখেন আর প্রতিমানের ওপরে বিচার করেন!*"

"*জরুরী মানদণ্ড স্থাপিত করেন আর প্রতি চার বছরে আর.আই.এল. বৃদ্ধির নতুন পরিসংখ্যান তৈরী করে আর সেসব কিছুই প্রচণ্ড দ্রুত গতিতে হয়!*"

কিন্তু রিলায়েন্সে এমনটা মনে হয়, যেন তাঁরা লাগাতার স্বপ্ন দেখে চলেছেন। তাঁদের ফর্মূলা ব্যবসায়িক লক্ষ্য নির্দিষ্ট করে কাজ করে না! মুকেশ অম্বানী বলেছেন – "*আমরা এমনটা বলি না যে, আমাদের এবার 100 হাজার মিলিয়ন ডলারের কারবার করতে হবে! আমরা*

*এমনটা বলি যে, দেখো... আমাদের চার পাশে সুযোগ রয়েছে! এসো, আমরা এমন কারবার করি, যাতে সেটার একটা বিরাট বড় অংশ আমাদের প্রাপ্ত হয়!"*

যদি মুদ্রার মন্ত্র বোঝার জন্য রিটেল ক্ষেত্রে পা রাখার অর্থশাস্ত্রের যুক্তির ওপরে দৃষ্টি দেওয়া হয়... তাহলে এটা জানতে পারা যায় যে, ভারতের মত বিকাশশীল দেশগুলোয় রিটেল ক্ষেত্রে সম্ভাবনা অত্যন্ত বেশী মাত্রায় রয়েছে... আর সেজন্যই মুকেশ অম্বানীর এটাই লক্ষ্য! ওনার পরিসংখ্যান এটা বলে – *"বাজার পুঁজিকরণ ব্যবসার রাশির দ্বিগুণ হওয়া উচিত... যেমনটা আর.আই.এল.-য়ের ক্ষেত্রে রয়েছে! তবেই এই কারবারের মূল্য আর.আই.এল.-য়ের মত বৃহৎ হতে পারে!"*

এটাই হচেছ সেই যুক্তি... যেটার মাধ্যমে রিলায়েন্সের সাম্রাজ্য দাঁড়িয়ে আছে! ৪0-র দশকে যেসব ক্ষেত্রের ওপরে স্বাভাবিক রূপে দৃষ্টি দেওয়া হয়েছিল... সেগুলো ছিল আহার, পোশাক আর বাসস্থান! তখন সমস্ত প্রকারের নিয়ন্ত্রণের কারণে মানদণ্ড নির্দিষ্ট করার জন্য আহার অত্যন্ত জটিল ছিল, বাসস্থান অত্যন্ত ছোট এবং পোশাক অপেক্ষাকৃত ভাবে কিছু বেশী উন্মুক্ত ছিল!

তখন সকলেই এমনটা চিন্তা করছিল – রেয়ন, নায়লন, পোলিয়েস্টার আর এক্রেলিক নতুন প্রচলনের পোশাক হবে!

কিন্তু ধীরুভাই পোলিয়েস্টারের ওপরে বাজী লাগানোর ফয়সালা নিয়েছিলেন! তারপর উনি এক মানদণ্ড নির্দিষ্ট করেন আর দাম কমিয়ে নিয়ে আসেন আর তারপর উনি প্রতিযোগিতায় সকলকে পেছনে ফেলে সামনের দিকে এগিয়ে চলেন!

পেট্রো-কেমিক্যাল্স আর রিফাইনারী ছিল ধীরুভাই-য়ের পরবর্তী পদক্ষেপ। যখন মুকেশ অম্বানী হজিরায় এক ইউনিট লাগানোর প্রস্তাব রাখেন... তখন ওনার এক পারিবারিক মিত্র শ্রী দরবারী শেঠ ওনাকে সতর্ক করে দিয়েছিলেন যে, পেট্রো-কেমিক্যাল্স কোন কাপড়ের ব্যবসা নয়!

কিন্তু মুকেশ ইউনিভার্সিটি অফ্ কেমিক্যাল টেক্‌নোলোজী থেকে অর্জিত নিজের জ্ঞান আর স্ট্যানফোর্ডে কাটানো সময়ের ওপরে ভরসা রাখলেন... তারপর রিলায়েন্স পুঁজি কমানোর নিজের মন্ত্রের সাথে এগিয়ে চলল।

তারপর বাজারের এক বড় অংশের ওপরে রিলায়েন্স কব্জা করে নিল। এর পরে রিলায়েন্স উপভোক্তাদের সাথে মিলে কোষ বৃদ্ধি করার

এক নতুন পথ খুঁজে বার করল আর দুনিয়ার সব থেকে বড় রিফাইনারী স্হাপিত করল।

যার ফলে আজ আর.আই.এল. প্রায় পুরো বাজারের ওপরে শাসন করে চলেছে।

এটা কেবলমাত্র এক ভৌতিক প্রচেস্টা নয়... বরং আর্থিক গঠনপ্রণালীও কারবারের সাথে যুক্ত হয়ে রয়েছে।

মুকেশ অম্বানী বলেন – *"শেষে আর্থিক প্রদর্শন দ্বারাই কোন কারবারের মূল্যাংকন করা হয়ে থাকে!"*

রিলায়েন্সের মানদণ্ড নিয়ম অনুসারে ব্যবসায়িক প্রদর্শনের অগ্নিপরীক্ষা আর প্রতিটি ব্যবসায়িক মডেলের মূল কারবারকে 20 শতাংশ ফিরিয়ে দিতে হয়। এটা অত্যন্ত সাধারণ ব্যাপার... প্রতিটি কারবারকে পাঁচ বছরে মূল ধন ফিরিয়ে দিতে হয়।

এটা ঠিক যে, আর্থিক আর রাজনৈতিক পরিপ্রেক্ষিতে ব্যর্থতাকেও ঝুঁকির থেকে বাঁচিয়ে নেওয়া হয়েছে... তবুও শাসন ক্ষমতার গলিপথের মাধ্যমে সেটা রিলায়েন্সের প্রভাব বাড়িয়ে তুলেছে... কারণ মুকেশ অম্বানীর সফলতার মাপদণ্ড হচ্ছে এটা যে, উনি পরিস্হিতি তন্ত্রকে ঠিক রেখেছেন।

এজন্য যখন ভারত এগিয়েছে... তখন রিলায়েন্সও এগিয়েছে আর এই বৃদ্ধি চার দিকেই দেখতে পাওয়া গেছে... কিন্তু প্রতিটি পদক্ষেপে রিলায়েন্স নিজের কারবারী মডেলকে বদলেছে আর 1991 সালে বিদেশী প্রতিযোগিতার মোকাবিলা করার জন্য ডলারকে গ্রহণ করা থেকে শুরু করে নিজেদের পরিয়োজনাগুলোর জন্য আন্তর্জার্তিক মানদণ্ড নির্দিষ্ট করা পর্যন্ত পরিসংখ্যান এই রাজনীতির সফলতার প্রমাণ!

উদারীকরণের সূত্রপাতের পরের পর্যায়ে রিলায়েন্সের কারবার 1991 সালে 2,098 কোটি টাকা থেকে বেড়ে 2001 সালে 23,024 কোটি টাকা হয়ে পড়েছিল। ভারতীয় অর্থ ব্যবস্হার টার্নওভার লাফ মেরে 2006 সালে 1 বিলিয়ন টাকার উচ্চতাকে স্পর্শ করে নিয়েছিল আর এক বছরের মধ্যে 73 ধাপ লাফ মেরে ফরচুন 500-র সূচীতে 2007 সালে রিলায়েন্স 269-তম নম্বরে এসে গিয়েছিল।

কিন্তু সফলতার সাথে-সাথে বিবাদও এসেছিল! রিলায়েন্সের খেলার নিয়ম বদলানোয় বিশ্বাস ছিল আর নিয়ম তাদের অনুরূপ না হলে ব্যবস্হার সঙ্গে সংঘর্ষে ছিল!

আর এই জিনিষটা দূরসঞ্চারের ক্ষেত্রে দেখতে পাওয়াও গেল...

যেখানে মুকেশ অম্বানী নিয়ন্ত্রণ প্রযুক্তি আর পুঁজির অভাবকে সংযোজিত করে প্রতি মিনিট 40 পয়সা হারে টেলিফোন পরিষেবা প্রদান করেছিলেন। তারপর মুকেশ অম্বানী বলেছিলেন – *"সেই সময় যখন আমি ঘোষণা করেছিলাম যে, আমরা এক বছরে 10 লক্ষ কানেকশন হাসিল করে নেব... তখন লোকেদের আমার কথার ওপরে বিশ্বাস হয়নি! কিন্তু আজ আমি এমনটা বলতে পারি যে, আর.আই.এল. এই ক্ষেত্রে না এলে কম পুঁজির ক্ষেত্রে মোবাইল বিপ্লব সম্ভবই হত না!"*

নিজের সমস্ত উপক্রমে মুকেশ অম্বানী জটিলতা আর পুঁজির ব্যাপারে ভালোমতন মোকাবিলা করেছেন। যে ব্যাপারে মুকেশ অম্বানীর পুরোন মিত্র আর আই.সি.আই.সি.আই.-য়ের এম.ডি. শ্রী কে. ভি. কামথ বলেছেন – *"এটা তো হচ্ছে বুনিয়াদী ব্যাপার... বড় স্বপ্ন দেখুন আর তারপর সেই স্বপ্নকে বাস্তবায়িত করে তুলুন এবং তার জন্য চার দিকে ভাবনা-চিন্তা করার ক্ষমতা আর উৎকৃষ্টতাকে প্রয়োগ করার প্রয়োজন হয়! মুকেশ অম্বানীর কাছে এই সব জিনিষ রয়েছে এবং উনি সেটার ব্যবহার বার-বার করেন!"*

*"বার্ষিক 270 লক্ষ টন উৎপাদন করা রিফাইনারীকেই নিন... সেটা হচ্ছে বিস্ময়কারী মানবিক আর ইঞ্জিনিয়ারিং কৌশলের এক নমুনা!"*

*"ওনার এই সাহসেরই পরিণাম হচ্ছে এটা যে, রিলায়েন্স পেট্রোলিয়ামের বাজার পুঁজিকরণ 1,00,000 কোটি পরিসংখ্যানকে পার করে গেছে। ওনার গ্যাস আর তেল উৎখনন পরিযোজনা দুনিয়ার সব থেকে বড় পরিযোজনাগুলোর অন্যতম! রিলায়েন্স ইরাকের ক্ষেত্রফলের সমান অর্থাৎ 4,25,000 বর্গ কিমি ক্ষেত্রে কার্বনের ভাণ্ডারের সন্ধান করছে!"*

*"উনি কৃষ্ণা-গোদাবরী বেসিনের সমুদ্রে 4.8 কিমি গভীরতা পর্যন্ত খনন করে 11.3 বিলিয়ন ঘন ফুট গ্যাসের ভাণ্ডার খুঁজে বার করেছেন আর এই গ্যাসকে পাইপ লাইনের মাধ্যমে 1,400 কিমি দূরে গুজরাটে পৌঁছে দিয়েছেন!"*

মাহিন্দ্রা গ্রুপের উপাধক্ষ্য এবং এম.ডি. শ্রী আনন্দ মাহিন্দ্রা বলেন – *"মুকেশ অম্বানীর দূরদৃষ্টি এবং সেটাকে ভারত আর বাজারের প্রয়োজন অনুসারে পরিবর্তিত করার যোগ্যতা সত্যিই অত্যন্ত বিস্ময়কারী!"*

গ্যাসের কারবার কেবলমাত্র ইঞ্জিনিয়ারিং-য়ের ক্ষেত্রের যোগ্যতা নয়... মুকেশ অম্বানী 12 মাস গ্যাসের মূল্যকে কেন্দ্র করে এক কটু লড়াইতে ফেঁসে ছিলেন... কারণ ওনার ছোট ভাই অনিল অম্বানী গ্যাসের ক্ষেত্রে নিজের অংশীদারীর জন্য সরকারের কাছে অভিযোগ

দায়ের করার সাথে-সাথে আদালতেও মামলা দায়ের করে রেখেছিলেন।

কিন্তু কেন্দ্রীয় মন্ত্রীদের এক শক্তিশালী গ্রুপের মাধ্যমে মুকেশ অম্বানী এমন এক মূল্য হাসিল করে নিয়েছিলেন... যেটার দ্বারা ওনার কারবার টেঁকসই হয়ে উঠেছিল।

উনি নিজের ছোট ভাই-য়ের রিলায়েন্স এনার্জীকে গ্যাস সাপ্লাই করার বিষয়টারও সমাধান করে নিয়েছেন। এখন রিটেল ক্ষেত্র ওনার দ্বিতীয় বড় উপক্রম হবে... যেখানে ওনাকে বড় রাজনৈতিক চ্যালেঞ্জের মুখোমুখি হতে হচ্ছে!

অর্থশাস্ত্রের এটাই হচ্ছে নিয়ম যে, যদি সংগঠিত রিটেল ক্ষেত্র পুঁজি কমিয়ে নিয়ে আসে, তাহলে লোকসানের ওপরে অঙ্কুশ লাগে এবং চাকরীর সুযোগের সৃষ্টি হয়। যখন কি বর্তমান পরিস্থিতিতে বেকার গরীব কৃষক আর উপভোক্তাদের প্রয়োজনকে পূরণ করতে পারাটা সহজ নয় আর এখন এর ফলে যেসব ব্যবসায়ী প্রভাবিত হবেন... তাঁরা বিপক্ষকে একজোট করতে উঠে-পড়ে লেগেছেন।

আর এমনটা উত্তর প্রদেশ রাজ্যে হচ্ছে... যেখানে আইন আর ব্যবস্থার নামে রিলায়েন্স ফ্রেশের দোকানগুলোকে বন্ধ করে দেওয়া হয়েছে। কিন্তু মুকেশ অম্বানী এই ব্যাপারে নিজের অসম্মতি প্রকট করে বলেছেন – *"এই রাজনৈতিক বিরোধিতা এক বড় কর্পোরেশনের আগমনের কারণেই হচ্ছে!"*

উনি রাজনৈতিক বিরোধিতায় একেবারেই প্রভাবিত নন। উনি জোর দিয়ে বলেছেন – *"আমাদের পুরোন আর জড় হয়ে পড়া মানসিকতাকে বদলানোর জন্য কাজ করে চলতে হবে!"*

আই.টি.সি. – যাকে ই-চৌপালের অবধারণা প্রদান করার কৃতিত্ব দেওয়া হয়ে থাকে – তার ব্যাপারে মুকেশ অম্বানী বলেছেন – *"আমরা প্রতিটি অভিজ্ঞতা থেকে আর সকলের অভিজ্ঞতা থেকে শিক্ষা গ্রহণ করব।"*

মুকেশ অম্বানী এই ব্যাপারে সম্মত যে, সংগঠিত রিটেল ক্ষেত্র গ্রামীণ ভারতের ছবিটাকে বদলে দেবে আর সেই কাজটা রিলায়েন্স করবে!

মুকেশ অম্বানী নিজের বক্তব্যের ওপরে জোর দিয়ে বলেছেন – *"আপনারা যদি আমাকে 1997 সালে এমন প্রশ্ন করতেন যে, আমাদের ভবিষ্যতে কিসের জন্য জানা যাবে... তাহলে সেই সময় আমি হয়তো এমন উত্তর দিতাম – পেট্রো-কেমিক্যাল্সের জন্য!"*

*"2000 সালে এমন প্রশ্ন করলে আমি উত্তর দিতাম – দূরসঞ্চারের জন্য! 2005 সালে উত্তর দিতাম – এনার্জী সুরক্ষার জন্য! এজন্য আমার দ্বারা বলা শব্দগুলোকে মনে রাখুন! 2012 সাল পর্যন্ত গ্রামীণ ভারতের কায়াকল্প আমাদের পরিচিতি হয়ে উঠবে আর অধিকাংশ শিল্পপতিদের পক্ষে এই ধরণের কোন একটা বড় পরিযোজনা সামলানো সারাটা জীবনের উপলব্ধির ব্যাপার হয়ে উঠবে!"*

মুকেশ অম্বানী এখন চার-চারটি বড় পরিযোজনার ওপরে কাজ করছেন... যেগুলোর মধ্যে জামনগর, ঝজ্জর আর মুম্বাইতে বিশেষ আর্থিক ক্ষেত্র *(এস.ই.জেড.)*-য়ের নির্মাণ করতে 1,50,000 কোটি টাকারও বেশী খরচ হবে।

এই ধরণের বেশ কিছু কাজ এক সাথে করার ক্ষমতাই মুকেশ অম্বানীকে এক কুবেরপতি করে তুলেছে! ওনার মিত্র আর প্রতিদ্বন্ধীরা প্রায়ই এই প্রশ্ন করে থাকেন যে, উনি এই সব কিছু কি করে করেন! ?

লোকেরা এমনটা মনে করেন যে, রিলায়েন্স ইণ্ডাস্ট্রিজ কেবলমাত্র একজন ব্যক্তির কামাল... কিন্তু এমনটা সত্য নয়! মুকেশ অম্বানী এক শক্তিশালী টীমের সাথে কাজ করেন... যে টীম অত্যন্ত কঠোর পরিশ্রম করে চলে।

মুকেশ অম্বানী কেবলমাত্র পরিকল্পনা তৈরী করেন... যেটা ওনার টীম বাস্তবায়িত করে তোলে! সেই টীমে ওনার সম্পর্কে ভাই নিখিল এবং হেমন্ত মেশবানী আর মনোজ মোদীও শামিল রয়েছেন আর ওনার মিত্র আনন্দ জৈন ওনাকে সহায়তা করেন।

এই সব লোকেদের কারণে উনি নিজের পরিবারের সদস্যদের জন্য সময় বার করে আনতে পারেন... তা সেটা ছেলেকে অঙ্ক করানো হোক্ বা মেয়েকে এস.এস.টি. পেপারের প্রস্তুতি নিতে সহায়তা করা হোক্! বা পত্নী নীতার সাথে সাপ্তাহিক ভ্রমণে যাওয়া হোক্! কিন্তু ওনার কাছে ক্যালিফোর্নিয়ার পেবল বীচ বা বোৎসবানার ওয়াইল্ড পার্কের মত কোন জায়গায় নিয়মিত ছুটী কাটানো অত্যন্ত গুরুত্বপূর্ণ জিনিষ হয়!

এছাড়া উনি নিজের কারবার আর পরিবারের জন্য কোন ইণ্ডাস্ট্রিয়াল মীটিং অথবা কোন বৈশ্বিক সংস্হার অনুষ্ঠানকেও ছেড়ে দিতে পারেন। নিজের কোন মিত্রের 50-তম জন্মদিনের অনুষ্ঠানে অংশ নেওয়ার জন্য যে ভাবেই হোক্ সময় ঠিকই বার করে আনেন।

যখন ওনার দৌলতের সঙ্গে সম্বন্ধিত খবর হেডলাইন্স হয়ে পড়তে লাগল... মুকেশ অম্বানীকে সেই সময় অনেক প্রশ্নের মুখোমুখিও হতে

হয়েছে।

কিন্তু টাটার ঠিক বিপরীত... রিলায়েন্সকে ওনার পরোপকারের জন্য জানা যায় না। আপনারা এমনটা বলতে পারেন।

কারণ মুকেশ অম্বানী যেসব ধার্মিক কাজ করেন, উনি সেগুলোকে গোপনই রাখেন আর বুনিয়াদী রূপেও ওনার দৃষ্টিভঙ্গী সবার থেকে আলাদা। উনি বলেন – *"আমি কেবলমাত্র লোক দেখানো আর চেক বুকের মাধ্যমে দান দেওয়ায় বিশ্বাস রাখি না! বাবা প্রায়ই এমনটা বলতেন যে, আত্মসম্মান হচেছ ব্যক্তির সব থেকে বড় সম্পত্তি... বিশেষ করে গরীবদের জীবনে!"*

*"এজন্য আমাদের উদ্দেশ্য এটাই থাকে যে, আমরা কি ভাবে সেই সব লোকেদের আয় বাড়াতে পারব... যাঁরা পিরামিডের সব থেকে নীচের স্তরে জীবন কাটাচেছন!"*

53 বছর বয়সেও কাজ করার এমন উৎসাহ যদি কারো মধ্যে দেখতে পাওয়া যায়... তাহলে তিনি হচেছন মুকেশ অম্বানী! সেজন্যই ধীরুভাই অম্বানী বলেছিলেন – *"আশাই আপনাদের সব থেকে প্রবল হাতিয়ার হওয়া উচিত! কারণ আপনারা যখন কোন জিনিষ প্রাপ্ত করার আশা করেন, তখন আপনারা লক্ষ্যপ্রাপ্তির পথে আসা কঠিনতাগুলোর সমাধান করার সুযোগ নিজেরাই খুঁজে বার করে আনেন!"*

আমার মুকেশ অম্বানীর এই জিনিষটা খুবই ভালো লাগে যে, উনি যে কাজই করেন... তাতে উনি পুরোপুরি নিজেকে ডুবিয়ে ফেলেন এবং ওনার আর আমার মধ্যে কিছু-কিছু ক্ষেত্রে সমানতাও রয়েছে!

সেটা হচেছ এই যে, আমিও মুকেশ অম্বানীর মতই নিজের কাজে পুরোপুরি ডুবে যাই। আপনারা নিজেরাই দেখে নিন – এক কোয়ালিফায়েড ইঞ্জিনিয়ার হওয়ার পরেও আমি শখ পূরণের জন্য বই লেখার কাজ করছি।

আমি ছোটবেলায় অত্যন্ত দুস্টু আর লেখক প্রবৃত্তির ছিলাম আর আমার পিতা প্রারম্ভিক শিক্ষা প্রাপ্ত করার জন্য আমাকে বাড়ীর থেকে কয়েক শো কিমি দূরে নৈনিতাল পাঠিয়ে দিয়েছিলেন। উনি এমনটা মনে করতেন যে, বাড়ীর থেকে দূরে থাকলে হয়তো আমার মাথা থেকে লেখক রূপী পোকাটা মরে যাবে আর আমার স্বভাবও শান্ত হয়ে পড়বে।

কিন্তু তেমন কিছুই হল না। নৈনিতালের উপত্যকায় পৌঁছে আমার মাথা শব্দরূপী ঝিলে পেনের দাঁড় বাওয়া শুরু করে দিল।

কারণ নৈনিতালের পরিবেশই এমন যে, সেখানকার প্রাকৃতিক

নসৌন্দর্য দেখে কখনো না লেখা ব্যক্তিও লেখার কাজ শুরু করে দেবে!

আমার সাথেও এমনটাই ঘটেছিল। পড়াশোনা করার সাথে-সাথে আমার লেখা ছোট গল্প, কবিতা আর গজল দেশের নামী-দামী পত্রিকা *'সাপ্তাহিক হিন্দুস্তান'*, *'কাদম্বরী'* আর *'নন্দন'*-তে প্রকাশিত হতে লাগল। আমার কিছু হাস্য-রচনা *'অমর উজালা'*, *'নবভারত টাইমস্'* এবং *'পাঞ্জাব কেশরী'*-তেও ছাপা হয়েছিল।

এক দিন নৈনিতালে আমার পরিচয় উপন্যাগ জগতের প্রসিদ্ধ লেখক "*রানু*"-র সাথে হয়ে পড়ল... যিনি সেই সময় নৈনিতালে এক সত্য ঘটনার ওপরে আধারিত উপন্যাস লিখতে এসেছিলেন। ওনার সেই উপন্যাসের নাম ছিল "*পূজা*"! পূজা পন্ত হাসপাতালের স্টাফ নার্স ছিলেন... যিনি রানু জী-কে নিজের কাহিনী শোনাতে মল্লিতালের ঠিক মাঝে অবস্থিত "*ব্যাণ্ড স্ট্যাণ্ড*"-তে প্রায়ই আসতেন।

আমিও রানু জী-র সাথে দেখা করতে সেখানে যেতাম... কিন্তু ওনার এক ফ্যানের রূপে! আমাদের রোজই দেখা হত। রানু জী আর আমি কিছুদিনের ভেতরেই ভালো বন্ধু হয়ে উঠেছিলাম। 1977 সালের কথা... আমার ভেতরেও উপন্যাসকার হওয়ার ইচ্ছা জাগতে লাগল। এক দিন সুযোগ বুঝে আমি নিজের হৃদয়ের কথা রানু জী-কে বলে ফেললাম।

রানু জী প্রথমে তো আশ্চর্য হয়ে উঠে আমার দিকে তাকালেন... তারপর আমার পিঠ চাপড়ে বললেন – "*তোমার ভেতরে লেখক হওয়ার মত সমস্ত গুণ মজুদ রয়েছে। তুমি যদি এই রকম নিষ্ঠার সাথে লিখে চলো, তাহলে এক দিন তুমি ঠিকই উপন্যাসকার হয়ে উঠবে আর পুরো বিশ্বে নাম কামাবে... আমার থেকেও বেশী নাম কামাবে! কারণ তুমি এখনও যুবা... শিক্ষিত, বুদ্ধিমান আর সব থেকে বড় কথা হচ্ছে এটা যে, তুমি এক সম্পন্ন পরিবারের সন্তান!*"

ব্যস, আর কি... আমি আমার প্রথম উপন্যাস "*আউর এক লয়লা*" লেখা শুরু করে দিলাম আর উপন্যাস লেখনের সূক্ষ্ম জিনিষগুলো আমি রানু জী-র থেকে শিখে নিতে লাগলাম।

আমি যখন নিজের ইঞ্জিনিয়ারিং পড়া শেয করে নিজের বাড়ী কিরতপুরে ফিরে এলাম... ততদিনে লেখক রূপী পোকাটা আমার মাথায় পুরোপুরি ঢুকে গিয়েছিল। সেটার প্রভাব এটাই হল যে, রজনীশ আশ্রম থেকে আমাকে ডেকে পাঠানো হল। কারণ আমি ভগবান রজনীশের জীবনীর ওপরে পুস্তক লেখার জন্য আশ্রমের থেকে অনুমতি চেয়ে পাঠিয়েছিলাম... সেই ব্যাপারেই আশ্রম থেকে আমাকে ডেকে

পাঠানো হয়েছিল।

প্রায় এক মাস আমি পুনা-গোরেগাঁও অবস্থিত রজনীশ আশ্রমে রইলাম। সেখানে আমার পরিচয় সেই যুগের প্রখ্যাত ফিল্ম অভিনেতা বিনোদ খান্নার সাথে হয়ে পড়েছিল... উনিও ভগবান রজনীশের পরম ভক্ত ছিলেন।

ওনাকে আমি ভগবান রজনীশের সম্বন্ধে গুটি কয়েক প্রশ্ন করেছিলাম আর "*বিনোদ খান্নার দৃষ্টিতে রজনীশ*" পুস্তকের রচনা করে ফেলেছিলাম। তারপর আমি রুড়কির "*প্রেম পকেট বুক্স*"-য়ের সাথে যোগাযোগ করি।

ওনারা আমার লেখা পুস্তক পড়েন আর তার দু মাসের ভেতরেই '*তরুণ ইঞ্জিনিয়ার*'-য়ের নামে এক সাথে দুটি পুস্তক প্রকাশিত করে দেন। প্রথম পুস্তক ছিল সামাজিক উপন্যাস "*এক আউর লয়লা*"... যেটা রানু জী-র পথ প্রদর্শনে আমি নৈনিতালে বসে লিখেছিলাম আর দ্বিতীয় পুস্তক ছিল দর্শন "*বিনোদ খান্নার দৃষ্টিতে রজনীশ*"।

দুটি পুস্তক 1981 সালে প্রকাশিত হয়েছিল... দুটি পুস্তকই পাঠকদের প্রশংসা প্রাপ্ত করেছিল। এতে আমার মনের জোর আরও বেড়ে উঠল আর আমি সুপার স্টার অমিতাভ বচ্চনের ওপরে এক পুস্তক "*অমিতাভ বচ্চন – এক সুপার স্টার... এক ব্যক্তিত্ব*" লেখার ব্যাপারে মনস্থির করে ফেলি... কিন্তু একটা সমস্যা ছিল।

সেই সমস্যাটা এটা ছিল যে, আমি মুম্বাই গিয়ে এই মহান ব্যক্তিত্বের সাথে কি ভাবে দেখা করব? ওনার ইন্টারভিউ কি ভাবে নেব? আমার মাথায় কিছুই ঢুকছিল না। হঠাৎই আমার মাথায় একটা আইডিয়া এল আর সেটা হচ্ছে এই যে, বচ্চন জী হচ্ছেন বলিউডের মহানায়ক আর ওনার ব্যাপারে দেশের ছোট-বড় – সব পত্রিকায় প্রতি দিন কিছু-না-কিছু ছাপা হতেই থাকে। সেই সব লেখার সংগ্রহ করে পুস্তক লিখলে কেমন হয়!?

ব্যস... মাথায় এই আইডিয়াটা আসারই অপেক্ষা ছিল... 6 মাসের ভেতরে পুস্তক শেষ হয়ে পড়ল আর 2008 সালে দিল্লীর প্রখ্যাত প্রকাশক সংস্থা "*ডায়মণ্ড পকেট বুক্স*" দ্বারা সেই পুস্তক প্রকাশিত হয়ে পড়ল। এর পরে আমার একের-পর-এক বেশ কিছু পুস্তক প্রকাশিত হয়ে পড়ল... যেগুলোর মধ্যে বেশীর ভাগই গোয়েন্দা আর সামাজিক উপন্যাস ছিল। কয়েক বছরের মধ্যে আমি দেশের সুপার হিট লেখকদের শ্রেণীতে চলে এলাম আর 2005 সালে মীডিয়া আমাকে "*উপন্যাস গুরু*" উপাধি দ্বারা সম্মানিত করে তুলল।

এবার আবার একবার আমার মাথায় ধীরুভাই অম্বানীর জীবনের ওপরে একটা পুস্তক লেখার ইচ্ছা জাগে... কিন্তু ওনার একার জীবনের ওপরে কিছু লেখা উচিত ছিল না... কারণ এখন ওনার দুই সুযোগ্য পুত্র – মুকেশ অম্বানী আর অনিল অম্বানী গোটা বিশ্বে নিজেদের নামের জয়পতাকা পত্‌পত্‌ করে ওড়াচ্ছেন। এজন্য আমি গোটা অম্বানী পরিবারের ওপরে পুস্তক লেখাটাই সমুচিত বলে মনে করলাম এবং এর পরে আমি প্রিন্ট মীডিয়া আর ইন্টারনেটের সহায়তায় এই পুস্তক লেখার কাজ শেষ করি।

মণিরত্নমের বহু আলোচিত ফিল্ম *"গুরু"* ধীরুভাই অম্বানীর শূণ্য থেকে শিখরে পৌঁছনোর সংঘর্ষে পরিপূর্ণ জীবনের ওপরে আধারিত ফিল্ম ছিল... এই ফিল্মে অভিষেক বচ্চন ধীরুভাই-য়ের চরিত্রে অভিনয় করেছিলেন।

মুকেশ অম্বানীর ভাবী যোজনাগুলোকে জানা অত সহজ নয়... কারণ রিলায়েন্স 2008 সাল পর্যন্ত প্রতি বছরে মোট 30,000 কোটি টাকা কামাচ্ছিল আর 2009 সালে সেটা বেড়ে উঠে 60,000 কোটি টাকা হয়ে পড়েছে ! 2012 সালের শেষে ওনার কাছে 3,00,000 কোটি টাকা *(1,25,000 কোটি টাকার পোর্ট ফোলিয়ো সমেত)* লাভের রূপে নিবেশ করার জন্য থাকবে !

বিগত তিন বছরে রিলায়েন্স ভারতের বিকাশের সাথে বাজী ধরেছে। এবার ওদের সামনে সব থেকে বড় চ্যালেঞ্জ কেবলমাত্র অসমানতা দূর করার চ্যালেঞ্জ নয়... বরং দেশে ব্যাপ্ত ঘোর দারিদ্রতা দূর করার চ্যালেঞ্জ !

কিন্তু মুকেশ অম্বানীর কাছে এটার সমাধানও রয়েছে। কিন্তু ওনার প্রয়োজন হচ্ছে খেলার নিয়ম বদলানো ! আর এটাও এক কটু সত্য যে, ভুবনেশ্বরের চাল থেকে দুনিয়ার সব থেকে ধনী ব্যক্তি হয়ে ওঠার সফর পার করা ব্যক্তির থেকে দারিদ্রতা দূর করার ভালো সমাধান আর কে জানতে পারেন ! ?

*** সমাপ্ত ***